www.ingramcontent.com/pod-product-compliance
Lightning Source LLC
LaVergne TN
LVHW010811051026
849532LV00007B/2511
9789369081462

شوکت حیات:

فن اور شخصیت - حصہ: ۲

(شوکت حیات پر سہ ماہی 'ثالث' کے اعزازی شمارے سے ماخوذ مضامین)

مرتب:

اقبال حسن آزاد

Shaukat Hayat : Funn aur Shakhsiat - Part:2

by: Eqbal Hasan Azad

Edition: February '2025
Publisher :
Taemeer Publications LLC (Michigan, USA / Hyderabad, India)

ISBN 978-93-6908-146-2

9 789369 081462

کتاب	:	**شوکت حیات : فن اور شخصیت - حصہ : ۲**
مرتب	:	**اقبال حسن آزاد**
صنف	:	تحقیق و تنقید
ناشر	:	تعمیر پبلی کیشنز (حیدرآباد، انڈیا)
سالِ اشاعت	:	۲۰۲۵ء
صفحات	:	۱۳۲
سرورق ڈیزائن	:	تعمیر ویب ڈیزائن

فہرست

شوکت حیات

شوکت حیات

اصلی نام : سید شوکت حیات محفوظ الحق

قلمی نام : شوکت حیات

والد کا نام : سید محفوظ الحق مرحوم

تاریخ پیدائش یکم دسمبر ۱۹۵۰ (پٹنہ، بہار)

تعلیم : ایم اے گولڈ میڈلسٹ، یو.جی.سی ''نیٹ''

پیشہ : فری لانس ادبی وصحافتی رائٹنگ اور ترجمہ نگاری

پہلی کہانی : بکسوں سے دبا آدمی

کب اور کہاں شائع ہوئی: کتاب لکھنؤ، ۱۹۷۰

کس افسانے سے شہرت پائی: بانگ

تصانیف : ''گنبد کے کبوتر'' (افسانوی مجموعہ ۲۰۱۱ء)

''بانگ'' (تنقیدی مضامین کا مجموعہ ۲۰۱۲ء)

شوکت حیات کے وہ خواب جو شرمندۂ تعبیر نہ ہو سکے۔

بھوبل (افسانوی مجموعہ)

پھسینڈا (افسانوی مجموعہ)

رانی باغ (افسانوی مجموعہ)

سرپٹ گھوڑا (ناولٹ)

۱۹۷۰ کے بعد اردو افسانہ (تنقیدی مضامین کا مجموعہ)

انعامات : گنبد کے کبوتر کے لئے قومی کتھا ایوارڈ ۱۹۹۶

بہار اردو اکادمی کا لائف ٹائم اچیومنٹ ایوارڈ ۲۰۰۸

چودھری چرن سنگھ یونیورسٹی سے شیلڈ آف آنر ۲۰۰۹
گنبد کے کبوتر کے لئے یوپی اردو اکادمی کا پہلا انعام ۲۰۱۱

خصوصیت : ۱۹۷۰ کے بعد اپنے مخصوص رجحانات اور تھیوریز انامیت ''انام نسل'' اور ''انام افسانے'' کے بنیاد گزار ہونے کی حیثیت سے نمایاں شہرت حاصل کی۔ ''نامیاتی افسانوں''، ''نامیاتیت''، ''امکانیت پسندی'' اور ''مابعد جدید افسانوں'' کی وجہ سے چرچے میں رہے۔

قابل ذکر باتیں: ۱-۱۹۷۵ء کے بعد افسانے کے ہر قومی سمینار میں شرکت
۲-ساہتیہ اکادمی کے گرانٹ کے ذریعہ ہندوستان کے مختلف ثقافتی علاقوں کی سیاحت
۳-''ڈھلان پر رکے ہوئے قدم''، ''بانگ''، ''گنبد کے کبوتر'' اور ''رحمت صاحب'' کئی یونیورسٹیوں کے نصاب میں شامل۔
۴-۱۹۷۰ء کے بعد شائع ہونے والی ہر اہم افسانوی انتھولوجی میں کہانی شامل
۵-سارک ممالک قومی رائٹرس کانفرنس ۲۰۰۵ء علی گڑھ میں تھیوری ساز مقالہ خوانی - امکانیت پسندی

انتقال: ۲۱/اپریل ۲۰۲۱ء (پٹنہ، بہار)

● **خاکہ**

● **مشتاق احمد نوری**

افسانے کا سکندر: شوکت حیات

۱

شوکت حیات کا نام ذہن میں آتے ہی یادوں کے ستارے جھلملانے لگتے ہیں اس چکا چوند میں یادوں کا انتخاب بہت جان لیوا ہوتا ہے۔ سمجھ میں نہیں آتا کہ کیا بھولوں کیا یاد کروں۔

یادوں کی ساری قبریں کھلی ہوئی ہیں اور ہر قبر پکار رہی ہے مجھے یاد کرو۔ جستہ جستہ ہر یاد کو گرفت میں لینے کی کوشش کرونگا تا کہ شوکت حیات کو مکمل طور پر پیش کرسکوں۔ یہ بتادوں کہ شوکت کے حیات کو سمیٹنا ایک مشکل امر ہے اور یہ وہی کرسکتا ہے جس نے ہر رنگ میں اسے دیکھا ہو۔

چلئے میں آپ کو ۱۹۷۳ء میں لے چلتا ہوں۔ تب میں مدرسہ یتیم خانہ ارریہ میں میتھ کا استاد ہوا کرتا تھا۔ میرے پاس سبزی باغ پٹنہ سے شایع ہونے والا اردو ویکلی عظیم آباد ٹائمز آیا کرتا تھا جس کے ادبی صفحے کی ادارت شوکت حیات کرتے تھے۔ ادبی سکشن میں کسی کی جدید کہانی جنسی عمل پر شایع ہوئی جس میں کچھ اس قسم کے جملے شامل تھے۔

''سخت شے نرم وجود سے ٹکرائی دونوں کے ران میں کچھ لسلسہ مادہ چپکنے کا احساس ہوا......''

ایسے واہیات جملے تھے میں نے ایک طویل خط لکھا اسے کہانی تسلیم کرنے سے انکار کیا اور واضع طور پر لکھا کہ یہ ادب کے نام پر ذہنی عیاشی ہے جسے ادب میں بڑھاوا نہیں دیا جاسکتا۔ شوکت نے میرے خط کا جواب خط کے ساتھ شایع کیا اور میری رائے سے اختلاف کرتے ہوئے لکھا کہ یہ ذہنی عیاشی نہیں ہے بلکہ ذہنی عیاشی یہ ہے کہ کرشن چندر ایر کنڈیشن ہال میں بیٹھ کر بنگال کے قحط پر افسانہ لکھے۔ سوال جواب کا سلسلہ کئی ہفتے چلا اور یہ تب بند ہوا جب عابد سہیل نے لکھنؤ سے میرے حق میں دلائل دیے۔ میری تحریر اور مدرسہ میں میری موجودگی کو دیکھتے ہوئے شوکت حیات نے مجھے بڈھا کھوسٹ اور مولویانہ ذہن والا قرار دے کر اپنی تسلی کرلی۔

۱۹۷۴ء میں میری آمد پٹنہ ہوچکی تھی میرا داخلہ پٹنہ یونیورسیٹی کے بی ایڈ کالج میں ہو چکا تھا

ساتھ ہی میں بی پی ایس سی کی تیاری میں بھی مصروف تھا۔ ایک شام میرے دوست نعیم فاروقی بک امپوریم میں کچھ رسائل دیکھ رہے تھے۔ انہوں نے میری ایک مزاحیہ کہانی الحسنات میں دیکھی جو کھلونا سے ڈائجسٹ ہوئی تھی۔ انہوں نے خوشی کا اظہار کرتے ہوئے کہا کہ میرے دوست نوری کی کہانی الحسنات میں شایع ہوئی ہے۔ شوکت حیات بھی وہیں کھڑے تھے میرا نام سن کر چونکے اور کہا۔

''یہ بڈھا کھوسٹ مولوی آپ کا دوست کیسے ہو سکتا ہے''

تب نعیم نے جواب دیا نوری مجھ سے ایک سال جونیئر ہے اور افسانے پر اس کی گرفت کافی مضبوط ہے۔ شوکت کے اندر تجسس جاگا اس نے کہا۔ مجھے نوری سے ملنا ہے۔ نعیم نے بتایا کہ وہ پٹنہ میں ہے اور وہ آپ سے بسکومان کے دفتر میں مل لے گا۔ میں نے کئی بار بسکومان کا چکر لگایا۔ لوگوں نے ایک داڑھی والے نوجوان کی طرف اشارہ کرتے ہوئے کہا کہ ان سے مل لیں وہی شوکت کے بارے میں بتائیں گے۔ اس نوجوان کا نام احسن شخصی تھا اور وہ شاعری بھی فرماتے تھے۔ بہر حال کئی چکروں کے بعد حضرت شوکت حیات مجھے مل گئے جیسے ہی میں نے اپنا نام بتایا کرسی سے اٹھے اور مجھے گلے لگاتے ہوئے کہا۔

''ارے یار خوب ملاقات ہوئی۔ میں نے تو آپ کو بڈھا سمجھ رکھا تھا۔''

اس کی آواز میں رعب کے ساتھ خلوص کی گرمی بھی تھی۔ پھر مجھے لے کر نیچے آیا ہم لوگوں نے چائے پی اور گفتگو کا پٹارہ کھول کر بیٹھ گئے۔ اس نے بتایا کہ وہ ٹریڈ یونین کا لیڈر بھی ہے اس لیے کام کم نیتاگری زیادہ کرتا ہے۔ وہ ملاقات بہت خوشگوار رہی اور ہم دوست بن گئے۔ پھر آپ کی منزل سے اتر کر تم کے مسند پر براجمان ہو گئے۔

۲

شوکت حیات خود کو سن ستری (۱۹۷۰ء) کا افسانہ نگار سمجھتا تھا۔ بہار میں اس کے ہم عصروں میں عبدالصمد، حسین الحق، شفق، علی امام اور راقم الحروف کے علاوہ اور بھی کئی اہم افسانہ نگار شامل تھے۔ شوکت کو ان میں امتیاز حاصل تھا اس لیے اسے سن ستری کا سرخیل بھی سمجھا جاتا تھا۔

اس کی شخصیت کافی مرعوب کن تھی۔ بڑا سر کشادہ پیشانی چوڑا چہرہ دراز قد اور گرجدار اور مرعوب کن آواز جسے سنتے ہی مقابل خواہ مخواہ سحر میں مبتلا ہو جائے۔ وہ خود کو انانیت کا امام سمجھتا تھا اور جب بھی جدید فکشن پر گفتگو کرتا تو اپنے سامنے آئینہ رکھ لیتا خود کے علاوہ اسے کوئی نظر ہی نہیں آتا۔ آپ کو یہ جان کر حیرت ہوگی کہ وہ اپنے ہم عصروں کو پڑھتا ہی نہ تھا یہ بات اس نے خود مجھے بتائی اور یہ بھی کہا کہ سلطان بھائی نے تاکید کی کہ کسی ہم عصر کو نہ پڑھو تا کہ تمہاری تحریر کسی سے متاثر نہ ہو۔ وہ اپنے سحر میں مبتلا تھا اور حد درجہ نرگسیت کا شکار تھا۔ ایسے لوگ سماج سے کٹ کر تنہا ہو جاتے ہیں اور بعد میں احساس کمتری کے شکار ہو جاتے ہیں۔ شوکت کے ساتھ بھی یہی ہوا۔ اسے یہ بات زندگی بھر سالتی رہی کہ

اس کی وہ پذیرائی نہیں ہوئی جو اس کا حصہ تھا۔ اس غم نے اندر تک اسے ہلا کر رکھ دیا۔ جب عبدالصمد کو ان کے پہلے ناول دوگز زمین پر ساہتیہ اکادمی انعام ملا تو وہ ہتھے سے اکھڑ گیا اور اس نے یہ پروپگنڈا شروع کر دیا کہ یہ غلط فیصلہ ہوا ہے۔ ۱۹۹۰ء کے دسمبر میں میں کابینہ منسٹر کا سکریٹری بن کر پٹنہ آ چکا تھا تو اس سے تواتر سے ملاقات ہونے لگی۔ اس دوران اس نے مجھ سے بھی شکایت کی اس سلسلے میں میری کیا رائے ہے۔ میں نے جواب دیا کہ میری خوشی کی کئی وجوہات ہیں۔ پہلی کہ ایوارڈ بہار کو ملا دوسری کہ فکشن کو ملا تیسری یہ کہ میرے ہم عصر کو ملا۔ وہ بہت چیں بچیں ہوا۔ پھر بولا ''اس ناول کو ملنا چاہیے تھا؟'' میں نے جواب دیا کہ اگر تمہاری کوئی کتاب مقابل ہوتی تو اسے نہیں ملنا تھا۔ اسکی انا کی تھوڑی تسلی ہوئی تب میں نے کہا کہ دوگز زمین پر بحث کرو اس کی دھجی اڑاؤ اور دل کی تسلی کرلو۔ میں جانتا تھا کہ اس نے یہ ناول پڑھا ہی نہیں ہے۔ اس نے پوچھا تم نے ناول پڑھ لیا؟ میرے اثبات میں سر ہلاتے ہی اس نے پوچھا کہ اس میں کچھ خامی نہیں ہے۔ میں نے بتایا کہ سب سے بڑی خامی یہ ہے پورے ناول کا تانا بانا بہار شریف کی سرزمین کے اردگرد بنا گیا ہے لیکن اس میں ایک بھی جگہ مخدوم شیخ شرف الدین احمد یحیٰ منیری رحمۃ اللہ علیہ کا ذکر نہیں آیا۔ یہ سن کر وہ جوش میں آ گیا اور اپنا دایاں مکا بائیں ہتھیلی پر مارتے ہوئے بولا۔ '' یہی تو وو...... ''

وہ ایک عرصہ تک صمد کی دشمنی میں مبتلا رہا۔ میں جب پہلی بار ۱۹۹۳ء سے ۱۹۹۶ء تک بہار اردو کا سکریٹری تھا تو اس کے مجموعہ بانگ پر اشاعتی امداد منظور ہوئی تھی جو اسے دے دی گئی لیکن اس نے کتاب کی اشاعت نہ کی میں جب ۲۰۱۵ء سے ۲۰۱۸ء تک دوبارہ سکریٹری بنا تو شوکت کے گھر جا کر کہا کہ تم اکادمی کی پرانی گرانٹ واپس کر دو (جو ایک معمولی رقم تھی) اور پھر سے مسودہ جمع کر دو اس بار ضخامت زیادہ رکھو اچھی خاصی رقم مل جائے گی اور تمہارا مجموعہ آ جائے گا۔ وہ میری باتیں بہت دھیان سے سنتا لیکن کرتا وہی جو اس کے من میں آتا۔ چھ مہینہ بعد اس نے بڑی معصومیت سے کنفیس کیا کہ میں یہ سوچتا رہا کہ جو میرے دشمن (عبدالصمد) کا دوست ہے وہ میرا دوست کیسے ہو سکتا ہے؟

شوکت حیات اردو فکشن کا مرد تھا لیکن اندر سے بہت ٹوٹا ہوا تھا ایک ہی غم تھا کہ اس کی وہ پذیرائی نہیں ہو سکی جو اس کا مقدر تھی۔ جب میں نے مجموعے کی اشاعت پر زور دے کر کہا کہ جب تک تمہارا مجموعہ نہیں آئے گا تب تک تمہارے فکشن کا مجموعی مطالعہ کیسے ہوگا تو بہت معصومیت سے بولا۔

''بھیوا! ایک بات بتاویں، مجھ سے اپنے افسانوں کا انتخاب ہی نہیں ہوتا۔''

یہ سن کر اس کی معصومیت پر ترس آیا اور میں نے کہا کہ کسی سنڈے میں خود تمہارے گھر آتا ہوں اور میں خود انتخاب کر دوں گا۔ یہ سن کر بہت خوش ہوا میرا ہاتھ دبایا لیکن وہ دن کبھی نہیں آیا کیونکہ اسے نہ خود پہ اعتماد تھا نہ دوسروں پہ بھروسہ۔

۳

ایک بار میں نے شوکت سے پوچھا کہ اسے بسکومان میں کتنی تنخواہ ملتی ہے اس نے بتایا تنخواہ مکمل نہیں ملتی بس اسٹائپنڈ کے نام پر دو چار ہزار مل جاتی ہے۔ مجھے ہر ماہ مل جاتی ہے کہ میں ٹریڈ یونین کا لیڈر ہوں۔ دوسروں کو وقت پر یہ بھی نہیں ملتی۔ میں نے کہا کہ تم کہیں اور ڈیپ ٹیوشن پر کیوں نہیں چلے جاتے۔ اس نے مجھے ایک سرکولر دکھایا جس میں سرکار کا فیصلہ تھا کہ ایسے گھاٹے میں چلنے والے اداروں کے کرمچاریوں کو دوسرے محکمے ضرورت کے مطابق اپنے یہاں ابیزروکر سکتے ہیں۔ میں نے سرکولر کے ساتھ اسے اپنے فلیٹ پر بلایا۔ اسے بتایا تم میرے محکمہ میں آجاؤ۔ میرے یہاں ''بہار کی خبریں'' کے ایڈیٹر کی پوسٹ خالی ہے۔ میں چونکہ چیف ایڈیٹر بھی ہوں اس لیے تمہیں وہاں ایڈجسٹ کروا دوں گا۔ پھر پہلا پروموشن اسسٹنٹ ڈائرکٹر کے عہدے پر ہو جائے گا۔ گیزیٹڈ پوسٹ سے ریٹائر کرو گے۔ عزت بنی رہے گی۔ یہ سن کر وہ جذباتی ہو گیا میری دونوں ہتھیلیوں کو اپنے ہاتھ میں لے کر مجسم ممنونیت کا اظہار یوں کیا۔

''بھیوا! اگر یہ ہو جائے تو میں زندگی بھر تمہارا احسان مند رہوں گا۔''

میں نے کہا کہ اس میں احسان کی کوئی بات نہیں ہے۔ یہ تو تمہارا حق ہے۔ میرے محکمہ کو تم جیسے شہرت یافتہ افسانہ نگار کی خدمات مل جائیں گی اور اردو رسالے کی قسمت چمک جائے گی۔

اسی وقت میں نے اس کی جانب سے وزیر کابینہ کو سرکاری سرکولر کے ساتھ ایک درخواست لکھی اور اردو کے ایڈیٹر کی پوسٹ پر شوکت حیات نے خود کو ایڈجسٹ کرنے کی گزارش کی۔ اس درخواست کے ایک گوشے پر میں نے وزیر کابینہ کی جانب سے سکریٹری کے نام ایک واضع حکم نامہ تحریر کیا اور نیچے وزیر کا نام لکھ دیا۔ شوکت حیات کو یقین نہیں آیا۔

''اس حکم نامے پر منسٹر دستخط کر دیں گے؟''

میں اسے لے کر سیدھے وزیر کے چیمبر میں گیا۔ شوکت حیات سے ملوا کر مختصر بریف کیا اور پہلے سے لکھے حکم نامے پر ان سے دستخط کروایا۔ دفتر کی مہر لگوا دی۔ پھر سیدھے سکریٹری کے چیمبر گیا۔ ان سے اس درخواست کو ڈائرکٹر کے نام انڈورس کروایا۔ ڈائرکٹر سے سیدھے جوائنٹ ڈائرکٹر اسٹیلشمنٹ شری بندیشوری بابو کو مارک کرا کر درخواست انہیں تھماتے ہوئے کہا۔

''میرے دوست کا معاملہ ہے اسے فیوریبل ڈیل کر دو۔''

وہ میرے بیچ میٹ تھے اور اس بیچ کا ٹاپر میں تھا اس لیے محکمہ میں عزت بنی ہوئی تھی۔ ہم دونوں کا چیمبر ایک ہی کمرے میں تھا۔ اس دوران شوکت حیات بالکل بت بنا ہر لمحہ میرے ساتھ رہا۔ پھر میں نے

اسے اپنے سامنے کی کرسی پر بیٹھا کر آڈرلی کو تین کپ چائے لانے کہا اور ایک گلاس پانی شوکت حیات کو پیش کیا جسے وہ غٹا غٹ پی گیا۔ اس نے میرا ہاتھ پکڑ کر پوچھا۔

''بھیوا ! اتنا جلدی تم نے ہفتوں کا کام گھنٹوں میں کروالیا اب سب ہو جائے گا، نا؟''

چائے آ گئی۔ وہ کبھی مجھے دیکھتا اور کبھی بندیشوری بابو کو پھر بندیشوری نے شوکت سے کہا۔

''شوکت جی! بابا کے کام کی رفتار دیکھ لی آپ نے۔ اب اطمینان رکھئے۔ سمجھئے آپ ایڈیٹر ہو گئے۔'' محکمہ کے لوگ مجھے بابا کہہ کر ہی بلاتے تھے۔

شوکت حیات مطمئن ہوکر واپس گیا۔ نیچے سے اسسٹنٹ اور سیکشن آفیسر نے اپنا نوٹ لکھا۔ بندیشوری نے مجھ سے کہا کہ یار یہ فائل کیسے بنے گی؟ مجھے بتاؤ۔ میں نے کہا چونکہ میں ہندی انگریزی اور اردو تینوں رسالے کا چیف ایڈیٹر ہوں اس لیے مکھ سمپادک اردو سے اس کی رائے مانگ لو۔ اس نے مجھے فائل انڈورس کر دیا۔ میں نے شوکت حیات کی قابلیت اس کی اہمیت اور محکمہ کی ضرورت کو پیش نگاہ رکھ کر شاندار نوٹ لکھا۔ اس کی فوٹو کاپی رکھ لی۔ کچھ دن بعد شوکت حیات سلطان اختر کے ساتھ میرے چیمبر میں آیا۔ سلطان بھائی جیل محکمہ میں سیکشن آفیسر تھے۔ انہوں نے جب میرا نوٹ دیکھا تو حیرت زدہ رہ گئے۔ سلطان بھائی نے کہا اتنی باجواز ٹپنی میں بھی نہیں لکھ سکتا تھا۔ شوکت کے ایک ساڑھو بھی سکریٹریٹ میں سیکشن آفیسر تھے۔ انہوں نے بھی میرا نوٹ پڑھ کر کہا کہ ایسا فیوریبل نوٹ لکھنا بہت مشکل ہے۔

۴

اُس زمانے میں میرے محکمہ میں انجم عالم نام کا ایک اسسٹنٹ کام کرتا ہے اور وہ بہت ذہین بھی تھا۔ اردو رسالے میں نائب مدیر کی جگہ اس کا نام جاتا تھا۔ اردو سکشن میں بہت سا کام ہوتا جس میں وہ الجھا رہتا اور ادارتی ذمہ داری ٹھیک سے نبھاہ نہیں پاتا۔ جب شوکت حیات کا نام آگے بڑھا تو وہ بہت ایکٹو ہو گیا کیونکہ وہ پرموشن سے ایڈیٹر کے پوسٹ پر جانا چاہتا تھا جبکہ اصول کے مطابق سنگل پوسٹ کو پرموشن سے نہیں بھرا جا سکتا اسے سیدھی نیکتی سے ہی بھرنا تھا۔ فائل بڑھی تو انجم نے ڈپٹی سکریٹری کے یہاں آبجکشن لگوا دیا اور پھر بڑا بابو سے اپنے پرموشن کی بات بڑھا دی جوائنٹ ڈائرکٹر کے پاس فائل آئی تو اس نے پھر مجھ سے کہا

''بابا اس فائل کو دیکھ لو۔ گڑبڑا گئی ہے۔ اسے پھر سے پوزیٹو بناؤ۔''

میں نے پھر سرکاری سرکولیشن کو رکھتے ہوئے شوکت کی پوزیشن مضبوط بنائی اور انجم کی دعویداری کورد کرتے ہوئے ایک بھرپور نوٹ لکھا۔ میرے ہی نوٹ کو جوائنٹ ڈائرکٹر نے ڈائرکٹر کو مارک کر دیا۔ اپنے نوٹ کی فوٹو کاپی رکھ لی۔ اب شوکت حیات سلطان بھائی کے ساتھ میرے یہاں اکثر آنے لگا۔ میں نے

اسے سب بتایا۔ اس نے میرا نوٹ پڑھا اور دونوں نے داد دی۔ کچھ دن بعد شوکت کا فون آیا۔

''یار نوری تمہارا شکریہ۔ میرے ساڑھو تمہارا نوٹ پڑھ کر کہہ رہے تھے ایسا نوٹ کوئی آفیسر بھاری رشوت لیکر بھی نہیں لکھ سکتا۔'' اس نے پھر کہا۔

''بھیوا! لگے رہو۔ ان شاء اللہ تمہاری مدد سے میری بحالی ایڈیٹر کی پوسٹ پر ضرور ہو جائے گی۔'' میں نے اسے اطمینان دلایا اور یہ بھی کہا کہ بڑا بابو کی مٹھی گرم کر دو تا کہ وہ تمہارے خلاف آئندہ سے نہ لکھے۔

سکریٹریٹ میں فائل کا موومنٹ بہت مشکل ہوتا ہے ہر جگہ پیپر ویٹ رکھنا پڑتا ہے تا کہ فائل مخالف سمت میں اڑ نہ جائے۔ انجم نے ہار نہیں مانی اور اس بار منسٹر کے یہاں سے کوئیری کروا دی پھر فائل نیچے آکر ڈمپ ہوگئی۔ میں نے اسٹیبلشمنٹ کلرک کو بلا کر فائل کو بہتر ڈھنگ سے لکھنے کی تاکید کی۔ فائل بڑھی لیکن رفتار قدرے سست رہی۔ ہر بار بند شوری بابو مجھ سے رائے لیتے اور میرے نوٹ کو آگے بڑھا دیتے۔ میں جو بھی لکھتا اس کی کاپی شوکت کو دے دیتا تا کہ اسے اطمینان ہو جائے۔

اس دوران دو باتیں ایک ساتھ ہوگئیں۔ میرا ٹرانسفر پٹنہ ڈویزن میں جوائنٹ ڈائرکٹر کے عہدے پر ہو گیا اور بند یشوری پرساد وگیا پن کے جوائنٹ ڈائرکٹر ہو گئے۔ ان کی جگہ میرا ہی ایک بیچ میٹ آگیا جو بنا رشوت کے ایک بھی فائل نہیں لکھتا تھا۔ رشوت نہ ملنے پر ڈائرکٹر کو یہ لکھ کر فائل انڈورس کرتا۔

''اُچت زر نے لینا چاہیں گے۔''

اب شوکت حیات کی فائل قدرے ڈولنے لگی۔ میں شوکت کو لے کر اس کلیگ کے چیمبر میں گیا اور بتایا کہ یہ میرا دوست ہے۔ ادب کا بڑا نام ہے اس کے آنے سے اردو رسالہ بہت معیاری ہو جائے گا۔ پھر میں نے ایک گیم کھیلتے ہوئے شوکت سے کہا۔

''شوکت یہ صرف میرا بیچ میٹ ہی نہیں ہے بلکہ سب سے ایماندار آفیسر ہے...... بالکل سنت مہاتما جیسا۔ خبردار انہیں کبھی رشوت دینے کی کوشش نہیں کرنا ورنہ ان کی آتما کو تکلیف پہونچے گی اور تمہارا کام بگڑ جائے گا۔''

پھر کلیگ سے کہا دیکھتے رہنا یار۔ میں اب ہوں نہیں تم ہی دیکھ لینا۔ اس نے مجھے یقین دلایا کہ اطمینان رکھو شوکت جی کا کام نہیں بگڑے گا۔ میں نے سکریٹری صاحب کو بھی بریف کر دیا اور مطمئن ہو گیا۔ اس دوران پھر دو باتیں ایک ساتھ ہوگئیں۔ کچھ عرصہ بعد شوکت حیات میرے فلیٹ پر آیا اور بہت ملتجیانہ انداز میں بولا۔

''یار نوری اب تم میری پیروی چھوڑ دو بلکہ اینٹی کر دو'' مجھے حیرت ہوئی۔ جب بہت کریدا تو اس نے معصومیت سے کہا۔

’’مجھے انجم نے بتایا ہے کہ ایڈیٹر کی بحالی کے لیے ویکینسی بہار پبلک سروس کمیشن کو بھیج دی گئی ہے۔جلد ہی بحالی ہوگی۔اگر میں بحال بھی ہوگیا تو مجھے ہٹا دیا جائے گا پھر میں اپنے محکمہ کا بھی نہیں رہوں گا۔‘‘

شوکت کے ساتھ معاملہ یہ تھا کہ وہ اندر سے بہت معصوم تھا اور منفی بات بہت آسانی سے مان لیتا تھا۔میں نے صاف لفظوں میں کہا کہ میں اینٹی کرنا تو دور پیچھے بھی نہیں ہٹوں گا اور اپنی کوشش جاری رکھونگا۔اس سے یہ بھی بتایا کہ کوئی ویکنسی کہیں نہیں بھیجی گئی ہے۔کچھ دنوں بعد خبر ملی کہ پوری فائل انجم عالم کے فیور میں بڑھی اور شوکت کی دعویداری کو درکنار کر دیا گیا۔جب فائل سکریٹری کے پاس پہنچی تو انہیں میری بات یاد تھی۔انہوں نے فائل پر لکھا۔

’’اس سمبندھ میں شری نوری سے رائے لی جائے۔‘‘

فائل نیچے آئی اور بڑا بابو نے ایک ٹیکنیکل نکتہ اٹھا دیا۔انہوں نے واضح طور پر لکھا۔

’’سچیوالے کی سنچیکا پر چھیتر یہ پدھادھیکاری کی ٹپنی نہیں لی جا سکتی۔‘‘

اس نکتے میں جان تھی اور سب نے اسی پوائنٹ کو سکریٹری تک پہنچا دیا۔سکریٹری صاحب سے میرے اچھے تعلقات تھے۔انہوں نے فون کر کے پٹنہ ڈویزن سے مجھے بلوایا اور فائل میرے سامنے رکھ دی۔تھوڑی دیر کے لیے میں بھی چکرا گیا لیکن میں نے ایک جینوین نکتہ نکالا۔

’’سر بڑا بابو نے اصولاً درست لکھا ہے لیکن میری پوسٹنگ پٹنہ ڈویزن کے علاوہ سکریٹریٹ کی بھی ایک پوسٹ پر ہے۔میں ابھی بھی اردو میگزین کے چیف ایڈیٹر کے عہدے پر قائم ہوں۔‘‘

وہ بہت خوش ہوئے اور فائل سیدھے مجھے انڈورس کرتے ہوئے لکھا۔

’’میں مکھ سمپادک اردو کی رائے سے انوگرہت ہونا چاہوں گا۔‘‘

فائل سیدھے مجھے دی اور کہا کہ اسے بنا کر سیدھے مجھے دو۔

میں وہ فائل لے کر سیدھے اپنے دفتر آیا اور اپنے اسٹینو کو مکمل نوٹ لکھایا۔شوکت حیات کی امیدواری کو جائز ٹھہرایا اور اسے درست کر کے سیدھے سکریٹری کو انڈورس کر دیا۔اس کی بھی کاپی رکھ لی۔یہ اس فائل پر میرا آخری نوٹ تھا۔اسے بھی شوکت کو بلا کر دے دیا وہ پڑھ کر مجھے ٹکر ٹکر دیکھتا رہا۔بس اتنا ہی کہا۔

’’تم جیسا دوست قسمت والوں کو ہی ملتا ہے۔‘‘

اس دوران شوکت کے رویے میں ایک عجیب سی تبدیلی میں نے محسوس کی۔جب بھی کوئی بڑے ادیب پٹنہ آتے وہ ان کی دعوت کرتا۔مجھے ضرور بلاتا اور اس ادیب سے کہتا کہ نوری سے میری پیروی کر دیجئے کہ میری بحالی ایڈیٹر کی پوسٹ پر ہو جائے۔جوگیندر پال، مظہر امام سب سے اس نے مجھے پیروی

کرنے کہا۔ مجھے حیرت ہوتی میں جواب دیتا کہ میں نے جتنی کاوش کی ہے اس کی کاپی شوکت کے پاس موجود ہے۔ مزے کی بات یہ کہ وہ میرے نوٹ ان لوگوں کو دکھا بھی دیتا لیکن پھر گھبار لگا تا کہ نوری چاہ لے گا تو میرا ہو ہی جائے گا۔ سچ پوچھئے تو میں ایسی پیروی کو اپنے لئے گالی تصور کرنے لگا۔ سمجھ میں نہیں آرہا تھا کہ شوکت آخر ایسا کیوں کر رہا ہے۔ اسی دوران خدابخش اورینٹل اردو لائبریری میں بہت بڑا ادبی جلسہ تھا۔ ہندوستان بھر کے ادیب تشریف لائے تھے۔ صبح صبح عبدالصمد کا فون آیا۔

''علی گڑھ سے پروفیسر ابوالکلام قاسمی تشریف لائے ہیں۔ وہ آپ سے بات کرنا چاہتے ہیں شاید کوئی بے حد اہم گفتگو کرنی ہے۔ میں نے آپکا نمبر انہیں دے دیا ہے۔ فون کریں تو گفتگو کر لیجئے گا۔''

میرے پاس قاسمی کا نمبر تھا۔ میں نے رنگ نہیں کیا۔ پہلے دن کا پروگرام بہت کامیاب رہا۔ سارے ادیب رات کا کھانا کھا کر گارڈن میں گھوم رہے تھے۔ اتنے میں بھائی قاسمی کی نظر مجھ پڑی۔ وہ لپک کر میرے پاس آئے مجھے کھینچتے ہوئے ایک گوشے میں لے گئے اور کہا۔

''نوری بھائی بیچارہ شوکت حیات بہت گڑگڑا رہا تھا کہ نوری چاہیں گے تو اس کی آپ کے محکمہ میں ایڈیٹر کے عہدے پر بحالی ہو جائے گی۔''

میں نے حقیقت بتاتے ہوئے کہا کہ میں ہی تو اس کے لیے سب کر رہا ہوں۔ اب تک اس کی فائل میری وجہ سے ہی بنی ہوئی ہے پھر ہر کسی سے میرے یہاں پیروی کروا کر وہ میری تذلیل کیوں کروا رہا ہے یہ میری سمجھ سے باہر ہے۔

پھر میری کھوپڑی گھوم گئی۔ میں دندناتا ہوا آیا اور شوکت حیات کو بے نقط سنانے لگا۔ شدید غصے کی حالت میں اکثر میں الف ننگا ہو جاتا ہوں اور کیا کیا بک جاتا ہوں مجھے معلوم نہیں رہتا۔ ایک جیوتش نے میری ہتھیلی دیکھ کر بتایا تھا کہ شدید غصے کے ایک منٹ کے اندر میں کسی کا قتل بھی کر سکتا ہوں۔ بس میں نے شوکت کا قتل نہیں کیا باقی سب کچھ کر دیا۔ قربان جائیے شوکت حیات پر کہ وہ سر جھکائے سب سنتا رہا ایک لفظ بھی جواب نہیں دیا۔ جبکہ وہ اتنا اگریسو تھا محفلوں میں ادیبوں کے کالر پکڑ لیتا تھا۔ پٹنہ کے قبرستانیہ چائے خانے میں کتنے ادیب شوکت سے مار کھا چکے تھے۔ مہمانوں میں سارے ادیب شوکت کو جانتے تھے لیکن سب مجھ سے واقف نہیں تھے۔ اس دوران سلطان اختر نے مجھے اپنے بازوؤں میں جکڑ لیا اور شوکت حیات کے سامنے سے کھینچ کر الگ کرتے ہوئے کہا۔ اب چلئے بھائی مجھے اسٹیشن تک چھوڑ دیجئے مجھے گھر پہنچنے میں دیر ہو رہی ہے۔ میں راستے بھر بھناتا رہا اور سلطان بھائی سوچتے رہے کہ ساری پیروی جب خود نوری ہی کر رہا ہے تو اس سے پیروی کروانے کی کیا تک ہے۔ دوسرے دن کے پروگرام میں طبیعت کی گھٹن کی وجہ سے میں نہیں گیا لیکن

یہ بات چرچا میں رہی کہ اتنا اگریسو شوکت حیاب بغیر ایک لفظ نکالے چپ چاپ کیسے رہ گیا۔

ہفتہ دس دن بعد شمس الرحمن فاروقی ایک ادبی پروگرام میں پٹنہ تشریف لائے۔ جس شام انہیں جانا تھا سہ پہر کی چائے پر میں نے انہیں مدعو کیا۔ ساتھ ہی پٹنہ سارے اہم ادیبوں کو بھی دعوت دی۔ شوکت حیات کو بھی فون کر آنے کی تاکید کی۔ سب آئے۔ شوکت حیات گم سم بیٹھا تھا۔ پھر اس نے میرے پاس آ کر سرگوشی کی۔

''اس دن تمہارا غصہ جائز تھا۔ میں نے سمجھ لیا تھا کہ زندگی بھر کے لیے تم سے دوستی ختم ہو گئی لیکن مجھے بلا کر تم نے مجھے بونا کر دیا۔''

میں نے بھی اپنے غصے کے لیے اس سے معذرت کا اظہار کیا اور یہ وجہ پوچھی کہ جب تمہارا سارا کام میں خود کر رہا تھا تو تم سب سے مجھے پیروی کروا کر ذلیل کیوں کر رہے تھے۔ وہ تھوڑی دیر چپ رہا اور بڑی معصومیت سے میرا دونوں ہاتھ پکڑ کر بولا۔

''یار میرے ساڑھو نے کہا کہ جب نوری کی گرفت سکریٹری تک ہے تو تمہارے نہیں ہونے کی وجہ نوری ہی ہے۔ وہ اگر چاہ لیتے تو تمہارا ضرور ہوتا وہ اندر سے تمہارے خلاف ہے۔ میں ان کی باتوں میں آ گیا۔ اس لیے سب سے تمہیں پیروی کرانے لگا۔''

اس کی حماقت بھری معصومیت پر مجھے بہت غصہ آیا اس کے ساڑھو کو کچھ گالیاں دیں اور اسے کہا کہ بھولے راجہ دوستوں کو پہچاننا سیکھو ساڑھو کی گانڑ پر لات مارو۔

اس کے دل سے کدورت نکل گئی۔ اُدھر فائل پر میرے نوٹ پر سکریٹری نے اپنا نوٹ دیا۔ اس زمانے میں وزیر شکیل احمد خان تھے۔ شوکت نے کہا وہ منسٹر سے پیروی کر سکتا ہے کہ اس کے مراسم اچھے ہیں۔ اس نے پیروی کی لیکن وزیر نے ان سنی کر دی۔ فائل پر انہوں نے کچھ ایسا لکھ دیا کہ نہ شوکت کا ہوا نہ انجم کا وہ ایڈیٹر کی پوسٹ ہنوز خالی ہے۔

۵

شوکت حیات نے پاٹلی پترا کے ابھیلاشا اپارٹمنٹ میں ایک فلیٹ خریدا۔ میں دس پندرہ دنوں بعد ہی جا دھمکا اسے حیرت ہوئی کہ مجھے کیسے معلوم ہوا۔ اس زمانے میں نوٹرو ڈیم گرلس ہائی اسکول میں ہم لوگوں کی فوٹو گرافی کی پندرہ دنوں کی تربیتی کورس چل رہی تھی۔ رمضان کا مہینہ تھا۔ مجھے ظہر کی نماز کی دقت ہوتی تھی میں ٹفن آور میں شوکت کے یہاں آ جاتا اور اطمینان سے ظہر کی نماز ادا کرتا اور تھوڑی دیر آرام کر کے واپس تربیت گاہ پہنچ جاتا۔ میں جب بھی شوکت کے یہاں آتا اسے اور ماں بیٹے کو دین کی ترغیب دیتا۔ ایک دن شوکت نے مجھے روکتے ہوئے کہا۔

''بھیوا! ایک ویڈیو دیکھو۔''

پھر اس کے بیٹے نے ٹی وی میں ایک کیسیٹ لگایا۔ منظر قدرے دھندلا تھا لیکن فجر کی اذان کوئی پاٹدار آواز میں دے رہا تھا۔ شوکت نے بتایا کہ اس اذان کے لیے اس نے رات بھر انتظار کیا اور مسجد جا کر اس نے فجر کی اذان دی اور نماز بھی ادا کی۔ مجھے واقعی بے حد خوشی ہوئی۔ میں نے اسے گلے لگا لیا۔ کچھ دنوں تک نماز کی پابندی ضرور ہوئی لیکن پھر وہی پرانی ڈگر پہ لوٹ آیا۔ پھر ایک دن معلوم ہوا کہ اس نے ذہنی توازن کھو دیا ہے۔ میں ملنے پہنچا تو بہت پاٹ دار آواز میں کسی نامعلوم شخص کو گالیاں دیتا رہا۔ اس نے بتایا کہ ایک صبح اس کے دروازے پر کبوتر کے اُجلے پر کے ساتھ خون کے تازہ چھینٹے نظر آئے۔ اس نے بتایا کہ کسی مادر...... نے اس کے گھر پہ سحر کر دیا ہے۔ میں اسے ایک روحانی مرکز پہ لے گیا جہاں کی ترکیب سے اس میں نارملسی نظر آنے لگی لیکن اس کا بے تحاشا بولنا کم نہ ہوا۔ میں جب اسے فون کرتا تو سکون سے کہیں بیٹھ جاتا کہ گھنٹہ بھر سے کم گفتگو نہ کرتا۔ میں سوچتا چلو اسی بہانے اس کے اندر کا فرسٹریشن باہر تو آ جاتا ہے۔ کچھ مہینوں بعد معلوم ہوا کہ اسے کانکے رانچی کے پاگل خانے میں بھرتی کر دیا گیا ہے۔ کئی ماہ کے علاج کے بعد اس کی واپسی ہوئی لیکن وہ گم سم رہنے لگا۔ گھر میں قید ہو کر رہ گیا۔ میں کبھی کبھار جاتا اور دلجوئی کر کے آ جاتا۔ بھابھی بہت پریشان تھیں۔ ساری کیفیت ان سے معلوم ہو جاتی۔

ایک بار ملنے گیا تو دیکھا اس کے گلے میں رودرراکچھ کی مالا ہے۔ دونوں کلائی میں ویسی ہی مالا پہنے ہوئے ہے۔ مجھے حیرت ہوئی۔ میں نے پوچھا تو بولا کہ میرے زیادہ تر دوست ہندو ہیں۔ انہوں نے قلبی سکون کے لیے پہنا دیا ہے۔ پھر بڑی دقتوں سے میں نے وہ مالا اپنے ہاتھ سے کر کاٹ کر نکالی اور اس کے گلے میں ایک ایسی تسبیح ڈال دی جس کے ہر دانے پر اللہ اور محمد لکھا ہوا تھا اور امام پر پورا کلمہ درج تھا۔ میں نے بتایا کہ یہ تسبیح اجمیر شریف سے خاص تمہارے لیے منگوائی ہے۔ وہ بہت خوش ہوا۔ تسبیح کو چوما اور میرا شکریہ ادا کیا۔

۲۰۰۲ء میں میرا ٹرانسفر سارن ڈویزن میں جوائنٹ ڈائیرکٹر کے عہدے پر ہو گیا۔ پھر میں ہر سنیچر کی شام پٹنہ پہنچتا اور سموار کی صبح بس سے سارن نکل جاتا۔ ۲۰۰۸ء یا ۲۰۰۹ء کے اواخر میں وہ علی نگر میرے ڈیرہ پر آیا اور کاغذ کا کچھ پلندہ مجھے تھماتے ہوئے بولا۔

''میری ایک کہانی ''ذائقہ'' دہلی کے ذہن جدید میں شایع ہوئی تھی۔ مونگیر کے اقبال حسن آزاد نے مونگیر کے ادیبوں کو جمع کر میری کہانی کو کنڈیم کیا اور وہاں سے آٹھ دس لیٹر میری مخالفت میں زبیر رضوی کو لکھے اور زبیر نے سارے خطوط اپنے رسالے میں شایع کر دیے۔ میری بہت کرکری ہو رہی ہے۔ تم ان خطوط کو پڑھو اور کسی طرح مجھے بچاؤ۔''

میں نے کہا خطوط قاری کی رائے ہوتی ہے اسے رد کرنا مناسب نہیں۔ میں نے تمہاری کہانی نہیں پڑھی ہے۔ وہ کہانی مجھے دوتب میں غور کرونگا کہ تمہارا بچاؤ کیسے کیا جاسکتا ہے۔ اسی دن شام کو اس نے ''ذائقہ'' کی فوٹو کاپی مجھے لاکر دے دی۔ میں نے کہانی پڑھی تو میرے چودہ طبق روشن ہو گئے۔ سولہ سال کے بیٹے اور بتیس سال کی ماں کے ساتھ جنسی اختلاط تھا جسے وہ مجھے سنبھالنے کہہ رہا تھا۔ میں نے کہانی پٹنہ میں رکھ دی خطوط بالکل نہیں پڑھے اور دوسری صبح سارن چھپرا روانہ ہو گیا۔

اس زمانے میں کہانیوں پر میرے جارحانہ تبصرے کی دھوم تھی۔ عبدالصمد، شوکت حیات، شفق، شموئل احمد اور انیس رفیع کے افسانوں کا پوسٹمارٹم کر چکا تھا۔ وہاب اشرفی کے مباحثہ کے ہر شمارے میں میرا تجزیہ شایع ہوتا اور خطوط کے کالم تعریفی خطوط سے بھرے ہوتے۔ اسی کے پیش نظر شوکت نے مجھے ''ذائقہ'' تھما دیا۔ میری سمجھ میں نہیں آرہا تھا کہ کھاؤں کدھر کی چوٹ بچاؤں کدھر کی چوٹ۔

ایک سنیچر کو میں دوپہر میں پٹنہ آگیا بیگم نے بتایا کہ ان کی امی کی طبیعت بہت خراب ہے اس لیے وہ بیٹی کو لیکر مظفر پور چلی گئیں۔ رات میں نے شوکت کی کہانی نکالی اسے دوبارہ پڑھا طبیعت مزید مکدر ہو گئی۔ سمجھ میں نہیں آرہا تھا کہ کہانی کو کس طرح بچاؤں؟ لیکن معاملہ دوستی کا تھا ذہن کے گھوڑے دوڑنے لگے اور لگنے لگا کہ اس کہانی کے رخ کو موڑا جاسکتا ہے۔ صبح کی چائے کے بعد ایک پرانے چاقو پر نظر پڑی۔ دھار میں زنگ لگا ہوا تھا۔ اسے تیز کرنے میں جٹ گیا۔ تیز چاقو رکھنا میرا پاگل پن ہے۔ ایک سے ایک چاقو میرے پاس ہے۔ AK47 رائفل کے کندہ پر لگنے والا خطرناک چاقو کے ساتھ بے شمار تیز دھار والے چائینیز چاقو میرے پاس ہیں اور ہر سفر میں ایک دو میرے پاس ہوتا ہے بلکہ ایک بے خطرناک چاقو میری جیب میں ہوتا ہے جو ایک ہی وار میں گردن کی ساری نسیں کاٹ سکتا ہے۔ لوگ وجہ پوچھتے ہیں تو سیب اور امرود کاٹنے کا جواز بتا دیتا ہوں یہ نہیں بتاتا کہ موب لنچنگ کے وقت یہ دو چار دس کو حلال کرسکتا ہے۔ تو میں پرانے چاقو کی دھار تیز کرتے ہوئے اس کی نوک پر توجہ دے رہا تھا۔ ذرا سی بداحتیاطی سے پوری نوک میرے دائیں انگوٹھے میں اندر تک کھب گئی۔ خون کی دھار نکل گئی۔ کسی طرح ڈیٹول کاٹن کی مدد سے پٹی کر دی لیکن درد سے جان نکلی جارہی تھی۔ ساتھ ہی ذائقے کے ڈائمنشن پھیلتے جارہے تھے اور میں لکھنے سے مجبور تھا۔ بیگم ہوتیں تو انہیں ڈکٹیشن دے دیتا لیکن ان کی غیر موجودگی میں مجھے وہی احساس ہورہا تھا جو ڈیلیوری کے آخری وقت میں کوئی عورت محسوس کرتی ہے۔ اتنے میں خلاف توقع شوکت حیات آگیا اس کے دریافت کرنے پر میں نے بتایا کہ کہانی کو سمیٹنے کی تھیوری ذہن میں کلبلا رہی ہے لیکن زخمی انگوٹھے کی وجہ سے لکھ نہیں پارہا ہوں۔ بیگم ہوتیں تو انہیں ڈکٹیشن دے دیتا لیکن ان کی عدم موجودگی سے پریشان ہوں اس نے دھیرے سے

کہا تم مجھے ڈکٹیشن دے دو لیکن میں نے انکار کرتے ہوئے کہا۔

''میں اتنے عظیم افسانہ نگار کو ڈکٹیشن نہیں دے سکتا۔ دوم یہ کہ تم بقراط اعظم ہو ہر جملہ پر ٹوک دو گے اور میری آمد کا سلسلہ ٹوٹ جائے گا۔''

اس نے قسم کھائی کہ وہ لکھنے کے درمیان ایک لفظ بھی نہیں بولے گا۔ میں نے کہا جہاں تمہیں لگے میں غلط سمت جا رہا ہوں تم نشان لگا لینا بعد میں مجھے بتا دینا۔ پھر میں نے سادے کاغذ کا پلندہ اسے دیا اور کہا کہ شروع میں ۸۶ ء لکھو اس کے نیچے لکیر ڈال کر ۹۲/۶۶ لکھو۔ اس نے تعمیل کی پھر میں نے بولنا شروع کیا۔ پوری کہانی ذہن میں تھی۔ کبھی کبھی کچھ حصے دیکھ لیتا لکھتے وقت تواتر سے میرے ذہن میں الفاظ اترتے ہیں۔ شوکت حیات ایک فرمانبردار بچے کی طرح سر جھکائے ڈکٹیشن لیتا رہا۔ ایک ڈیڑھ گھنٹے کے بعد آخری جملہ لکھا کر میں نے کہا الحمدُ للہ اب بس کرو۔ وہ لکھنے میں اتنا مگن تھا کہ ''الحمدللہ اب بس کرو'' بھی لکھ گیا۔ میں چپ ہوا تو وہ حیرت زدہ سا مجھے دیکھتے ہوئے بولا۔

''یار تم اس طرح مضمون لکھاتے ہو؟ لگاتار بولتے گئے کہیں رک کر بھی نہیں سوچا۔ اس میں تو صرف و نحو کی بھی غلطی نہیں ہے۔''

میں نے بتایا کہ مضمون ہو یا کہانی میں ہمیشہ ایک شفٹ میں تواتر سے لکھتا ہوں۔ مضمون تو ڈکٹیٹ کر دیتا ہوں لیکن افسانے خود لکھتا ہوں۔ شوکت نے بتایا کہ وہ لکھتے وقت دسیوں بار جملے کاٹتا ہے تب تحریر مکمل ہوتی ہے۔ اس نے کہا اب کیا کرو گے؟ میں نے بتایا کہ اس کی فوٹو کاپی رکھ کر مباحثہ کو بھیج دوں گا۔ اس نے ہڑ بڑا کر کہا ارے نہیں یار یہ میری تحریر ہے اسے مت بھیجو تم اس کی نقل کر لینا۔

''ذائقے'' کا تجزیہ دیکھ کر وہ بھونچک رہ گیا اور میں حیران کہ اتنا بہتر تجزیہ کیسے لکھا گیا۔ تجزیہ مباحثہ میں شایع ہوا اور حسب توقع پذیرائی کے کافی خطوط شایع ہوئے۔ اس کے بعد تو شوکت میرا مرید ہو گیا اس نے آج تک مجھ سے کبھی بحث نہیں کی۔

۶

اس کا مجموعہ نہیں شایع ہونے سے بھی وہ بہت پریشان تھا۔ میں جب کبھی ٹوکتا تو کہتا کام ہو رہا ہے جلد شایع ہو جائے گا۔ ۲۰۱۱ء کا زمانہ تھا۔ اپریل میں دل کا شدید دورہ جھیل چکا تھا۔ ایمس دہلی کے ایچ او ڈی ہارٹ نے سارے ٹسٹ دیکھنے کے بعد ایک بھی دوا لکھنے سے انکار کرتے ہوئے کہا تھا۔

''آپ کیسے زندہ ہیں یہ آپ جانیں یا اوپر والا جانے۔ میں کوئی دوا بھی نہیں لکھ سکتا۔'' پھر اس نے مجھے ہاتھ جوڑ کر پرنام کیا اور کہا جائیے۔ (یہ لمبی کہانی ہے پھر سہی)۔

میں پٹنہ واپس آ چکا تھا بس کمزوری بہت تھی۔ اسی دوران جولائی میں اس کا فون آیا۔

''بھیوا ! گھر پہ ہو؟ میں آ رہا ہوں۔''

دو پہر میں شوکت کی آمد ہوئی اور اس نے مسکراتے ہوئے اپنا بے حد خوبصورت افسانوی مجموعہ'' گنبد کے کبوتر'' مجھے پیش کیا۔ اس کی مذکورہ کہانی آجکل'' میں شایع ہوئی تھی جس پر اسے'' کتھا ایوارڈ'' بھی مل چکا تھا۔ مجموعہ صوری اعتبار سے بے حد خوبصورت تھا لیکن شروع میں کم از کم سولوگوں کے آرا شامل تھیں اور کچھ مضامین دسیوں سال قبل کے لکھے شامل تھے۔ میں نے مسکراتے ہوئے کہا۔

''یار تم نے کبوتر کے نازک پاؤں میں اتنے سارے تعویذ باندھ دیے ہیں، وہ اتنا بوجھ لے کر اڑ سکے گا کیا؟''

وہ مسکرا کر رہ گیا، پھر پوچھا کتاب کیسی ہے؟ میں نے کہا فکشن کے سمراٹ کی کتاب ہے بہت اچھی چھپی ہے اور تمہارے افسانوں پر کون انگلی دھر سکتا ہے۔ اس نے تبصرہ لکھنے کی فرمائش کی۔ میں نے کہا دل نے مہلت دی تو ضرور لکھوں گا۔ پھر شوکت حیات اپنی بیگم اور کتاب کے کئی بنڈل کو لے کر لمبے سفر پہ روانہ ہو گیا۔ ہر ادیب و ناقد کو اپنی کتاب دی۔ دہلی کے علاوہ وہ کہاں کہاں گیا اس کا مجھے علم نہیں لیکن جب پٹنہ واپسی ہوئی تو وہ بہت خوش تھا اور اسے امید تھی کہ اس سال نہ سہی آئندہ سال اسے ساہتیہ اکادمی ایوارڈ ضرور ملے گا۔ اس کی امید پر اوس پڑ گئی۔ وہ اپنے رویّے اور بڑبولے پن سے سب کو ناراض کر چکا تھا۔ اس کے ۸۰ فی صد افسانے شب خون میں شایع ہوئے تھے لیکن جب شمس الرحمن فاروقی نے شب خون کے فکشن کا ضخیم ترین انتخاب شایع کیا تو انہوں نے شوکت حیات کے ایک بھی افسانہ کو شامل نہیں کیا کیونکہ وہ اپنے مضمون اور گفتگو میں فاروقی کے خلاف بہت تلخ بیان دے چکا تھا اسی طرح اس کے بہتر چاہنے والے اس سے بیزار ہو چکے تھے اب اس کی حیثیت مس فائر جیسے کارتوس کی ہو کر رہ گئی تھی۔ عبدالصمد اس کے بہی خواہ تھے لیکن اسے صرف اس لیے دشمن سمجھتا تھا کہ انہیں ساہتیہ اکاڈمی ایوارڈ کیوں مل گیا لیکن ادھر میرے سمجھانے سے اس نے صمد کو معاف کر دیا تھا اور اس سے رابطہ بحال ہو گیا تھا۔

مجھے جب دوسری بار بہار اردو اکادمی کا سکریٹری بنایا گیا تو میں نے برسوں سے منجمد پڑے ادبی ایوارڈ کو بحال کرنے کا فیصلہ کیا اور رقم بھی تین گنی کر دی۔ پہلے پندرہ ہزار، بیس ہزار اور اکیاون ہزار کے انعامات دیے جاتے تھے میں نے کمیٹی میں رکھ کر ایوارڈ کی رقم بڑھوا دی

ایک لاکھ اکیاون ہزار کے دو ایوارڈ، ایک لاکھ دس ہزار کے تین ایوارڈ اور اکیاون ہزار کے بیس ایوارڈ۔ اور یہ بھی کیا کہ سال ۲۰۱۵ء کے ساتھ ۲۰۱۴ء کو بھی شامل کر دیا سوچا۔ دو سال میں پچاس ادیبوں کو شامل کر لوں گا۔ بقیہ دو سال میں مزید پچاس ادیب فیض یاب ہو جائیں گے۔ جب فائنل مٹنگ ہوئی تو ایک ممبر نے

یہ سوال اٹھادیا کہ جنہیں گزشتہ برسوں میں معمولی رقم کا بھی ایوارڈ مل گیا ہو اُنہیں دوبارہ نہ دیا جائے۔ میں نے لاکھ سمجھایا کہ پدم شری کے بعد پدم بھوشن پھر پدم وی بھوشن ملتا ہے اسی طرح پانچ سات سال کے معمولی رقم والے ایوارڈ کو نہ شامل کیا جائے لیکن وزیر نے فیصلہ سنا دیا کہ دونوں نائبین صدر جانچ کر فائل بڑھائیں۔ نتیجہ یہ ہوا کہ شوکت حیات، شفیع جاوید، بہت سے اہم صحافی کے ساتھ بزرگ شاعر متین عمادی کے ساتھ طلحہ رضوی برق کو بھی ایوارڈ سے محروم کر دیا گیا کیونکہ ان لوگوں کو پندرہ یا بیس ہزار کی رقم بہت پہلے مل چکی تھی۔ ایوراڈ کا اعلان ہوتے ہیں ایک ہنگامہ شروع ہو گیا اور سارہ نزلہ مجھ پر ہی جا گرا۔ شوکت حیات نے بہت احتجاج کیا۔ میں نے اصول کی بات بتائی۔ اس نے اعتراض کرنے والے ممبر کا نام پوچھا۔ اس نے اپنے بیٹے کے ساتھ ان کی رہائش گاہ پر جا کر گالی گلوج کی اور میرے خلاف فیس بک پر ایک محاذ کھول کر بیٹھ گیا۔ روزانہ گالی گلوج کرتا مجھ پر طرح طرح کے الزام لگاتا اور مجھے پوسٹ سے ہٹانے کی مہم بھی چھیڑ دی۔ میں خاموش رہا مجھے حیرت تب ہوئی جبکہ ایک بھی انعام یافتہ نے میری مدد نہیں کی۔ تب میں نے فیصلہ کر لیا کہ آئندہ دو سال کوئی ایوارڈ نہیں دوں گا۔ لوگ چھٹپٹا کر رہ گئے۔ میں اپنے فیصلے پر قائم رہا۔ ایک مہینے کی اختلافی مہم کے بعد تھک ہار کر بیٹھ گیا۔ اس سے قبل بھی وہ سب سے کٹا ہوا تھا اور اب بالکل گھر میں بند ہو گیا۔ میں ہفتہ میں دو تین بار اس کی خیریت دریافت کرتا تو فون اس کی نواسی اٹھاتی اور بتاتی نانو ڈاکٹر کے یہاں گئے ہیں۔ مجھے حیرت ہونے لگی تو بغیر فون کیے دفتر سے سیدھے اس کے گھر گیا۔ نواسی نے دروازہ کھولا شوکت حیات سامنے صوفہ پر بیٹھا تھا۔ میں نے کہا تم نے نواسی کو بھی جھوٹ بولنا سکھا دیا۔ پھر پوچھا بھابھی کہاں ہیں؟ بولا بیمار ہیں ڈاکٹر کے یہاں گئی ہیں پھر پوچھا انعم بٹیا کہاں ہے؟ بولا وہ امی کے ساتھ گئی ہے۔ پھر میں نے اس کی دلجوئی کی۔ یہ بھی کہا کہ ہر فنکشن میں آیا کرو اس طرح لوگوں سے ملنا ملانا ہوتا رہے گا اور تم ادب کے مارکیٹ میں بنے رہو گے۔ اس نے وعدہ کیا کہ اگر میں پروگرام کی دعوت دوں تو وہ ضرور آئے گا۔ جانے سے قبل اس نے کہا میرے بیٹے اتم حیات کی شادی کے لیے لڑکی تلاش کرو۔ میں نے اپنے دونوں کانوں پہ ہاتھ دھرتے ہوئے کہا۔

''مجھے اس پچڑے میں نہ پھنساؤ۔ ایک لڑکی سے ہوٹل میں دھوم دھام سے منگنی ہوئی۔ پھر کچھ دنوں بعد تم لوگوں نے منگنی ہی توڑ دی۔ پھر ایک پیاری سی لڑکی سے شادی ہوئی۔ وہ بہو بن کر تمہارے یہاں رہی لیکن تمہارے بیٹے نے اسے بھی طلاق دے دی۔ اب میں کس منہ سے تمہارے بیٹے کے لیے رشتہ مانگوں گا۔ وہ چپ رہا لیکن اس کی بیٹی دندناتی ہوئی کمرے سے باہر نکلی اور میرے پاس بیٹھ کر طلاق کا جواز بتاتی رہی۔ میں سنّی مسلمان ہوں جو سنتا ہوں مان لیتا ہوں اس لیے میں نے انعم سے بحث نہیں کی۔ پھر اس نے چائے کے لیے روک لیا۔ میں چائے پی کر شوکت سے محفل میں شرکت کا وعدہ لے کر واپس آ گیا۔ بعد

میں سال بھر بعد اتم حیات کی گود میں ایک بچے کے ساتھ فیس بک پر ایک تصویر دیکھی تو علم ہوا کہ اس کی شادی ہوگئی اور وہ ایک بیٹے کا باپ بھی بن گیا ہے۔

۷

شوکت حیات بہت پیارا انسان تھا۔ اسے کچھ بھی کہیں وہ بہت معصومیت سے سنتا۔ یہ الگ بات کہ وہ کرتا وہی جو اس کے من میں آتا۔ ایک دن اس نے مجھ سے پوچھا یار میں تو سید ہوں تم کس ذات کے ہو۔ میں نے کہا دوسرے پائیدان پر ہوں اس نے پھر کہا بتاؤ نا یار۔ میں نے کہا میں شیخ ہوں۔ اس کا سوال تھا سید بڑا ہوتا ہے یا شیخ ؟ اب میری رگِ شرارت پھڑک گئی میں نے کہا۔ تم نے غوث الاعظم شیخ عبدالقادر جیلانی رحمۃ اللہ علیہ کا نام سنا ہے؟ اس نے کہا ہاں کیوں نہیں بہت بڑے بزرگ تھے۔ تب میں نے کہا کہ وہ نجیب الطرفین سید تھے۔ یعنی ماں باپ دونوں جانب سے۔ ایک طرف حسنی تو دوسری طرف حسینی۔ اسی طرح تم نے شیخ شرف الدین احمد یحیٰ منیری رحمۃ اللہ علیہ کا نام سنا ہے۔ ان کے اجداد مکہ سے تشرف لائے تھے وہ حضرت تاج فقیہہ رحمۃ اللہ علیہ کی آل میں تھے جنہوں نے منیر شریف فتح کیا تھا۔ وہ بھی سادات تھے۔ تیسری بات پوری اردو شاعری میں شعرا نے صرف شیخ سے پنگا لیا۔

تر دامنی پہ شیخ ہماری نہ جائیو دامن نچوڑ دیں تو فرشتے وضو کریں
گیٹ پہ جنت کے یوں تو سخت چیکنگ تھی مگر شیخ جی کا داخلہ اسٹاف کہ کر ہو گیا

تو بھائی اتنے بڑے بزرگوں کا سادات ہو کر بھی شیخ لکھنے کا مطلب صرف یہ ہے کہ سید جب علمی عملی شریعت طریقت معرفت اور حقیقت ساری منزلوں کی تکمیل کر لیتا ہے تب وہ شیخ کے درجے پر فائز ہو جاتا ہے۔ اس دن کے بعد اس کی سٹّی پٹّی گم ہوگئی۔

جدیدیت کے دور میں پورے ہندوستان میں شوکت حیات جدیدت کا امام سمجھا جاتا تھا وہ فکشن کا سکہ رائج الوقت تھا۔ اشترا کی ذہن کا مالک ٹریڈ یونین کا لیڈر شیر کے دہاڑ جیسی آواز۔ وہ جو بھی تحریر لکھ دے اس کی وقعت بڑھ جائے۔ جدیدیت کے زمانے میں رسین سرخ انقلاب پر مبنی اس کا افسانہ ''بانگ'' بے حد مقبول ہوا اور مہینوں تک اس کی چرچا ہوتی رہی۔ اس پر بحثیں ہوئیں۔ خوب خوب چرچے ہوئے۔ بانگ نے اسے بے حد مقبول بنا دیا۔ اپنی جانب سے کچھ کہنے سے بہتر ہے کہ میں بھائی غضنفر کی تازہ ترین رائے کا سہارا لوں۔ انہوں نے بہت پتے کی بات کہی ہے۔ آپ بھی دیکھیں۔

''بانگ کی بڑی اہمیت ہے خواہ وہ علاّمہ اقبال کی بانگ ہو یا شوکت حیات کی۔ خواہ کسی درند کی بانگ ہو یا پرند کی۔ بانگ نہ ہو تو صبح نہ ہو، دن نہ نکلے۔ حیات میں حرکت نہ ہو۔ معاملات میں برکت نہ

ہو۔ کائنات بیدار نہ ہو۔ انسان برسرِ پیکار نہ ہو۔ کارِ کاروبار نہ ہو، حالات ساز گار نہ ہوں، شعور و ادراک ہشیار نہ ہوں۔ بانگ وہ سُر ہے جس کے تال پر سیاہ افق سے سرخ شعاعیں پھوٹ پڑتی ہیں۔ پو پھٹ جاتی ہے۔ سورج نکل آتا ہے۔ جس کے شور سے زورِ جرّ ارتھرّ ا اُٹھتا ہے۔ رعبِ زردار لرز اٹھتا ہے۔ کاخِ امرا کے در و دیوار ہل جاتے ہیں۔ اوقات اور حالات بدل جاتے ہیں۔

بانگ بند ہو جائے تو وقت کی رفتار رک جائے۔ کاروبارِ دنیا ٹھپ پڑ جائے۔ دماغ تشویش میں پڑ جائے۔ دل میں خدشات کا کانٹا گڑ جائے۔ ذہن کا توازن بگڑ جائے۔ پولٹری فارم کے مالک کی چھری اپنے ہی دربے کے مرغ کی گردن پر پہنچ جائے۔ اپنے ہم زاد کا خون ہوتا دیکھ کر دربوں کے باقی مرغوں کی آنکھوں میں لہو اتر آئے۔ ان کی چونچ دربوں کی جالیوں پر پہنچ جائے اور پھر ان سیاہ سفید اور چتکبرے مرغوں کے سینے میں ایک سرخ انقلاب برپا ہو جائے۔ یہی منظر شوکت حیات کی کہانی ''بانگ'' میں نظر آتا ہے۔ شوکت حیات اس منظر کو اتنے بڑے کینوس پر پھیلاتے ہیں کہ مرغ کے پروں کے رنگ طرح طرح کے رنگ دکھانے لگتے ہیں۔ ان رنگوں سے سیاہ، سفید، سرخ اور چتکبرے پیکر ابھرنے لگتے ہیں۔ ان رنگ برنگے پروں والے مرغوں کے پاس ان کی مرغیاں بھی سمٹ آتی ہیں اور اپنی باریک باریک خشک منقاروں سے اپنی زندگی کی لہو میں تر بتر کہانیاں سنانے لگتی ہیں۔ اپنے پیاروں سے الگ ہونے کا کرب، ان کی گھٹن، ان کی بھنچی بھنچی چیخی سی آواز سب کچھ ان کے سینے سے باہر آنے لگتا ہے۔ طرح طرح کی محرومیاں جھانکنے لگتی ہیں۔ ہم جنسوں کی گردنوں پر چلنے والی چھریاں، ان کے جسموں سے نچے جانے والے پر، ادھیڑی جانے والی کھال، جسم کی بننے والی بوٹیاں اور دہکتے ہوئے انگاروں پر ان کے گوشت اور گرم آگ پر سینکے جا رہے اس گوشت سے نکلنے والے عرق کو دربوں کے مرغ دیکھتے ہیں تو ان کے اندر جل رہی انتقام کی آگ اور سلگ اٹھتی ہے۔ ان کی چونچیں چاقوؤں میں تبدیل ہو جاتی ہیں اور وہ چاقو چیڑنے پھاڑنے کے جذبے سے مغلوب ہو کر قفس نما دربوں کی مضبوط جالیوں ں سے بھڑ جاتے ہیں۔ مرغوں کے سینے میں انتقام کی آگ دہکتی رہتی ہے۔ احتجاج کے شعلے شرر فشاں ہونے کی تیاری کرتے رہتے ہیں۔ اپنی منقاروں میں طاقت بھرتے رہتے ہیں۔ اپنے ڈینے مضبوط کرتے رہتے ہیں۔ اپنے پنجوں کی چھرّیوں کو تیز کرتے رہتے ہیں اور ایک دن دربوں کی جالیاں توڑ کر باہر نکل آتے ہیں۔

الگ الگ گوشوں، الگ الگ دربوں، الگ الگ خانوں میں بنٹے اور دور دور رہنے والے سارے مرغ ایک جگہ جمع ہو جاتے ہیں۔ ان کی ایک منظّم فوج تیار ہو جاتی ہے۔ سر پر سرخ کلغیوں کے خود پہنے سپاہی اپنے پنجوں کے خنجر اور منقاروں کے تیر و تبر سے لیس ہو کر اجتماعی بانگ کے ساتھ دشمن پر ٹوٹ

پڑتے ہیں۔ دشمن کے جسموں پر چونچ کی مار پڑنے لگتی ہے۔ پنجوں کی چوٹ سے چمڑی ادھڑنے لگتی ہے۔ مرغ کے سوندھا سوندھا گوشت کھانے والے خود لہولہان ہونے لگتے ہیں اور مرغوں کے مسلسل یلغار ، پنجوں کی مار اور منقاروں کے وار سے زخمی ہو کر بھاگ کھڑے ہوتے ہیں۔ دربے میں بند مرغوں نے کیسے باہر نکل کر مورچہ سنبھالا، سوئی ہوئی مرغیاں کس طرح تن کر راہ میں کھڑی ہوگئیں اور کس طرح ان کو ذبح کرنے والے ان کے حملوں سے زخمی ہوئے اور کیسے وہ اس مقام کو چھوڑنے پر مجبور ہوئے جہاں وہ ان کی گردنوں پر چھری پھیرا کرتے تھے، یہ منظر آپ خود شوکت حیات کے بنائے ہوئے پیکروں میں دیکھیے :

''یہ دیکھ کر اس کی حیرت اور خوف کا ٹھکانہ نہ رہا کہ ابھی ابھی جو مرغیاں جو باہر سو رہی تھیں، وہ ان کے راستے میں تن کر کھڑی ہیں۔ سب کی سب اچھل کر دروازے تک آ گئیں۔ ابھی وہ مرغی خانے کا دروازہ بند کرنا ہی چاہ رہے تھے کہ چتکبرے چوزوں کی فوج ان پر حملہ آور ہوگئی اور وہ بے تحاشا بھاگے۔ چاروں طرف ہوا میں مرغوں کی کلغیاں۔ بجلیوں کی طرح کوندرہی تھیں اور زمین پر جوزوں کی فوج اپنے چھری نما پنجوں سے اچھل اچھل کر ان پر حملے کر رہی تھی۔''

''فضا کے چپّے چپّے میں جنگلی مرغوں کی پھڑ پھڑاہٹ تھی۔ اور اچھلتے ہوئے ان کے بجلی نما پنجے اور چونچ دیکھتے دیکھتے ان کے سفید کپڑے تار تار ہوگئے۔ اندر سے سیاہ بنیائن اور لنگوٹ نظر آنے لگے۔ اندھا دھندھ وہ اس پولٹری فارم سے دور بھاگے جا رہے تھے جہاں آج تک ان گنت مرغوں کو بانگ اور ہتھیلی کی لکیروں کے غسلِ آفتاب کی آڑ میں وہ ذبح کر کے چٹخارے لے لے کے کھا چکے تھے اور رنگوں کی بنیاد پر ان کے جھنڈ کو ٹکڑے ٹکڑے کر چکے تھے۔''

اس تجزیے سے آپ اندازہ لگا سکتے ہیں کہ بانگ کی افادیت کیا تھی۔ اس کے کچھ اور افسانے'' ڈھلان پر رکے قدم'' '' بکسوں سے دبا آدمی'' '' سانپ سے نہ ڈرنے والا بچہ'' ''پھسینڈا'' '' رانی باغ'' '' کوبڑ'' سرپٹ گھوڑا'' وغیرہ بہت مشہور ہوئے۔ بعد میں بابری مسجد کی شہادت پر اس کا شاندار افسانہ'' گنبد کے کبوتر'' شایع ہوا جو نہ صرف بے حد مقبول ہوا بلکہ دہلی کتھا کے ادارے نے اسے کتھا ایوارڈ سے بھی نوازا۔ اس افسانے پر جب میں اس سے بحث کر رہا تھا تو میں نے گنبد کے کبوتر کے لکھنے کا سبب پوچھا تو اس نے بتایا کہ ہر معبد پر کبوتر ہوتے ہیں لیکن جب بابری مسجد شہید ہوگئی تو میں نے سوچا کہ جب کبوتر شام کو آئے ہونگے تو گنبد نہ ملنے پر انہوں نے کیا محسوس کیا ہوگا۔ اسی سوچ کو سامنے رکھ کر میں نے گنبد کا کبوتر لکھا۔ بہر حال یہ افسانہ ماسٹر پیس ہے اور اس کی شہرت عالم گیر ہے۔

اکیسویں صدی میں شوکت نے بہت کم لکھا۔ محفلوں میں اپنی بے ربط گفتگو اور فلوٹنگ ریمارکس سے دوست کھوتا گیا اور اس کے بہی خواہوں فہرست کم ہونے لگی۔ میں جب بھی اسے کسی فنکشن میں بلاتا تو وہ

ضرور آتا اور پہلی صف میں بیٹھتا اور بس سوتا رہتا۔ آخری عمر میں وہ بے تحاشہ سوتا تھا اور بے تحاشہ کھاتا تھا۔ ایک بار اس نے نیو پاٹلی پترا کے اپنے نئے فلیٹ میں بلایا۔ کیا شاندار فلیٹ تھا۔ شاندار صوفہ، لاکھ روپے کا فریج بہترین ایئر کنڈیشن ۔ یہ سب چار ہزار کی سیلری میں ممکن نہیں تھا۔ کچھ لوگ کہتے ہیں کہ امریکہ میں کچھ رشتے دار مدد کرتے تھے۔ کچھ رقم ہندوستان کے امیر قلمکار بھی دیتے تھے۔ میں نے اسے ندا فاضلی سے بڑے حق کے ساتھ رقم مانگتے دیکھا تھا۔

اس نے غربت میں کبھی بسر نہیں کی۔ بیٹا کو پٹنہ کے سب سے بڑے اسکول سینٹ مائیکل سے پڑھایا۔ بیٹی کو ناٹروڈیم اکادمی سے تعلیم دلوائی۔ اس کے نئے فلیٹ پر دوسری بار تب گیا جب عبدالصمد کو افسانہ پڑھنا تھا اور صرف مجھے بلایا گیا۔ دوپہر کو شاندار ضیافت کے بعد عبدالصمد نے افسانہ سنایا پھر شوکت نے تجزیہ کیا۔ میں شوکت سے کہا کہ تمہارے تجزئے میں ''شوکتیت'' نہیں ہے۔ تم اتنے دھیمے کیسے ہوگئے۔ پھر میں نے اپنا تبصرہ پیش کیا جسے دونوں نے پسند کیا۔ شوکت حیات دوستوں کی ضیافت خوب کرتا تھا اور بھابھی شاندار کھانا بناتی تھیں۔ اس کے دستر خوان کی وسعت مشہور تھی۔ اس دن شوکت کی خوش خورا کی دیکھ کر میں نے کہا۔

''تمہیں اپنی فکر تو نہیں ہے لیکن ان لوگوں کی فکر کرو جن کے کندھوں پر سوار ہو کر تمہیں قبرستان جانا ہے۔'' وہ مسکرا کر رہ گیا وہ شوکت حیات سے میری آخری ملاقات تھی۔

اس کے بعد بس کبھی کبھار فون سے گفتگو ہو جاتی۔ ایک دوسرے کی خیر خبر دریافت کر لیتے۔ میں جب پھلوری شریف اپنے فلیٹ میں شفٹ ہو گیا تو میرا کہیں آنا جانا بھی کم ہو گیا۔ کرونا کے دور میں تو لوگ اپنے سائے سے بھی ڈرنے لگے تھے۔ ایک سے ایک موت نے دل مڑوڑ کر رکھ دیا تھا۔ اسی دوران شوکت حیات کے بیمار ہونے کی خبر ملی۔ بھابھی بے چاری اکیلی تھیں۔ بیٹا اتم حیات بیگم کے ساتھ دوبئی میں تھا۔ اسے کرونا ہونے کی خبر ہوئی تو بیٹی داماد دبئی نکل گئے اور ایئر پورٹ پر ہی دونوں کو کورنٹائن میں بھیج دیا گیا۔ اور یہ وہی نازک گھڑی تھی جب رات اچانک شوکت حیات کو دورہ پڑا وہ دھڑام سے نیچے گرا۔ بھابھی دوڑی آئیں جب تک مددگار آتے افسانے کے سکندر پوری دنیا فتح کر کے آخرت کے سفر پہ روانہ ہو چکا تھا۔ انا للہ وانا الیہ راجعون

صبح اطلاع ملی کہ پیر موہانی قبرستان میں صبح نو بجے تدفین ہوگی۔ میں قبرستان پہنچا۔ ہائے میرا یار شوکت سفید لباس میں بے نیاز سویا تھا۔ نظر گھمائی تو مشکل سے آٹھ دس آدمی موجود تھے۔ تدفین کے بعد ایک دراز قد کے عمر دراز شخص نے مجھ سے پوچھا۔

''آپ شوکت کے کیا لگتے ہیں؟ کوئی رشتے دار ہیں؟''

''نہیں میں شوکت کا کچھ نہیں لگتا لیکن وہ میرا بہت کچھ لگتا تھا۔'' میں آبدیدہ ہو گیا میری آواز بھرّا گئی۔

''تو پھر کون ہیں آپ؟''

میں نے بہت دھیمی آواز میں کہا۔''میں اس کا دوست ہوں مشتاق احمد نوری۔''میرا نام سنتے ہی وہ چونکا۔

''نوری صاحب آپ کو جانتا ہوں میں۔ میں سکندر حیات ہوں شوکت حیات کا چھوٹا بھائی۔''

میں حیرت زدہ تھا شوکت کی چھوٹے بھائی سے کبھی نہیں بنی۔ بس دن رات اپنے ساڑھو کا بکھان کرتا رہا۔''سرپٹ گھوڑا'' میں پوری کہانی اس کے ساڑھو کے گرد ہی گھوتی ہے۔ میں سکندر بھائی کو اپنی کار سے لے کر اس کے نیو پاٹلی پترا فلیٹ گیا۔ سکندر کا بیٹا اپنی بڑی امی کے پاس گیا وہ اس سے لپٹ کر دھاڑیں مارنے لگیں۔ میں چپ تھا بس میرے آنسو جاری تھے بھابھی مجھے دیکھ کر مزید بلکنے لگیں۔

''نوری بھائی! شوکت کو کچھ بھی ہوتا کہتے سب سے پہلے نوری کو فون کرو اور دیکھئے اس بار فون کی نوبت ہی نہیں آئی۔''

میں انہیں دلاسا بھی نہیں دے سکتا تھا۔ زبان ساتھ نہیں دے رہی تھی۔ آنسوؤں کی اپنی زبان ہوتی ہے۔

سکندر حیات جسے کوئی اہمیت نہیں دی گئی وہ اپنے بیٹوں کے ساتھ آخری سفر میں موجود تھا لیکن جو ساڑھو سب کچھ تھا کرونا کے ڈر سے غائب تھا اور سڑھوائین کا بھی پتہ نہیں تھا۔

نہ بیٹا نہ بہو، نہ بیٹی نہ داماد نہ ہی کوئی ادیب شاعر دوست دشمن کوئی نہیں۔ اتنی خاموشی اور تنہائی میں آخری سفر طے ہوگا یہ شوکت نے کبھی سوچا بھی نہیں تھا۔

اللہ اسے اپنی رضا سے نوازے اور اپنی مغفرت نصیب کرے۔ آمین ثم آمین!

◀◀ ● ▶▶

• عبد الصمد

وہی چراغ بجھا جس کی لو قیامت تھی

اُس زمانے میں، میں نے چند دوستوں پر کچھ تاثراتی مضامین لکھے تھے جنہیں کچھ لوگوں نے خاکے کا نام دیا تھا۔ شوکت حیات نے مجھ سے فرمائش کی کہ میں بھی اس پر تاثراتی مضمون لکھوں، میں نے فوراً جواب دیا، کیا چاہتے ہو، یہ جو برسوں کے بعد دوستی ہوئی ہے، یہ بھی ختم ہو جائے۔ اس نے ایک زوردار قہقہہ لگایا اور بات آئی گئی ہوگئی۔ اُس کا قہقہہ بہت مشہور تھا۔ مختلف لوگ اس کے اپنے اپنے طور پر معنی نکالتے تھے۔ کبھی لگتا کہ یہ قہقہہ اس کے دل سے نکلا ہے، اس میں کہیں کوئی 'دکھلاوا' کوئی کھوٹ، کوئی ریاکاری، کوئی مصلحت نہیں۔ کبھی یوں محسوس ہوتا کہ اس نے قہقہہ زبردستی لگایا ہے، اس میں کئی رنگوں کی آمیزش ہے۔ بہر کیف، کسی بھی اضطراری اور غیر اضطراری انسانی فعل کے معنی نکالنے کی پوری آزادی ہے۔ قاضی عبدالستار کہتے تھے، دنیا کی سب سے بڑی جمہوریت اردو دنیا ہے۔

ہم نے تقریباً ایک ساتھ لکھنا شروع کیا تھا۔ مگر ہم لوگ مختلف جگہوں پر اپنے اپنے چراغ جلانے کی کوشش کر رہے تھے۔ میں بی اے کرنے تک اپنے آبائی شہر بہار شریف میں تھا اور میرے افسانے' کتاب'، 'صبح نو' اور کئی رسالوں میں چھپ چکے تھے، پھر میں ایم اے اور اس کے آگے کی پڑھائی کے لئے گیا چلا گیا، گو میرا پتہ بہار شریف ہی کا رہا۔ شفق نے اپنے شہر سہسرام کو کبھی نہیں چھوڑا، علی امام کشن گنج کے انسان اسکول کے ویرانے کو روشن کئے بیٹھا رہا، حسین الحق ستر کے بعد پٹنہ آگئے تھے جہاں شوکت حیات پہلے سے موجود تھا، شموئل احمد نے اوائل میں کچھ افسانے لکھے، پھر وہ اپنی سرکاری نوکری میں مصروف ہو گئے اور بہت برسوں بعد ان کی گھر واپسی ہوئی۔ اس پس منظر میں افسانہ نگاری کی دنیا میں جس کا ڈنکا اس وقت اونچی آواز میں بج رہا تھا، وہ شوکت حیات ہی تھا۔ بلا شبہ وہ ایک بہت ذہین اور فعال افسانہ نگار تھا جس نے اپنی ذہانت اور شعور کی بالیدگی کے سبب چند بہت اچھے افسانے لکھے جو دوسرے، ہم عصروں کے لئے قابل رشک بن گئے اور لاشعوری طور پر ہمارے ذہنوں پر اس کا ایک نامعلوم رعب طاری ہو گیا تھا اور ہم اس سے مرعوب سا رہنے لگے تھے۔ شوکت حیات کو اگر طرح طرح کے بھرم نہ گھیر لیتے تو وہ یقیناً وہاں سے بہت آگے جاتا، جہاں وہ تقریباً ٹھہر سا گیا تھا۔ یوں وہ جگہ جہاں وہ ٹھہرا تھا، وہ بھی بہت سے لوگوں کی نگاہوں میں قابل

رشک مقام تھا۔

شوکت حیات کے بارے میں کچھ کہنے سے پہلے اگر اس کے گھریلو اور خاندانی پس منظر پر روشنی ڈالی جائے تو ایک مختلف شوکت حیات اس گہری دھند سے برآمد ہوتا ہے۔ مستقبل کی بے حد روشن راہ پر ابھی اس نے قدم بھی نہیں رکھے تھے کہ اچانک جواں سال والد کا جو کہ پولیس انسپکٹر تھے، ایک حادثے میں انتقال ہوگیا۔ بیوہ ماں، کئی بہنیں اور بھائی، یعنی ایک بھرے پرے خاندان کی عظیم ذمہ داری اس کے ناتواں کندھے پر آپڑی۔ جو صورت حال اچانک پیش آئی تھی اس کے مدنظر کوئی بھی باشعور انسان اپنے ہوش وحواس کھوسکتا تھا، آمدنی کا کوئی ذریعہ نہیں تھا، والد کی پنشن تھی جس سے خاندان کا گذارا مشکل ہی نہیں بہت مشکل تھا، مگر کم سن شوکت حیات تھوڑا دن گم صم رہ کے اٹھ کھڑا ہوا، اپنے مستقبل کی روشن راہ کا دروازہ اس نے اپنے ہاتھوں سے بند کیا، اوائل میں تھوڑے بہت ٹیوشن سے کام چلایا، پھر بسکومان میں ایک چھوٹی سی نوکری کرلی، یوں زندگی کی بیل گاڑی میں بیلوں کی جگہ وہ خود جُت گیا۔ بہنوں کی بہترین خاندانوں میں شادی کی، بھائی کی تعلیم وتربیت، پھر اس کی نوکری کا جگاڑ، ماں کی ہمہ وقت خدمت......ان چیزوں کے بیان کے لئے ایک پورا دفتر درکار ہے جس کا فی الحال موقع نہیں ہے۔ مختصر یہ کہ شوکت حیات زندگی کے ہر امتحان میں سرخ روئی حاصل کرتا گیا، ویسے اس کے حصول میں اس کی اپنی شخصیت کی روشنی دھومل ہوتی چلی گئی اور وہ کچھ عجیب نفسیاتی الجھنوں کا شکار ہوگیا۔ وہ جس ذہانت اور صلاحیت کا مالک تھا، اس کے پیش نظر زندگی نے اسے وہ نہیں دیا جس کا وہ جائز طور پر مستحق تھا۔ لاشعوری طور پر اپنی پہچان بنانے کی اس پر ایک دھن سی سوار ہوگئی۔ فطری طور پر وہ ایک فن کار تھا اور یہی ایک راستہ اس کی پہچان کا بچا تھا، سو وہ مضبوطی سے اس راستے پر گامزن ہوگیا۔ بہت جلد اس نے اپنی پہچان بنالی۔ اس کے افسانے 'شب خون'، 'کتاب'، 'جواز'، 'آہنگ' جیسے معیاری رسالوں میں تواتر سے شائع ہونے لگے۔ ان رسالوں کی خصوصیت یہ تھی کہ اس کے مدیران خود بہت پڑھے لکھے، صاحب نظر اور اپنے میدانوں کے شہسوار تھے۔ شوکت حیات نے جلد ہی مقتدر تنقید نگاروں کی نگاہیں اپنی طرف مبذول کرالیں۔ اپنے ہم عصروں کے درمیان وہ ایک قابل رشک شخصیت بن گیا۔ رشک اور حسد میں بہت باریک فرق ہوتا ہے، چنانچہ شوکت حیات دوستوں اور دوست نما دشمنوں کی حسد کا شکار بھی ہوگیا۔ اتنا کچھ ہونے کے بعد بھی ایک نامعلوم سی بے چینی اور اضطرار اس کے اندر ہمیشہ پنپتی رہی۔ ایک عجیب قسم کی الجھن اسے گھیرے رہتی۔ اس کی سمجھ میں نہ آتا تھا کہ اسے کیا کرنا چاہئے۔ قناعت اور اطمینان تو اسے چھوکر بھی نہیں گئے تھے۔ دھیرے دھیرے وہ ایک زبردست عدم اعتماد کا شکار ہوگیا۔ اسے کسی پر بھی بھروسہ نہیں رہا تھا۔ بے

شک اسے چند قابل اعتماد دوستوں کے فریب کا سامنا کرنا پڑا تھا، مگر اس کا یہ مطلب تو ہرگز نہیں نکالا جا سکتا کہ ساری دنیا بری ہو گئی، سارے لوگ برے ہو گئے۔ اچھے اور برے لوگوں سے مل کر ہی تو دنیا کی تشکیل ہوئی ہے، یہ تو اپنے اپنے صواب دید پر ہے کہ آپ کس کے ساتھ کیسا رشتہ رکھتے ہیں۔

وہ اپنے بسکومان کی نوکری سے کبھی مطمئن نہیں رہا۔ وہاں بس اسے یہ تسلی تھی کہ وہ یونین کی سرگرمیوں میں خوب حصہ لیتا تھا۔ جب کوئی نازک موقع آتا تو وہ ملازمین کی مانگوں کی جدوجہد میں سب سے آگے آ جاتا، جس کا اسے نقصان بھی اٹھانا پڑا۔ مگر شوکت حیات کسی نقصان کو کب خاطر میں لاتا تھا، وہ تو جان بوجھ کر آتش نمرود میں کود جانے والا بندہ تھا۔ اگر چہ کبھی کبھی اسے احساس ہوتا تھا کہ بعض اوقات اس کے قدم صحیح نہیں اٹھے۔ کچھ معاملوں میں اس نے نقصان کی تلافی کی کوشش بھی کی، مگر تب بہت دیر ہو جاتی تھی۔

میں ۱۹۷۹ء کے نومبر میں اورینٹل کالج آ گیا تھا۔ شوکت حیات سے اس وقت دن رات کا اٹھنا بیٹھنا تھا۔ وہ بار بار کہتا تھا کہ وہ آگے پڑھنا چاہتا ہے، مگر اس کے لئے کوئی لائحہ عمل اس کے پاس نہیں ہوتا تھا۔ اسی زمانے میں جناب احمد یوسف اور عبید قمر نے ادیب فاضل کے امتحانات پاس کئے۔ اس وقت یہ سہولت تھی کہ اس ڈگری کے بعد بندہ ایم اے کرنے کے لائق ہو جاتا تھا۔ چنانچہ دونوں حضرات نے پرائیوٹ طور پر ایم اے کے امتحانات دیئے اور پاس بھی کر گئے۔ احمد یوسف نے تو ٹاپ کیا تھا، پھر بعد میں ڈاکٹریٹ بھی کر لی۔ میں نے شوکت حیات کو مشورہ دیا کہ کیوں نہ وہ بھی آگے کی پڑھائی کر لے، اس کے لئے آسان ہوگا اور کالج وغیرہ میں نوکری مل جائے گی۔ اس وقت تو اس نے بہت دھیان سے سنا، کچھ باتیں دریافت بھی کیں، پھر آگے کچھ نہیں ہوا۔ میں نے دو تین بار یاد بھی دلایا، ہر بار دلچسپی تو اس نے بہت دکھائی مگر کوئی نتیجہ سامنے نہیں آیا۔ بیس پچیس برسوں کے بعد اڑتی پڑتی خبر ملی کہ اس نے ایم اے کر لیا ہے اور پی ایچ ڈی کے لئے رجسٹرڈ بھی ہو گئے۔ اس وقت تک میں اس کے دشمنوں کی فہرست میں سرفہرست آ گیا تھا، اس لئے بس ادھر ادھر سے سنی سنائی مجھ تک پہنچتی رہی۔ دلچسپ بات یہ ہے کہ اس نے یو جی سی کا NET بھی پاس کر لیا، اس کے امتحان سنٹر کامرس کالج میں تھا جہاں صفدر امام قادری اردو کے استاد ہیں اور سارے امتحانات کی تیاری میں انہوں نے ہی اس کی مدد کی تھی۔ انہیں NET کا امتحان دینے کا پتہ اسی وقت چلا جب انہوں نے امتحان کے کمرے میں شوکت حیات کو دیکھا۔ شوکت نے لائن تو بہت عمدہ چنی تھی مگر فیصلہ کرنے میں اتنی تاخیر کر دی کہ وقت نکل گیا۔ وقت کسی کا انتظار نہیں کرتا۔ NET وغیرہ کرنے کے بعد اس کی بے پناہ خواہش تھی لکچرر بننے کی، مگر اس کے مزاج کی اضطرابیت اور اپنے سمیت سبھی لوگوں پر عدم اعتماد نے اس کے پیروں میں بیڑیاں ڈال دیں۔

ایک زمانہ تھا جب وہ بہت زور شور سے کمیونسٹ ہوا کرتا تھا۔ مارکس، ہیگل اور لینن وغیرہ کی سماجی تقسیم کا خوب پروپیگنڈہ کرتا تھا۔ اچھے، صاف ستھرے اور عمدہ مکانوں میں رہنے والوں کو برژوا طبقہ کہتا تھا۔ مگر اس نے اپنے اور بال بچوں کی رہائش کے لئے پاٹلی پترا کالونی کا انتخاب کیا جو اس کی تعریف کے مطابق برژوا لوگوں کا ہی علاقہ تھا۔ اپنے بچوں کو پٹنہ کے بہترین اسکولوں میں تعلیم دلائی۔ یہ سب کام تو اس نے قابل رشک کیا، مگر وہ اپنی زبان سے جو کچھ بولتا تھا، اس سے سچوئیشن مضحکہ خیز ہوتی چلی گئی۔

ایک زمانہ تھا جب وہ ناول کو دوسرے درجے کی صنف کہتا تھا، افسانہ کو پہلے درجے کی۔ مگر بہت بعد میں اس نے ایک طویل افسانہ لکھا 'سرپٹ گھوڑا'۔ اسے وہ بہت دنوں تک کبھی ناول کبھی ناولٹ کہتا رہا۔ اسے وہ الگ سے شائع کرنا بھی چاہتا تھا، شاید اس کا موقع اسے حاصل نہیں ہو سکا۔

۱۹۹۰ء میں مجھے میرے ناول 'دو گز زمین' پر ساہتیہ اکادمی ایوارڈ ملا۔ اس ایوارڈ سے بہار کے ادبی حلقوں میں ایک بھونچال سا آ گیا۔ اس سے پہلے بہار کی سطح پر اس ایوارڈ کی کوئی چرچا نہیں ہوتی تھی، اس کی وجہ یہ تھی کہ بہار میں اردو میں تو کیا، ہندی میں بھی اس سے پہلے کسی کو ساہتیہ اکادمی ایوارڈ نہیں ملا تھا، صرف میتھلی میں ہر سال ایوارڈ ملتے تھے۔ جب کہ اردو اور ہندی میں مقتدر افسانہ نگاروں، شاعروں، تنقید نگاروں، محقق وغیرہ کی کمی نہیں تھی بلکہ ہندوستان میں سب سے زیادہ معتبر ادیب یہیں تھے، انہیں ایوارڈ نہیں دیا جانا ایک مستقل بحث ہے جس کا یہاں بیان کرنا میرا منصب نہیں ہے۔ بہر کیف، ایک نسبتاً غیر معروف بندے کو جو چند برسوں سے افسانے لکھنے کی مشق کر رہا تھا، اس کے پہلے ہی ناول پر ساہتیہ اکادمی ایوارڈ کا مل جانا ایک ہلچل مچانے کا واقعہ تو تھا ہی۔ افسوس ناک یہ بات ہوئی کہ اس ایوارڈ نے خصوصاً بہار کے لکھنے والوں کی صف میں کئی دراڑیں ڈال دیں۔ اس میں کوئی شک نہیں کہ ستر کے بعد لکھنے والوں میں شوکت حیات سب سے زیادہ فعال تھا اور ایک طرح سے اسے کم سے کم بہار کی سطح تک ایک مرکزی حیثیت حاصل تھی، اس لیے کسی بھی بڑے ایوارڈ کا تصور آتے ہی اس کا خیال آ جانا فطری تھا۔ شوکت حیات سب سے پہلے مبارک باد دینے کے لئے پہنچا، اس وقت میں سلطان گنج میں اسی کے قریب رہتا تھا۔ مگر یار لوگوں نے جلد ہی اسے آ لیا۔ شوکت حیات کی ایک کمزوری یہ تھی کہ اسے بہکانا، ورغلانا بہت آسان تھا، خاص کر ذاتی معاملوں میں وہ کان کا خاصا کچا تھا۔ جو لوگ اس کے دوست نما دشمن تھے، میں بھی ان کا دوست نہیں تھا، انہیں ایک سنہری موقع ہاتھ آ گیا۔ شوکت حیات کو آگے رکھ کر ایک زبردست محاذ کی تشکیل کی گئی۔ ہر محفل میں یہی ایوارڈ گفتگو کا مرکز بن گیا۔ میرے مرحوم محترم دوست م ق خان کہتے تھے کہ اس ایوارڈ کی خبر سے بعض گھروں میں ایسا صف ماتم بچھ گیا تھا جیسے کسی کی موت وغیرہ پر ہوتا ہے۔ مگر شوکت حیات کو ورغلانے

والوں نے اسے کبھی یہ نہیں بتلایا کہ اس کا تو کوئی مجموعہ بھی سامنے نہیں آیا، اگر شائع ہو گیا ہوتا تو اس کی ناراضگی کا ایک جواز بھی رہتا۔ دلچسپ بات یہ کہ اس کا پہلا اور آخری مجموعہ تقریباً تیس برسوں کے بعد منظر عام پر آیا اور اس کا جیسا خیر مقدم ہونا چاہئے تھا، وہ نہیں ہوا۔ اس کی جو وجوہات میری سمجھ میں آتی ہیں ان میں سر فہرست یہ ہے کہ شوکت حیات نے اپنے چالیس سالہ افسانہ نگاری کا انتخاب مرتب کیا تھا، جن میں اکثر افسانے وقت کے اعتبار سے اپنی چمک دمک کھو چکے تھے، کچھ افسانے ایسے بھی تھے جن پر پہلے ہی خاصی گفتگو ہو چکی تھی اور وہ پڑھنے والوں کے لئے نئے نہیں رہے تھے۔ شوکت حیات نے پتہ نہیں کس مصلحت کے تحت اس مجموعہ انتخاب میں دنیا بھر کے لوگوں کی رائیں شامل کر دی تھیں اور اس سلسلے میں اس نے حفظ مراتب کا بھی خیال نہیں رکھا۔ آخر میں سب سے اہم بات یہ کہ اس نے اپنی تحریر، تقریر اور زبان سے بھی کافی لوگوں کو ناراض کر رکھا تھا۔ اس کی سب سے بڑی مثال یہ ہے کہ پتہ نہیں اس نے شمس الرحمٰن فاروقی کے بارے میں کیا لکھ دیا، کیا بول دیا کہ وہ اتنے ناراض ہوئے کہ انہوں نے 'شب خون' کے انتخاب میں اس کا ایک افسانہ بھی شامل نہیں کیا، جب کہ شوکت حیات کے سب سے زیادہ افسانے 'شب خون' ہی میں چھپے تھے، اور کچھ افسانوں پر اسی کے صفحات میں خاصی پسندیدگی کے خطوط بھی شامل کئے گئے تھے۔ 'شب خون' کے انتخاب میں شوکت حیات کے کسی افسانے کا شامل نہیں ہونا ایک نامناسب فعل تھا۔

ایک قابل ذکر بات یہ کہ ۱۹۷۹ء میں بہار اردو اکادمی نے مجھے اور شوکت حیات کو ایک ساتھ مالی امداد فراہم کی تھی۔ اسی سے میرے افسانوں کا پہلا مجموعہ 'بارہ رنگوں والا کمرہ' ۱۹۸۰ء میں شائع ہوا تھا۔ ہم لوگوں کے پیہم اصرار کے باوجود شوکت حیات نے اپنا مجموعہ مرتب نہیں کیا۔ بہت بعد میں جب میں اردو اکادمی کی مجلس عاملہ کا ممبر بنا تو میں نے شوکت سے کہا کہ تم ایک درخواست دے دو کہ آج کے حساب سے مجھے نئے سرے سے گرانٹ دے دی جائے اور پہلے والی گرانٹ کے پیسے اس سے منہا کر لئے جائیں۔ حسب معمول اس نے اپنے مخصوص انداز میں 'ہوں......' کیا، پھر خاموشی چھا گئی۔ اس کے مزاج میں شک وشبہ کا جو مادہ تھا، وہ اسے فوراً تشکیک میں مبتلا کر دیتا تھا اور اسے وقتی طور پر ٹھپ کر دیتا تھا، اگرچہ بعد میں اسے اپنی غلطی کا احساس ہوتا تھا، لیکن تب تک بہت دیر ہو چکی ہوتی تھی۔ دوسروں پر اعتماد کھوتے کھوتے اس نے خود پر بھی اپنا اعتماد کھو دیا تھا۔ بنیادی طور پر وہ ایک بے حد خوددار، عزت نفس کا پاس رکھنے والا بندہ تھا، مگر اس پر جب بھی اضطراری کیفیت طاری ہوتی تھی تو اس سے کچھ ایسی حرکتیں سرزد ہو جاتی تھیں جو اس کے بالکل شایان شان نہیں ہوتی تھیں۔ مثلاً وہ کچھ سیمیناروں اور جلسوں میں بن بلائے پہنچ جاتا اور متوقع رہتا کہ اس کی ادبی حیثیت کے مطابق اس کے ساتھ سلوک کیا جائے، جب کہ کہیں بھی کوئی

اس کا غیر شناسا نہیں ہوتا تھا، مگر ایسے مواقع پر کچھ لوگوں کے ذریعہ اسے نظر انداز کرنے کی کوشش کی جاتی تو ہم جیسے 'دشمنوں' کو بھی اندرونی تکلیف ہوتی تھی۔ شوکت حیات اس گل دستے کا ایک چمک دار پھول تھا جس میں ہم سب بندھے ہوئے تھے۔ اس بے چینی اور اضطراری کیفیت میں پتہ نہیں اس نے کتنے لوگوں کو کتنے خطوط لکھے، بے شمار لوگوں سے فون پر لگاتار باتیں کیں، پتہ نہیں کن لوگوں نے ان باتوں کا کیا اثر لیا۔ میں کچھ کمیٹیوں کا ممبر تھا اور جب بھی فکشن پر کوئی پروگرام ہوتا تو میں ضرور کوشش کرتا کہ شوکت بھی اس میں شریک رہے، یوں شوکت میرے بارے میں ہمیشہ غلط فہمی میں مبتلا رہا اور آج بھی جب میں یہ لکھ رہا ہوں بہت سے لوگوں کو میری بات پر شاید یقین نہیں آئے گا، مگر تحریری طور پر اس کا اظہار کر کے کم سے کم میں ضرور اپنے طور پر تشفی محسوس کر رہا ہوں۔ تو میں یہ کہہ رہا تھا کہ کچھ ایسے لوگوں نے اس کی مخالفت کی جو بظاہر اس کے قریبی مانے جاتے تھے۔ شوکت حیات جب اپنی اضطراری کیفیت سے نکل آتا تو وہ کوئی دوسرا ہی شوکت ہوتا تھا، بیحد سنجیدہ، متین، خوددار، عزت نفس کا پاس رکھنے والا...... دوستوں کا دوست، یاروں کا یار، اپنے بال بچوں، بیوی اور دوسرے رشتہ داروں کے لئے بیحد شفیق اور مہربان...... پیسہ جیب میں ہو یا نہیں ہو، وہ دوستوں کی خاطر کرنے سے کبھی باز نہیں آتا تھا، اس سلسلے میں اسے قرض لینے میں بھی کوئی عار نہیں ہوتا تھا۔ جب وہ بے سروسامانی کے عالم میں رہتا تھا، تب بھی اس کے دل اور دسترخوان کی وسعت کم نہیں ہوتی تھی اور جب وہ اپنے فلیٹ میں شفٹ کر گیا تو دعوتوں کا ایک سلسلہ شروع ہو گیا تھا، باہر سے آنے والا کوئی مہمان شاعر ادیب اس کے دسترخوان سے سیر ہوئے بغیر جا ہی نہیں سکتا تھا۔ اس کے گھر میں کھانا بھی بہت لذیذ پکتا تھا، لوگ اس کے ہاں کھانے کی لذت کو عرصہ تک بھول نہیں پاتے تھے۔ اس سلسلے میں اس کی شریک حیات کا اعتراف نہ کرنا بے انصافی ہوگی جو اپنے گیا کے گھر سے تربیت لے کر تو آئی ہی تھیں، اپنی ساس محترمہ یعنی شوکت حیات کی والدہ سے بھی انہوں نے بہت کچھ سیکھ رکھا تھا۔ شوکت حیات کے فلیٹ پر کئی یادگار پارٹیاں تاریخ کا حصہ ہیں۔

ایک زمانے میں جب وہ اپنی بسکومان کی نوکری میں بہت فعال تھا، وہاں کی یونین بھی اسی کے دم سے فعال تھی، اکثر و بیشتر یا تو وہ بہت مصروف رہتا یا غائب رہتا۔ بسکومان کے نکڑ پر چائے ناشتے کا ایک جھونپڑا تھا جہاں شوکت حیات کا کھاتہ کھلا ہوا تھا۔ وہ موجود رہتا تب تو وہاں دوستوں کی محفل جمتی ہی رہتی، موجود نہیں رہتا تب بھی یار لوگ اس کے کھاتے سے چائے ناشتہ کر کے ہی لوٹتے۔ اس بات کا برا ماننا تو دور، وہ بہت خوش ہوتا تھا۔ اس سے اس کا بجٹ ضرور گڑبڑا جاتا تھا، مگر اس کو اس کی پروا کب تھی۔ فاضل اوقات میں کبھی کچھ اخباروں میں، کبھی ریڈیو وغیرہ میں کام کر کے وہ کچھ پیسے حاصل

کر لیتا تھا، پھر بھی اس کا خرچہ اتنا بڑا ہوتا تھا کہ اس کی ساری کمائی ناکافی پڑ جاتی تھی۔

شوکت حیات نے اپنی پوری زندگی جس چیز پر بہت محنت کی، وہ اس کی فن افسانہ نگاری تھی۔ وہ اپنی افسانہ نگاری کو عبادت کا درجہ دیتا تھا بلکہ شاید اس سے بھی کچھ بڑھ کے۔ وہ افسانہ کے ایک ایک لفظ اور ایک ایک جملے پر محنت کرتا تھا۔ ایک آدھ لفظ کی صحت پر اسے کچھ شک بھی ہوتا تو وہ اس کی درستگی کی جستجو میں لگ جاتا تھا۔ ایک ایک لفظ کے لئے وہ ڈکشنریاں کھنگال دیتا تھا، اس سے بھی جی نہیں بھرتا تو وہ دوستوں اور بزرگوں سے دریافت کرتا رہتا۔ جناب احمد یوسف اس کے لئے ایک منبع علم تھے۔ زبان پر انہیں غیر معمولی عبور حاصل تھا، شوکت ان سے برابر سیکھنے کی جستجو کرتا تھا۔ زبان پر اس قدر محنت کرتے ہوئے کم سے کم میں نے کسی اور کو نہیں دیکھا۔ زبان کے سلسلے میں اس کا شعور ہمیشہ بیدار رہتا تھا۔ یہی وجہ ہے کہ اس کے افسانوں میں زبان کی غلطیاں تقریباً نہیں کے برابر ہوتی تھیں۔

شوکت حیات جدیدیت سے متاثر ضرور تھا، مگر اس نے اپنے افسانوں میں اس وقت کی فیشن زدگی کو کبھی راہ نہیں دی۔ یوں کہا جائے تو بہتر ہوگا کہ اس نے جدیدیت کے مثبت پہلو کو اپنایا، اس کے افسانے جدید حسیت سے معمور ہوتے تھے۔ اس کے ہم عصروں میں زبان و بیان کے معاملے میں اس کی حیثیت مسلّم ہے۔ موضوع کے انتخاب کے سلسلے میں وہ بہت محتاط تھا۔ بہت سوچ سمجھ کر موضوع منتخب کرتا۔ اس کی کوشش ہوتی کہ نہ صرف اس کا موضوع سب سے الگ تھلگ ہو بلکہ پیش کش کا انداز بھی سب سے مختلف ہو۔ موضوع کے معاملے میں وہ کاتہ اور لے دوڑا کا قائل نہیں تھا، بلکہ اس کے ہر پہلو پر خوب غور کرنے کے بعد ہی وہ قلم اٹھاتا۔ اس کے لکھنے کی رفتار بہت تیز نہیں تھی، یوں اس کے افسانوں کی تعداد کوئی ایسی قلیل بھی نہیں ہے۔ اس کے افسانوں کے تین چار مجموعے آسانی سے مرتب کئے ہی جا سکتے تھے، اس کے لئے یہ کوئی مشکل کام بھی نہیں تھا، مگر وہ اپنے افسانوں کی فوٹو کاپیاں لوگوں کو بھیجتا رہتا تھا، مگر مجموعہ شائع کرنے میں شاید اسے ایسا لگتا تھا کہ وہ دوسرے افسانہ نگاروں کی صف میں آ جائے گا اور اس کی انفرادیت قائم نہیں رہ سکے گی۔ اگرچہ آخری سالوں میں اس نے بالآخر مجموعہ شائع کیا جس میں شامل اکثر افسانوں پر وقت کی گرد پڑ چکی تھی۔

شوکت حیات کو بڑا شوق تھا کہ لوگ اس کی افسانہ نگاری پر مضامین لکھیں۔ وہ ہر کس و ناکس سے اس کی فرمائش کرتا تھا، مگر مشکل یہ تھی کہ دوسرے ہم عصروں کی طرح اس کے مزاج میں قوت برداشت بالکل نہیں تھی۔ تعریف اس کو اچھی لگتی اور تنقید بہت بری۔ نتیجہ یہ ہوا کہ اکثر لوگ اس پر کچھ لکھنے سے کتراتے تھے۔ میں کچھ لوگوں کو جانتا ہوں جنہوں نے اس پر لکھنا شروع ضرور کیا تھا، مگر مکمل کرنے کی ہمت نہیں

کر سکے۔شوکت کا ردعمل بہت جارحانہ ہوتا تھا، اس لیے لکھنے والوں نے بچ بچ کے چلنا شروع کر دیا تھا۔ آج شوکت دنیا میں نہیں ہے تو مجھے شدت سے احساس ہوتا ہے کہ اس کو وہ مقام نہیں ملا جس کا وہ جائز مستحق تھا۔ انعام و اکرام سے پرے وہ ایک جینوئن فن کار تھا اور محض اس کی چند ذاتی کمزوریوں کی وجہ سے اسے نظر انداز کیا جانا اردو فکشن کا ایک المیہ ہے۔

شوکت حیات نے نسبتاً زیادہ افسانے نہیں لکھے، مگر اس کے تقریباً سبھی افسانے کسی نہ کسی صورت گفتگو کا موضوع بنے۔ اس نے کم لکھا مگر اچھا لکھا۔ آج اگر اس کے اور اس کے افسانوں کا تقابلی جائزہ لیا جائے تو اس کے پاس یقیناً دوسروں کے مقابلے میں بہترین افسانے ملیں گے۔

اپنی عمر کے آخری بیس سال میں وہ عجیب و غریب نفسیات کا شکار ہو گیا تھا۔ برسوں کی لگاتار بے چینی، اضطراب اور طرح طرح کے بھرم نے اسے پوری طرح اپنی جکڑ میں لے لیا تھا۔ جو چیز واقع نہیں ہوتی تھی، جس کا حقیقت سے دور دور کا واسطہ نہیں تھا، اسے محسوس ہوتا تھا کہ وہ چیز واقع ہو گئی ہے اور اس کے وقوع پر وہ نہ صرف پورا یقین کر لیتا بلکہ دوستوں سے توقع رکھتا کہ وہ بھی اس کی تائید کریں۔ ایک زمانے میں اس نے اخباروں میں خبر چھپوائی کہ کسی بڑے انگریزی پبلشنگ کمپنی نے اسے انگریزی میں ناول لکھنے کے لئے کئی لاکھ روپیہ ایڈوانس دیا ہے۔ چنانچہ وہ سبزی باغ کے ایک ہوٹل میں منتقل ہو گیا ہے اور ناول لکھنے میں مصروف ہے۔ وہ ہر شام کو باہر سڑک پر ایک اسٹول پر بیٹھ جاتا اور سامنے گزرنے والے ہر شناسا کو پکار پکار کر یہ اطلاع دیتا۔ اسے محسوس ہی نہیں ہوتا تھا کہ وہ کیا کر رہا ہے۔

کبھی وہ دوستوں کو اطلاع دیتا کہ وہ اپنی سوانح حیات لکھ رہا ہے جس میں وہ بہت سے لوگوں کو expose کرے گا، کبھی وہ اعلان کرتا کہ وہ ایک زبردست (دھانسو نہیں!) ناول لکھ رہا ہے اور سبھی ناول نگاروں کی بولتی بند کر دے گا۔ وہ سمجھتا تھا کہ اس کے اعلانات اور انکشافات کا لوگوں پر بہت اثر ہوگا اور وہ اکھٹوائی کھٹوائی لے کر پڑ جائیں گے، جب کہ سننے والے اس کی ان باتوں کا مضحکہ اڑاتے تھے۔ وہ نہیں جانتا تھا کہ ان باتوں سے وہ خود اپنا وزن کم کر رہا ہے۔ ان تمام اعلانات کے درمیان شاید ہی اس نے ایک آدھ افسانہ لکھا ہو، اس کا ذہن بے حد منتشر ہو گیا تھا اور اس کے سچے ہمدردوں کا دل اس بات سے بہت دکھتا تھا کہ ایک بے حد ذہین دماغ اس طرح برباد ہو رہا ہے۔ مگر کسی کے بس کی بات نہیں تھی کہ اسے پہلے والے ذہن پر لوٹا سکتا۔

ایک بار اس نے شوشہ چھوڑا کہ اس نے فکشن میں 'انامیت' کی تھیوری ایجاد کی ہے، نیز وہ اس کا موجد ہے۔ اس سلسلے میں اس نے بے شمار لوگوں کو خطوط لکھے اور ان سے اس کو فروغ اور اسے اس

کا موجد تسلیم کرنے کو کہا۔ ایک عرصہ تک اس کی گفتگو کا بس یہی موضوع رہا، اس درمیان اس نے جتنے انٹرویو دیئے، سب میں بہت زور شور سے اس نے اپنی تھیوری کی وکالت کی، اب یہ اس کی وکالت میں کمی تھی یا لوگوں کی سمجھ میں کمی، کہ اس ایجاد کردہ تھیوری صرف اسی تک محدود رہی۔

ترقی پسند مصنفین کا تو وہ شروع ہی سے مخالف تھا اور اپنے لکھنے کی ابتدا ہی میں اس نے جدیدیت کو اپنا لیا تھا، اگرچہ اس کے زیر اثر اس نے اوٹ پٹانگ اور مبہم قسم کے افسانے نہیں لکھے، پھر وہ جدیدیت سے بھی تقریباً الگ ہو گیا اور اس نے جمہوریت پسند مصنفین کی داغ بیل ڈالی، کچھ قریبی دوستوں پر مشتمل اس نے ایک کل ہند انجمن کی تشکیل کی جس کا وہ صدر بن گیا۔ اس انجمن کی نشستوں کی خبریں کبھی کبھار اخباروں میں پڑھنے کو ملتی تھیں۔ شوکت حیات نے کوشش کی کہ اس انجمن کی کل ہند سطح پر تشکیل ہو، اس کا اس نے زور شور سے پرچار کیا، مگر بات بنی نہیں۔

شوکت حیات نچلا بیٹھنے والا آدمی نہیں تھا۔ جب وہ اپنے لکھنے کی عروج پر تھا تب بھی بہت فعال تھا، جب اس کا لکھنا پڑھنا دھیما پڑا تب بھی وہ کسی نہ کسی طرح اپنے آپ کو ایکٹو بنائے رہا۔ شاید یہ فعالیت یونین بازی کا نتیجہ تھی جو اس کے شعور میں رچ بس گئی تھی۔ اگر اس نے اپنے مزاج، اپنی بعض تحریروں اور غیر ضروری طور پر بول پڑنے کی عادت پر قابو رکھا ہوتا تو وہ اس مقام تک ضرور جا پہنچتا جس کا وہ مستحق تھا۔ وہ سب کچھ ہو سکتا تھا، مگر منافق ہرگز نہیں تھا، اس کی دوستی اور دشمنی دونوں اپنے عروج پر ہوتی تھی، جو اس کے دل میں ہوتا وہ کسی نہ کسی صورت زبان پر بھی آ ہی جاتا، اس نے زندگی میں جو بھی نقصان اٹھایا، وہ محض اپنے اسی مزاج کے سبب۔ مگر اس کی وجہ سے اس نے دوسروں کا نقصان نہیں کیا، جانے انجانے طور پر وہ صرف اپنی ہی ذات کو نقصان پہنچاتا رہا۔ اپنے اس مزاج کے کارن وہ کچھ دوستوں کی دلچسپی کا مرکز بھی بنتا رہا۔ لوگوں نے جی بھر کے اس کو exploit کیا۔ اس وقت تو اسے کچھ محسوس نہیں ہوتا تھا، مگر بعد میں اس نے ہمیشہ اپنی غلطیوں کو محسوس کیا، اس وقت اسے معافی مانگنے میں بھی کوئی عار نہیں ہوتا تھا، لیکن تب تک بہت دیر ہو چکی ہوتی تھی۔ دراصل اسے احساس نہیں ہوتا تھا کہ زبان سے نکلی ہوئی بات کبھی واپس نہیں ہوتی، ہزار اس کی واپسی اور گمشدگی کا اعلان کر کے تشفی حاصل کرنے کی کوشش کی جائے اور لکھی ہوئی تحریر کبھی مٹ نہیں جاتی ہزار اس پر دوات کی شیشی گرا دی جائے۔

شوکت حیات عمر کے آخری چند سالوں میں بہت بیمار رہنے لگا تھا اور اس پر ایک خاموشی سی طاری ہو گئی تھی۔ لکھنا تو اس کا تقریباً مفقود ہی ہو چکا تھا، البتہ پڑھنا اس نے ختم نہیں کیا تھا۔ اس کے پاس بے شمار رسالے اور کتابیں آتی تھیں اور وہ سب کو پڑھ لینے کی کوشش کرتا تھا۔ دراصل وہ اس طرح ادب کی

موجودہ رفتار سے اپنے آپ کو ہم آہنگ رکھنا چاہتا تھا۔ وہ شوکت حیات بجھ گیا تھا جس سے دشمنوں کو ڈر لگتا تھا، اب وہی دشمن اس پر ترس کھانے لگے تھے۔ انہیں اب اس سے دشمنی میں مزا نہیں آتا تھا۔

میرے ساتھ اس نے پندرہ بیس (برسوں میں) جو بھی سلوک کیا ہو، مگر آخری چند برسوں میں وہ مجھے اپنا دوست سمجھنے لگا تھا۔ تقریباً ہر ہفتہ فون کرنا اس کا معمول بن گیا تھا۔ اس کے گھر میں کوئی تقریب ایسی نہیں ہوئی جس میں، میں نے شرکت نہ کی ہو۔ پتہ نہیں اس کے دل کے اندر کون سی پھانس اٹکی تھی کہ وہ مجھے اپنے ہاں مدعو کر کے جی بھر کے باتیں کرنا چاہتا تھا۔ میری طبیعت بھی خراب چل رہی تھی۔ میں نے اس کے ہاں آنے کی شرط رکھی کہ میں تمہارے ہاں کھچڑی کھاؤں گا، مرغن کھانا نہیں۔ اس نے منظور تو کر لیا مگر جب میں اس کے ہاں گیا تو کھچڑی کے علاوہ اعلیٰ قسم کے مرغن کھانے میز پر موجود تھے۔ دراصل اس نے مشتاق احمد نوری کو بھی مدعو کر رکھا تھا۔ اس کے ہاں بھابی کے ہاتھوں کے بنے ہوئے کھانوں کی خوشبو پورے ملک میں پھیل چکی تھی۔ اس دن ہم نے جی بھر کے دنیا جہان کی باتیں کیں۔ بہت سی باتوں کی وضاحت ہوئی، بے شمار غلط فہمیاں دور ہوئیں، اس نے مجھ پر ایک مختصر سا مضمون لکھ رکھا تھا، وہ اس نے سنایا، اگرچہ اس مضمون میں شوکت حیات کا پکا رنگ نہیں تھا، پھر بھی تھا تو وہ شوکت ہی کے قلم سے نکلا ہوا۔ میں نے اس سے درخواست کی کہ جلد سے جلد اس کو چھپوا لے تاکہ لوگوں کو بھی ہمارے رشتے کا پتہ چل جائے۔ اس نے وعدہ تو کیا کہ دوسرے ہی دن اشاعت کے لئے بھیج دے گا، مگر تادم تحریر میری نگاہوں سے نہیں گذرا۔

شوکت حیات اس منزل پر پہنچ گیا تھا کہ اب اس سے کسی کو شکایت نہیں ہوتی تھی بلکہ اس کے تئیں ایک نامعلوم قسم کی ہمدردی کا جذبہ بیدار ہو گیا تھا۔

شوکت حیات بلاشبہ ایک بڑا افسانہ نگار تھا۔ زندگی میں تو اس کی قدر نہیں ہوئی، مگر آنے والی نسلوں پر اس کا قرض ہمیشہ باقی رہے گا۔ وہ ایک مکمل انسان تھا، جہاں اس کے اندر کچھ کمزوریاں تھیں وہاں اچھائیوں کا ایک بھرمار اس کے اندر موجود تھا۔ اس کی کمزوریاں نہ ہوتیں تب تو وہ انسان میں فرشتہ بن جاتا، اور بہرحال فرشتے پر انسان کو فوقیت حاصل ہے۔

◀◀ ● ▶▶

● ڈاکٹر ابرار رحمانی

شوکت حیات

سنہ ستری افسانہ نگار شوکت حیات بیسویں صدی کے آخر تک بہت فعال رہے لیکن پھر اس کے بعد نہ جانے کیا ہوا کہ وہ مرجھا سے گئے اور کچھ ایسے مرجھائے کہ پھر پنپ نہ سکے۔ یہ قدرت کی ستم ظریفی تھی یا شوکت بھائی کا خود کردہ عمل تھا۔ خدا جانے۔ وہ جتنے قلم کے دھنی تھے اتنے ہی اپنے گفتار میں بھی ماہر تھے۔ چنانچہ ہر شام جب ہم پٹنہ کے سبزی باغ کے رحمانیہ ہوٹل میں پہنچتے تو وہاں باہر سے ہی شوکت حیات کی آواز سنائی دیتی تھی۔ اس وقت ہم کیا اور ہماری بساط کیا؟ چپکے سے اپنے دوستوں کے ساتھ چائے پی کر نکل جایا کرتے تھے۔ وہ جب بحث کرتے تو مجال ہے کہ کوئی ان کے سامنے ٹک سکے۔ لیکن پھر وہ بھی وقت آیا جب دھیرے دھیرے ان کا سورج غروب ہونے لگا، اور......!

جب میں رسالہ 'آجکل' میں آیا تو وہاں ان سے باضابطہ ملنے ملانے کا سلسلہ دراز ہوتا گیا اور نتیجہ بایں جا رسید کہ وہ مجھ کو اپنا چھوٹا بھائی کہنے لگے۔ ان کے ہاتھ میں قلم تو رہا لیکن قلم کا استعمال کب کرنا ہے اور کیسے کرنا ہے اور کتنا کرنا ہے، شاید اس کا اندازہ وہ نہیں کر سکے۔ دراصل وہ ایک معصوم اور نرم دل انسان تھے۔

جب بھی ان کی طبیعت ٹھیک ہوتی وہ ہمیں فون ضرور کرتے اور لمبی لمبی باتیں کیا کرتے تھے۔ اہلیہ یہ دیکھ کر اوب سی جاتیں۔ کچھ ہی دن پہلے انہوں نے مجھ سے اپنے بیٹے کے لیے میری بڑی بیٹی کا ہاتھ مانگا تھا۔ لیکن میری بیٹی کی شادی کی تاریخ طے تھی۔ کچھ دنوں بعد شوکت حیات سے جب میری ملاقات ہوئی تو شکایتی لہجے میں کہا کہ تم نے مجھے سمدھی کیوں نہیں بنایا۔ اس کے بعد انہوں نے بیٹے کی تعریف میں زمین و آسمان کے قلابے ملا دیے۔ لیکن اب پچھتائے کیا ہوت، جب چڑیا چگ گئی کھیت۔

جہاں تک ان کی فکر و فن کا سوال ہے تو بلاشبہ ان کا فن سن ستر سے ہی پنپنا شروع ہو گیا تھا جس کا نقطۂ عروج 'گنبد کے کبوتر' ہے۔ جو آجکل میں شائع ہوا اور 'کتھا ایوارڈ' سے نوازا گیا۔ لیکن ایسا پھر کیا ہوا کہ انہوں نے قلم ہی بند کر دیا۔ حالانکہ بابری مسجد کے بعد بھی کئی مسائل سامنے آئے جن پر ہمارے قلم کاروں نے اپنی فنکاری کے خوب خوب جوہر دکھائے۔ سچ ہے ہر عروج را زوال۔

شوکت حیات کی فکر و فن پر بہت سے ناقدین نے بہت کچھ لکھا ہے۔ میں نے بھی ایک مقالہ

'دیباچہ ایک غیر مرتب افسانوی مجموعہ کا' لکھا۔ جسے پہلے ایک رسالہ نے شائع کیا پھر بھیونڈی کے رسالہ تکمیل میں گوشۂ 'شوکت حیات' میں شائع ہوا۔ لیکن یہاں عنوان بدل کر شوکت حیات کے افسانے کر دیا گیا۔ 'دیباچہ ایک غیر مرتب افسانوی مجموعہ کا' کے پیچھے ایک کہانی ہے۔ ہوا یوں کہ بہت پہلے شوکت بھائی نے بہار اردو اکیڈمی سے اپنا افسانوی مجموعہ چھپوانے کے لیے مالی تعاون لیا تھا لیکن وہ پیسہ کھا پی کر بیٹھ گئے اور افسانوی مجموعہ ایک عرصہ تک منتظر اشاعت رہا، لیکن جب میں نے اپنا یہ مضمون شائع کرا دیا تو وہ بڑے فکر مند ہوئے۔ بالآخر ان کا مجموعہ 'گنبد کے کبوتر' کے نام سے شائع ہو کر مقبول ہوا۔ یہی مجموعہ/ کہانی ان کا نقطۂ عروج تھا اور یہی ان کی فکر وفن کا نقطۂ انجماد بھی۔

یہیں ایک واقعہ کا ذکر کرتا چلوں کہ ان کی بہت ساری خوبیوں یا خرابیوں میں ایک بات یہ تھی کہ وہ جس بات کو حق سمجھتے تھے وہ بانگ دہل اس کا اظہار بھی کرتے تھے۔ جب میرے اداریہ لکھنے پر پابندی لگا دی گئی تو قارئین آجکل نے دہلی سے لے کر پٹنہ تک اس کے خلاف احتجاج کیا۔ پٹنہ میں باضابطہ مشتاق احمد نوری نے ایک احتجاجی محفل آراستہ کی جس کی صدارت پروفیسر وہاب اشرفی کر رہے تھے۔ اس محفل میں شوکت حیات نے اپنے روایتی انداز میں زور دیتے ہوئے اپنی بات کہی کہ اداریہ لکھنا ایک ایڈیٹر کا بنیادی حق ہوتا ہے اور اس سے اتفاق یا اختلاف قارئین کا حق ہے۔ شوکت حیات کی یہ باتیں یاد آتی رہیں گی۔ وہ ہمارے دلوں میں محفوظ رہیں گے۔

◀◀ ● ▶▶

• غضنفر

سازبوالعجبی کا تارِ حیات

بوڑھاپا جب بچپن میں جانے لگے یا بچپن بوڑھاپے میں آنے لگے، یعنی حالتِ ضعیفی میں کود کی جب کود پھاند کرنے لگے تو اسے دیکھ کر کسی بھی آنکھ کا آئینہ حیرتی ہوسکتا ہے۔ میرا آئینہ بھی اس وقت حیرت سے تاک رہا ہے کہ سامنے ایک عجیب وغریب شخص آکھڑا ہوا ہے۔ ایسا شخص جس نے اپنا عقیقہ اکسٹھ سال کی عمر میں کیا اور وہ بھی ایسے شور شرابے کے ساتھ جیسے ایک بار پھر سے گھوڑی چڑھ رہا ہو۔ پیری میں پوری کی گئی اس رسم کا سبب اس نے یہ بتایا کہ کثرتِ اولاد کی کفالت اور خراب معاشی حالت کے باعث والدین بروقت اس طرف توجہ نہ کر سکے اور اب اس کی ادائیگی کا فیصلہ بیوی نے اس لیے لیا تا کہ وہ اپنے شوہر کو بلاؤں سے بچا سکے۔ تاویل سن کرفون پر جب میں نے کہا کہ کیا بھابی کو یہ پتا نہیں تھا کہ اس عمر کے جسم وجان میں بچتا ہی کیا ہے جو بلائیں چمٹیں گی تو اس شخص کے ہونٹوں سے قہقہہ پھوٹ پڑا اور دیر تک زیر و بم کے ساتھ جاری رہا، جیسے سچ اُمڈ اُمڈ کر باہر آرہا ہو۔ ہنسی کے فواروں کا زور تھما تو میں نے شرارتاً سوال کیا کہ اس صورتِ حال میں تو اس قبیل کی ایک دوسری رسم بھی رہ گئی ہوگی تو تھما ہوا فوّارہ اس بار اور زور وشور اور شدّ ومد کے ساتھ ابل پڑا۔ بڑی مشکل سے وہ ہنسی روک کر بولا۔

''میری جان کو خطرہ لاحق ہوگیا تھا اس لیے اس رسم کو اسپتال میں ہی نمٹا دیا گیا۔ میرے جی میں آیا کہ ایک اور سوال کروں کہ خطرہ آپ کی جان کو تھا یا آگے چل کر آپ سے جڑنے والی جان کو مگر میری سماعت میں ایک اور فلک شگاف قہقہے کی جگہ نہیں بچی تھی، سو خاموش رہ گیا۔

یہ جانتے ہوئے بھی کہ پروفیسری یعنی لیکچراری کے لیے دریائے تقرّری میں ڈالی گئی درخواست کی کشتی تنظیمی بہاؤ کی ٹھوس اور مضبوط روایت سے ذرا بھی اِدھر اُدھر نہیں ہٹتی اور سات آٹھ برس سے قبل کبھی کنارے نہیں لگتی، اس نے پچپن سال کی عمر میں ایم۔ اے کیا، ستاون سال میں نیٹ نکالا اور اس کے لیے حالتِ علالت میں بھی رات رات بھر جاگ کر ان کتابوں کا بھی رٹّا لگایا جن کے مصنّفوں کے علم ودانش کے پرزے آئے دن وہ محفلوں میں اڑاتا رہا اور اپنی بوڑھی آنکھوں میں اس نے بوسیدہ تحریروں کی زنگ آلود سوئیاں چبھوئیں جن کی کند نوکوں سے اس کی پتلیاں زخمی ہو ہو اٹھیں اور دیدے خون سے بھر گئے اور اس حقیقت کے

ادراک کے باوجود کہ کسی انقلاب کے چلتے اس کی عرضی دو تین سال پہلے یعنی چار پانچ برسوں میں ہی کنارے لگ جاتی ہے (جس کا امکان بہت کم ہے) اور رٹائرمینٹ کی عمر ساٹھ سے بڑھ کر باسٹھ تک پہنچ جاتی ہے، تب بھی اسے پروفیسری کا موقع ایک سوا سال سے زیادہ نہیں مل پائے گا، اس عمر میں یہ سب کچھ کرنا بوالعجبی نہیں تو کیا ہے۔ جی چاہتا ہے کہ اس بہانے سے آپ کو اپنے تعلیمی سسٹم کی بوالعجبی بھی دکھاتا چلوں کہ جس نے ایک طرف تو زبان وادب کے کسی شعبے میں ایک ایسے آدمی کو ایک سال کے لیے بھی نہیں رکھا جو ادب کے امتحان میں گولڈ مڈل حاصل کرنے کے علاوہ ایک سچا ادیب بھی تھا۔ جس نے ساری عمر ادب کو اپنا اوڑھنا بچھونا بنایا۔ ادب کے لیے اپنا سب کچھ چھوڑ دیا۔ معاشرے کے درد و کرب کو اپنے اندر جذب کیا۔ خونِ جگر صرف کر کے کہانیاں لکھیں تاکہ انسانوں کی چھٹپٹاہٹ دنیا کے سامنے آسکے اور ان کے درد کا مداوا ہو سکے اور دوسری جانب ایسے ایسے لوگوں کو تیس تیس برسوں تک کے لیے پروفیسری کے عہدے پر فائز کیا جنھوں نے زبان وادب کے لیے کچھ نہیں کیا۔ نہ دل کا خون کیا، نہ کوئی درد سہا، نہ آنکھیں جلائیں، سوائے دوسروں کی تحریروں کے تراشوں کو گوند سے چپکا کر مضمون بنانے کے۔ ہے نا یہ بھی بوالعجبی ! اس بوالعجبی کے تو اور بھی کئی روپ ہیں مگر چوں کہ آج مجھے اس شخص کی بوالعجبیت دکھانی ہے جو میرے سامنے کھڑا ہے۔ اس لیے اس جانب پھر کبھی۔

اس شخص کی شخصیت کی حیرت انگیزی اور اس کی سرشت کی تعجب خیزی کا ایک پہلو یہ بھی ہے کہ اس کے یہاں بیک وقت عجلت پسندی بھی نظر آتی ہے اور اطمینان قلبی بھی۔ اس کی عجلت پسندی کا یہ عالم ہے کہ اس کے کسی کام میں ذرا سی بھی تاخیر اسے غضب ناک کر دیتی ہے۔ ہتھے سے اکھاڑ دیتی ہے، جامے سے باہر کر دیتی ہے۔ آن اور انا کے نام پر راجپوتی تلوار کی طرح آنِ واحد میں میان سے باہر کر دیتی ہے۔ مثلاً کسی محفل کے تعارفی جملوں میں اس کا نام لینے میں ذرا دیر ہوئی کہ اس کا پارہ چڑھ گیا۔ اس کا سراپا شمشیرِ برہنہ کی طرح لہرا اٹھا اور مشتعل لہجے میں اس کی زبان سے مثلِ تیرِ زہر آلود سنسناتا ہوا یہ جملہ نکل گیا "میرا نام ابھی تک نہیں آیا" اور دوسری جانب اطمینانِ قلبی کا یہ حال ہے کہ اس کے بعد آنے والے ادیبوں کا بھی مجموعہ چھپ گیا۔ کم لکھنے والے بھی صاحبِ کتاب بن بیٹھے۔ ہمعصر تخلیق کار اپنی تصنیف کی بدولت ساہتیہ اکادمی جیسے بڑے ایوارڈ سے سرفراز ہو چکے مگر وہ ہے کہ سینئر ہونے اور زیادہ لکھنے کے باوجود اب تک کوئی کتاب نہ لا سکا۔ مجموعہ تیار ہے مگر اس کی شانِ بے نیازی کا شکار ہے۔ احباب مصر ہیں، بے قرار بھی اور ہر طرح کا صرفہ اٹھانے کو تیار بھی لیکن وہ ہے کہ دل میں قرار لے بیٹھا ہے۔

اس کی شخصیت میں شعلہ صفتی اور شبنم مزاجی کا امتزاج بھی اسے بوالعجب بناتا ہے اور اس کی بوالعجبی موقع بہ موقع عجب عجب تماشے دکھاتی رہتی ہے۔ ایک تماشہ آپ بھی دیکھیے :

علی گڑھ مسلم یونیورسٹی کے گیسٹ ہاؤس میں میں نے اپنے کچھ دوستوں جن میں وہ بھی شامل تھا کی ایک مخصوص محفل میں پروفیسر گوپی چند نارنگ پر اپنا خاکا ''نارنگ کے نورنگ'' پیش کیا۔ خاکا کے ختم ہوتے ہی وہ شخص نہایت مضطربانہ لہجے میں بول پڑا۔

''باپ رے باپ! اتنی مبالغہ آمیز تعریف! تم تو بدنام ہو جاؤ گے۔'' لیکن جواب میں جیسے ہی اس نے میرا یہ جملہ سنا'' میں نے سوچا تھا کہ نارنگ صاحب کے بعد اسی اسٹائل میں آپ کا بھی خاکا قلم بند کروں گا مگر اب جب کہ آپ کو میرا یہ انداز ہی پسند نہیں تو نہیں لکھوں گا۔'' تو اس کا اضطراب یکا یک پر سکون ہو گیا اور وہ جھٹ سے بول پڑا۔'

'نہیں نہیں بابو! تمھارا یہ انداز بہت اچھا ہے۔ بہت ہی پیارا ہے، بہت ہی سچا ہے۔ پہلے والا جملہ تو میرے منہ سے حسد میں نکل گیا تھا مگر اب جو میں بول رہا ہوں یہ سب کچھ رشک میں باہر آ رہا ہے۔ خدا کی قسم کھا کے کہو کہ میرے خاکے تک تم اس انداز کو ترک نہیں کرو گے۔''

ایک تماشا اور ملاحظہ کر لیجیے: میرے سنٹر کی جانب سے پٹنہ میں منعقدہ فِکشن کے ایک فنکشن میں بہار کے افسانہ نگاروں کا میں تعارف کرا رہا تھا۔ ابھی چند ہی نام میری زبان پر آئے ہوں گے کہ وہ شخص اپنی عجلت پسندی کو روک نہ سکا۔ غصّے میں کرسی سے اٹھ کھڑا ہوا اور نہایت ہی کرخت لہجے میں بولا کہ آپ نے میرا ذکر نہیں کیا مگر جواب میں جیسے ہی میں نے یہ کہا کہ میرے نزدیک آپ بڑے اور منفرد تخلیق کار ہیں، میں نہیں چاہتا کہ بھیڑ میں آپ کو شامل کروں۔ آپ کا تعارف تو مجھے آپ کے شایانِ شان الگ سے کرانا تھا، تو فوراً بول پڑا، ''اگر یہ بات ہے تو آپ اپنا بیان جاری رکھیے۔ فی الحال میں اپنے کان اور منہ دونوں بند کر لیتا ہوں۔'' ایک لمحے میں شعلے کی مانند بھڑکا ہوا شخص دوسرے لمحے میں راکھ کی طرح بجھ گیا۔ جیسے کسی درد سے چھٹپٹاتے ہوئے مریض کو بے ہوشی کا انجکشن دے دیا گیا ہو۔

اس کی بوالعجبی کا ایک منظر اس کے رشتۂ ازدواج میں بھی نظر آتا ہے۔ غور سے دیکھیے تو اس رشتے میں دو ایسے قالب ایک جان بنے ہوئے ہیں جو دو مخالف قطبوں سے تعلق رکھتے ہیں۔ دونوں متضاد مزاجی اوصاف کے حامل ہیں۔ اک شعلہ خو، دوسرا شبنم صفت، ایک آشفتہ سر، دوسرا ہوش مند و باخبر، ایک پریشاں خاطر، دوسرا سنجیدہ طبع، ایک تنک مزاج اور دوسرا مستقل مزاج، ایک اوگھڑ، دوسرا سگھڑ، ایک مضمحل و بیمار، دوسرا توانا و طرح دار، ایک سنگ، دوسرا موم، ایک خار، دوسرا گل۔

شمالی قطب کے اس گرم مزاج شوہر سے یہ امید نہیں کی جا سکتی کہ وہ اپنی بیوی کے ناز اٹھاتا ہوگا، پھول کو پھولوں میں رکھتا ہوگا۔ ہمہ وقت اس کے ساتھ حلیمی سے پیش آتا ہوگا۔ اس کے ارشاد پر عمل کرتا ہوگا۔

یقیناً گھر میں بھی وہ اپنی شر رفشانی دکھاتا ہوگا، اپنی شعلگی برساتا ہوگا، اس کے باوجود بیوی کا اسے ٹوٹ کر چاہنا، اس کے ناز نخرے اٹھانا، اس کے علاج کے لیے ستی ساوتری کی طرح اسے یہاں وہاں لیے پھرنا، سیتا کی طرح ہر دم اس کے نام کی مالا جپنا، اور مانندِ طرف دارِ غالب، حالی، مثلِ پرستارِ ذوق، آزاد اور مثالِ علم بردارِ سخنِ انیس، شبلی، اس کی تحریروں کی تعریف کرنا، اس کی پبلسٹی کرنا اور اس بات کی سعی کرنا کہ اس کی ایک ایک کہانی ایک ایک سماعت تک پہنچ جائے۔ ایک ایک دل سے داد نکل کر اس کی جھولی میں پڑ جائے، ایک ایک قلم اس کی ثنا خوانی اور رطب اللسانی میں مصروف ہو جائے، دنیا کے ایک ایک گوشے میں اس کے نام کا ڈنکا بج جائے، اس کے سینے پر بھی انعام و اکرام کے تمغے جڑ جائیں، اسے بھی ادبی شان و شوکت حاصل ہو جائے، اس کی حیات بھی جاویداں ہو جائے، بیوی کو تو عجوبہ بناتا ہی ہے، خود اس شخص کی حیرت انگیزی اور ہماری تعجب خیزی میں بھی اضافہ کرتا ہے۔ اس لیے کہ کسی ادیب کی بیوی کا اپنے ادیب شوہر کی، آگے اور پیچھے بھی، اس حد تک تعریف کرنا ایک ایسا عمل ہے جو ادیبوں کی بیویوں سے میل نہیں کھاتا۔ عموماً ادیبوں کی بیویوں کا رویّہ تو اپنے شوہروں کے ساتھ اس بزرگ کی بیوی کی طرح ہوتا ہے جس نے شوہر کے پوچھنے پر کہ رات آسمان پر جو آدمی اڑ رہا تھا، کیسا لگا؟ تو بیوی نے کافی تعریف کی مگر جیسے ہی بزرگ نے بتایا کہ وہ میں تھا تو بیوی جھٹ سے بول پڑی ''جبھی ٹیڑھے ٹیڑھے اُڑ رہے تھے۔ پتا نہیں اس فِکشن نگار نے اپنی بیوی کے کان میں کون سا فسوں پھونکا ہے یا اسے کس الّو کا 'گوشت' کھلایا ہے کہ شوہر سے محبت کرنے میں اس نے میدانِ عاشقی میں اترنے والے نوخیز عاشقوں کو بھی پیچھے چھوڑ دیا ہے اور شوہر پریم اور پتی بھگتی میں ارشاد پروین سے میرا بائی بن گئی ہے۔

اس کی شخصیت کے انوکھے پن کا ایک منظر اس کے دسترخوان پر بھی نظر آتا ہے۔ اقتصادی بدحالی کے آنگن میں خوش حالی کا بچھنے والا دسترخوان اور اس پر آئے دن چنے جانے والے انواع و اقسام کے مرغّن پکوان اور درجنوں کی تعداد میں ماحضر تناول فرمانے والے معزّز مہمان اور اس بے ملازمت تہی دست انسان کو حاتم طائی بنانے والے منظرِ پُر فیضان بھی اسے حیرت انگیز ثابت کرتے ہیں اور علّت و معلول والے اذہان کو تعجب میں ڈالتے ہیں۔ ساتھ ہی ثروت مندانِ عظیم آباد اور منصبِ جاہ و حشمت پر براجمان افسران کو منہ بھی چڑھاتے ہیں۔ واقعی یہ حیران کر دینے والی بات ہے کہ ایک آدمی جس کے پاس برسوں سے کوئی وسیلۂ آزوقہ نہیں، اولاد بھی برسرِ روزگار نہیں، کوئی موروثی جائداد بھی نہیں، اس کے باوجود اس کی شاہ خرچی اور دریا دلی کا یہ عالم ہے کہ وہ عالم ایک عالم کو حاتم طائی اور بادشاہ نواب رضوی کی یاد دلاتا ہے۔ عقلِ دوستاں حیران ہے' اور تفتیشِ دشمناں پریشان کہ یہ کرشمہ کیسے ہوتا ہے کہ بن سواتی کی بوند پائے کوئی صدف موتی بناتا ہے؟ بنا آب و گِل کے کوئی گل کھلاتا ہے۔ قیاس آرائیاں اپنے گھوڑے دوڑانے میں مصروف ہیں کہ کہیں ایسا تو نہیں کہ اسے

کوئی ایسا 'مرشد' مل گیا ہو جس کے قبضے میں کوئی 'رانی باغ' ہو اور اس 'مرشد' کے حکم سے 'رانی باغ' کے نگہبان رحمت صاحب خاموشی سے اس کی جیب میں اشرفیاں ڈال جاتے ہوں یا اس کے 'شکنجے' میں کوئی ایسا گھڑیال آ گیا ہو جو مثلِ ناگ لعل اگلتا ہو اور اس کے بے رنگ گھر کو 'سرخ اپارٹمنٹ' میں بدل دیتا ہو، یا کوئی ایسا وظیفہ ہاتھ آ گیا ہو جس کے ورد سے کسی سعودی شیخ کی بوتل سے جن نکل کر بلّی کے بچّے کی طرح دبے 'پاؤں' گھر میں داخل ہوتا ہو اور ریال کی جھنکار سے تنگی کے سکوت کو توڑ کر اسے ایسی وسعتِ قلبی عطا کر دیتا ہو جس کا لمس پاتے ہی جنابِ ایس مسٹر گلیڈ بن جاتے ہوں، یا کسی شاہی یا خانقاہی گنبد کے کبوتر آ کر چپکے سے اس کے 'گھونسلے' میں سونے کے انڈے دے جاتے ہوں۔ ممکن ہے قیاس آرائیوں کے گھوڑے یقین کی کسی منزل تک نہ پہنچیں لیکن یہ بات تو ماننی پڑے گی کہ ان کے پاؤں ہوا میں کم اور زمین پر زیادہ ہیں ورنہ اس شخص کے 'ڈھلان پر رکے ہوئے قدم' اتنی تیزی سے نہیں بھاگتے اور میرا بڑا 'بھائی' شوکت حیات اور میری بھابی ارشاد پروین کا 'مادھو' اس طرح 'پاؤں' نہیں پھیلاتا کہ ایک جست میں دہلی، ممبئی، کلکتہ، حیدر آباد، لکھنؤ اور علی گڑھ کی ادبی زمینیں اس کے قدموں کے نیچے آ جائیں اور ان زمینوں کے مکین ایک ساتھ اس کے دسترخوان پر چنی گئی خشک و تر نعمتوں کا لطف لیں، اس کے سکوتِ دل کی 'چیخیں' سنیں، بانگِ جرسِ دلِ گداز بھی سماعت فرمائیں وار اپنی حیات کے رگ و پے میں سوزِ حیاتِ شوکت سمو کر واپس لوٹیں۔

کچھ اور پہلوؤں سے بھی شوکت حیات نرالے نظر آتے ہیں۔ عام طور پر ٹیلی فون اور موبائل استعمال کرنے والوں کے ذہن میں کچھ دیر بعد ہی میٹر گھومنے لگتا ہے۔ اعداد بظاہر نظر نہ آتے ہوں مگر ان کے خوف کے خدوخال ضرور روپ لینے لگتے ہیں اور آن کی آن میں نقوش اتنے گاڑھے ہو جاتے ہیں کہ بات کو مکمل کیے بنا ہی منہ بند کر لینا پڑتا ہے۔ یہ بھی خیال نہیں رہتا کہ یہ عمل کنجوسی پر محمول کیا جائے گا یا بداخلاقی تصور کیا جائے گا مگر کچھ ایسے لوگ بھی ہوتے ہیں جنھیں اپنی بات کے سامنے کچھ بھی دکھائی نہیں دیتا۔ میٹر چاہے جتنا بھی گھوم جائے۔ گھومتا ہوا چاہے جس چھور پر پہنچ جائے، وہ اپنی بات کو لگام نہیں دیتے۔ سننے والے کے کان بھلے ہی دُکھ جائیں، ان کا منہ نہیں دکھتا۔ شوکت حیات دوسرے قبیل کے آدمیوں میں سے ایک ہیں۔ وہ شروع ہوتے ہیں تو اختتام تک پہنچے بنا دم نہیں لیتے۔ جیسے فون پر بات نہ ہو رہی ہو بلکہ وہ کہانی سنا رہے ہوں اور وہ بھی طویل کہانی، اس پر مستزاد یہ کہ ان کی قصہ گوئی سے پوز غالب ہوتا ہے۔ رموزِ اوقاف کو بھی جگہ نہیں ملتی۔ کبھی کبھی تو یہ سوچ کر دکھ اور افسوس ہوتا ہے کہ بلاوجہ ان کا میٹر بڑھ رہا ہے مگر ان کی گفتگو کی رفتار کا میٹر کی رفتار پر کوئی اثر نہیں پڑتا۔ کبھی کبھی تو ان کے نقصان کا سوچ کر میں فون کاٹ دیتا ہوں مگر اکثر ان کا دوبارہ فون آ جاتا ہے، وہ بھی معذرت کے ساتھ جیسے اس میں بھی انھیں کی غلطی ہو۔ ان کا یہ رویّہ بھی انھیں انوکھا بناتا ہے

اوران کے معاشی صورتِ حال کے تناظر میں دیکھنے پر یہ انوکھا پن اور بھی گاڑھا جاتا ہے۔

جس شوکت حیات کے دل و دماغ میں لوہار کی بھٹی سے نکلے اسپات پر پڑی ہتھوڑے کی چوٹ سے چھٹکے شراروں کی مانند سرخ چنگاریاں اڑتی رہتی ہیں، اسی شوکت حیات کے لباس میں ہرے، نیلے پیلے رنگ بھی دکھائی دیتے ہیں۔ کپڑوں کی زمینوں پر رنگوں کے گل بوٹے دیکھ کر کوئی یہ اندازہ نہیں لگا سکتا کہ اندر کی زمین پر غم و غصّے اور نفسیاتی پیچیدگیوں کے کتنے انگارے بچھے ہوئے ہیں۔ اندر باہر کے متضاد رنگوں کا یہ انوکھا سنگم بھی شوکت حیات کی بوالعجبی میں چار چاند لگاتا ہے اور کچھ ستارے بھی ٹانکتا ہے۔

میڈیکل کی پڑھائی جس کے سوتے جاگتے سپنے دیکھے جاتے ہیں اور داخلے کے لیے ایڑی چوٹی کا زور لگایا جاتا ہے، ماں باپ اپنی تجوریوں کے منہ کھول دیتے ہیں، اپنی جائدادیں بیچ دیتے ہیں، اپنے مکان تک رہن رکھ دیتے ہیں، اس کورس میں اپنی لیاقت کے بل بوتے پر داخلہ لے کر اور ایک سال تک پڑھائی کرنے کے بعد صرف اس سلوگن کو سن کر:

High Technical Education Makes A Man Slave Of Bourgeois Society

اسے چھوڑ دینا بھی شوکت حیات کو ایک منفرد شخصیت کا کردار بناتا ہے۔ ممکن ہے شوکت حیات کا یہ عمل بعض نگاہوں میں نادانی کا یا احمقانہ عمل لگتا ہو لیکن یہ بے مثال عمل اسی سے سرزد ہو سکتا ہے جس کی سرشت انسانی محبت کے خمیر سے گندھی ہو اور جس کا دل ایسا گداز ہو جو ایک مٹّی سے پیدا ہونے والے انسانوں کے درمیان تفریق کے تصور سے کانپ اٹھتا ہو۔

متضاد معانی سے مزیّن ذات، متلون مزاجی صفات، سرد و گرم کیفیات اور پیچیدگیوں سے پُر نفسیات والا یہ شوکت حیات اپنے لیے چاہے جو ثابت ہو، ہمارے لیے تو باعثِ لطف و انبساط ہے کہ اسے دیکھ کر، سن کر اور پڑھ کر ہمارے سازِ حیات اور تارِ احساسات جھنجھنا اور گنگنا اٹھتے ہیں۔

◄◄ ● ►►

● ڈاکٹر منظر اعجاز

شوکت حیات......کچھ یادیں......کچھ باتیں

شوکت حیات کے نام سے تقریباً چالیس سال پہلے میرے کان آشنا ہوئے تھے۔ شروع ہی میں ان کی شہرت بحیثیت افسانہ نگار حیرت انگیز سرعت کے ساتھ مختلف شہروں کے ادبی حلقوں میں پھیل رہی تھی۔ شاید اس وجہ سے کہ ''بیسویں صدی'' کے افسانوی مزاج سے ان کا مزاج مختلف تھا۔

مجھے افسانہ نگاری اور شاعری کا شوق نہایت ہی کم سنی سے تھا۔ لیکن یہ شوق اس وقت تک پروان نہ چڑھ سکا جب تک میں مظفر پور میں قیام کرنے کے قابل نہ ہوا۔ اس شوق کو پروان چڑھانے میں ماہنامہ ''بیسویں صدی'' نے اہم کردار ادا کیا۔ اس میں جن شاعروں اور ادیبوں کی تخلیقات شامل اشاعت ہوتی تھیں، ان کی تعلیمی ڈگریاں بھی درج کر دی جاتی تھیں۔ مظفر پور اور چمپارن کے بھی کئی افسانہ نگار اس رسالے میں شائع ہوتے رہتے تھے۔ چند نام ابھی بھی ذہن میں نقش ہیں۔ نعیم کوثر کا تو میں قریب ترین پڑوسی تھا۔ ابواللیث جاوید بھی آس پاس میں رہائش پذیر تھے۔ ایک محترمہ بھی ان دنوں بہت مشہور و مصروف تھیں۔ یہ ان کی دوشیزگی کا زمانہ تھا۔ اسی افسانہ نگاری کی وجہ سے ان کی شادی ایک مقیم انگلستان جوان سے ہوئی اور وہ انگلستان چلی گئیں۔ اس کے بعد ان کی افسانہ نگاری کا سلسلہ جاری نہ رہ سکا۔ چمپارن کے افسانہ نگاروں میں عظیم اقبال، شاکر کریمی اور فاروق راہب وغیرہ بھی رسالوں میں اور خاص طور سے بیسویں صدی میں چھپتے رہتے تھے اور میں چونکہ بیسویں صدی کا مستقل اور زود خواں قاری تھا، یعنی دو تین دنوں میں ہی سارے صفحات چٹ کر جاتا تھا اور جب تک اگلے ماہ کا شمارہ نہیں آتا تھا تب تک چٹ کیے ہوئے شمارے کی باض خوانی کرتا رہتا تھا۔ دوبارہ، سہ بارہ اور نہ جانے کتنی بار پڑھتا۔ اسی طرح شب و روز گزارتے گزارتے نیا شمارہ آجاتا لیکن نئے شمارے کے انتظار کی لذت پرانے شمارے کی ورق گردانی میں کچھ کچھ کھو سی جاتی۔ مست قلندر کی کچھ پرانی فائلیں، نیاز فتح پوری کے کچھ افسانے اور کئی دوسرے افسانہ نگاروں کی تخلیقات بھی نظر سے گزری تھیں۔ بیسویں صدی کے افسانوں کا اثر زیادہ تھا۔ میں اسی مزاج کے افسانے لکھنے کی کوشش کرتا تھا۔ کچھ افسانے اِدھر اُدھر شائع بھی ہوئے۔ لیکن مظفر پور میں کچھ اہم معاصرین ایسے تھے جو جدیدیت کے رجحان سے متاثر ہو رہے تھے اور افسانے اور افسانچے بھی لکھ رہے تھے۔ اگر کسی کی کوئی مختصر سی افسانوی تحریر ''شب خون'' میں شایع ہوگئی تو اس کا دماغ عرش معلیٰ پر پہنچ جاتا تھا اور وہ اپنے ہم وطن متقدمین و معاصرین کو حقارت کی نظر سے دیکھتا تھا۔ اسی طبقے میں بطور خاص شوکت حیات نے شہرت پائی تھی۔ علامتی افسانہ نگاری

کے حوالے سے ان کے امتیازات قابلِ لحاظ سمجھے جاتے تھے۔ میں انہیں دیکھنے اور پڑھنے سے پہلے کچھ دنوں تک ان کے بارے میں ادبی حلقوں میں سنتا رہا۔ کبھی کبھار پٹنہ جانے کا اتفاق ہوتا رہتا تھا۔ کبھی کبھی گاندھی میدان میں لگنے والے کتاب میلے میں خاص طور سے چند ہم مذاق دوستوں کے ساتھ جاتا تھا۔ پٹنے میں سبزی باغ، رحمانیہ ہوٹل اور بک امپوریم کی طرف تو جانا ہوتا ہی تھا۔ اِدھر سے ہوتے ہوئے جب ہم دکھن کی طرف بڑھے تو جامن گلی کی طرف جانے والی گلی کے نکڑ پر واقع چائے پتی کی دکان پر شوکت حیات اپنی اہلیہ کے ساتھ چائے پتی کی خریداری میں مصروف تھے۔ دوستوں میں سے کسی نے بتایا کہ یہ شوکت حیات ہیں۔ میں نے پہلی بار انہیں دیکھا تھا اور پشت کی طرف سے دیکھا تھا۔ خیال آیا کہ یہ خوب رو جوڑا شادی کے وقت اور بھی خوب صورت اور مثالی رہا ہوگا۔

جب ۱۹۹۷ء کے نصف دوم میں بسلسلۂ ملازمت شاد کے عظیم آباد میں سکونت اختیار کرنی پڑی تو ادبی حلقوں اور جلسوں میں متعارف اور شریک ہونے کے مواقع ملتے رہے۔ عبدالصمد، شموئل احمد، شوکت حیات، عبید قمر، احمد یوسف، مشتاق احمد نوری اور دوسرے ارباب قلم سے متعارف ہوا اور ان سے قربتیں بڑھیں۔ شوکت حیات سے کچھ مختلف انداز میں قربتیں بڑھیں اور محسوس ہوا کہ وہ خود پسند طبیعت کے مالک تھے۔ لیکن کبھی کبھی انداز بالکل بدل جاتا تھا۔ انھوں نے اے۔ این۔ کالج کے شعبۂ اردو میں ایم۔ اے میں داخلہ لیا۔ اور اپنی اہلیہ کو بھی داخلہ دلوایا۔ پھر امتحان کا فارم بھرا اور امتحان دیا۔ یونیورسٹی میں اول آئے۔ یہ ان کا حق بھی تھا۔ ان کی اہلیہ نے امتحان نہیں دیا۔ یہ دونوں غالباً ادیبِ کامل کی سند رکھتے تھے۔ اور اس بنیاد پر مگدھ یونیورسٹی کے شعبۂ اردو یا کسی کالج کے پوسٹ گریجویٹ شعبہ میں داخلے کی اہلیت رکھتے تھے۔ کسی موقع پر بتایا کہ وہ سائنس کے طالب علم تھے، اور میڈیکل میں داخلے کا ارادہ رکھتے تھے۔ ان کے والد محکمہ پولیس میں تھے۔ ان کے انتقال سے وہ جھٹکا لگا کہ میڈیکل کا خواب ٹوٹ گیا۔ لیکن میں سمجھتا ہوں کہ اس سے زیادہ افسانہ نگاری کی طرف لپک مزاحم ہوئی ہوگی۔ افسانہ نگاری میں غالباً ان کے واحد استاد سہیل عظیم آبادی تھے جو نظریاتی طور پر ترقی پسند افسانہ نگاروں کی صف میں شمار کیے جاتے تھے۔ اسی راہ پر شوکت حیات نے بھی چلنا شروع کیا۔ خود پسندی کے ساتھ ساتھ نظریاتی طور پر ان میں انتہا پسندی بھی پیدا ہوئی۔ ان کا افسانہ ''بانگ'' بہت مشہور ہوا تھا۔ جب میں نے اسے پڑھا تو لگا کہ وہ نکسلی تحریک سے بھی متاثر تھے لیکن اس سے زیادہ وہ افسانے میں اپنے انفراد و امتیاز پر خصوصی توجہ دیتے تھے۔ علامت، استعارہ، اور تمثیل وغیرہ اردو افسانے کے لیے کوئی نئی بات نہیں تھی لیکن ''بانگ'' میں وہ مرغا، مرغی، ڈربہ، انڈا، چوزہ وغیرہ کو علامتی جہت دینے میں کامیاب ہوئے تھے اور یہ بات یقیناً بالکل نئی تھی۔ سن ستری افسانہ نگاروں کی صف میں وہ خود کو شمار کرتے تھے۔ ایم۔ اے کی طالب علمی کے زمانے تک وہ شہرت کی بلندیوں تک جا پہنچے تھے، لیکن ایم۔ اے میں یونیورسٹی کی سطح پر اولیت کا سہرہ سر سے بندھا تو اِدھر اُدھر موقع بہ موقع کہتے پھرتے کہ میں ایم۔ اے کا گولڈ میڈلسٹ ہوں۔ میں نے

ٹاپ کیا ہے۔ وہ مجھ سے چار پانچ سال بڑے تھے۔ ٹاپ کر کے انہیں حاصل بھی کیا ہونا تھا۔ یہ زمانہ تو وہ تھا کہ نویں پیپر کی بدولت کتنے ہی ایرے غیرے ٹاپ کر جاتے تھے۔ لیکن شوکت حیات نے تو اپنی صلاحیتوں کی وجہ سے یہ اعزاز حاصل کیا تھا۔ لگے ہاتھ انہوں نے نیٹ بھی کر لیا۔ اس کا فائدہ یہ ہوا کہ پی۔ ایچ۔ ڈی میں داخلے کے لیے انہیں پی۔ آر۔ ٹی کے مرحلے سے نہیں گزرنا پڑا۔

شوکت حیات چونکہ افسانہ نگار تھے اور انھوں نے علامتی افسانوں کے حوالے سے مضامین بھی لکھے تھے اس لیے میں نے مشورہ دیا کہ وہ پی۔ ایچ۔ ڈی کے لیے اردو افسانوں کے ارتقائی سفر کو موضوع بنائیں۔ اس میں ایک اہم باب تو ان کے مطالعے اور ذوق سے متعلق تھا، جس کا آغاز خود ان کے خیال میں ستر کی دہائی میں ہوا تھا۔ پھر یہ ہوا کہ ترقی پسندی اور جدیدیت کے بعد افسانے کے سفر کو افسانہ نگاروں کے جس قافلے نے آگے بڑھایا ان کے خیال میں نہ تو وہ ترقی پسند تھا نہ جدید۔ حالانکہ اس دور کے لیے ''مابعد جدیدیت'' کی اصطلاح وضع کی گئی۔ لیکن شوکت حیات نے اس نسل کو ''انام'' نسل سے تعبیر کیا اور افسانے کی نامی حیثیت کو اُجاگر کرنے کی کوشش کی۔ اس سلسلے میں یہ وضاحت کی کہ نامیاتی افسانے وہ ہوں گے جو بدلتے ہوئے زمانے میں اپنے معنوی حدود کی توسیع کر سکیں اور ہر زمانے میں ان کی افادیت و اہمیت برقرار رہ سکے۔

پی۔ ایچ۔ ڈی میں رجسٹریشن کرانے کے بعد انھوں نے لکھنا بھی شروع کیا۔ مجھے دکھایا تو احساس ہوا کہ وہ سینا پسس Synopsis کو سمجھ نہیں پائے۔ اور پھر جو سنتری وہ بولتے اور لکھتے رہتے تھے، اسی کو اپنا مکمل کام سمجھ لیا تھا حالانکہ سینوپسس کی فریمنگ تو میں نے ہی کی تھی اور اس دوران انھیں بتایا بھی تھا کہ کیا کرنا ہے اور کیسے کرنا ہے۔ بالآخر ہوا کہ ان کی خواہش کے مطابق ابتدائی کلمات مکمل کرا دینے کا وعدہ میں نے کر لیا۔ وہ غالباً تین چار روز آئے اور اپنی اہلیہ کے ساتھ آئے۔ میں نے لکھوانا شروع کیا۔ وہ تو اگر کبھی کلاس کرنے بھی آتے تھے تو اسکولی طالب علم کے بستے جیسا جھولا لے کر آتے تھے۔ کتاب تو ہوتی نہیں تھی۔ کاپی اور رجسٹر وغیرہ ہوتا تھا۔ جب مقالہ نگاری کی بسم اللہ ہوئی تو انہوں نے اپنے بستے سے رجسٹر یا کاپی نہیں نکالی بلکہ شعبۂ اردو کا لیٹر ہیڈ جو میری میز پر ہوتا تھا اسی سے صفحات کھینچنے لگے میں نے اس سلسلے میں انہیں ٹوکنا مناسب نہیں سمجھا حالانکہ یہ اندیشہ تھا کہ یہ صفحات بکھر بھی سکتے ہیں۔ ظاہر ہے میں اپنے طلبہ کے نمٹارے کے بعد ہی انھیں تھوڑا وقت دے پاتا تھا اور اس دوران سمجھاتا بھی جاتا تھا کہ آگے کیا کرنا ہے۔ لیکن شاید وہ افسانے تو لکھ سکتے تھے، بعض مضامین بھی انھوں نے لکھے تھے لیکن پی۔ ایچ۔ ڈی کا مقالہ وہ اس لیے بھی نہیں لکھ سکتے تھے کہ اردو افسانے کی روایت اور تاریخ پر ان کی نظر نہیں تھی۔ وہ حوصلہ ہار گئے لیکن ایم۔ اے کی طالب علمی کے زمانے میں ان کا ذوق و شوق حیرت انگیز تھا۔ وہ کبھی کبھار آ جاتے تھے اور آتے تھے تو چھوکن کی طرح چہک جاتے تھے۔ اس سلسلے میں ایک دلچسپ واقعہ یاد آ رہا ہے۔

شوکت حیات اگر کبھی کبھار آتے تھے تو وہی بستہ لے کر آتے تھے جس کا ذکر اوپر آچکا ہے۔ وہ ہر چند کہ طالب علم بھی تھے لیکن میں انھیں ایم۔اے کے طلبہ میں اس طرح متعارف کراتا تھا کہ بہار کے افسانہ نگاروں کی جو ایک کہکشاں ہے، اس کے یہ ایک تابندہ ستارے ہیں۔ ان کا ذکر ایم۔اے کے نصاب میں شامل ہے۔ وہاب اشرفی کی کتاب ''مابعد جدیدیت...... مضمرات وممکنات'' اور ''تاریخ ادب اردو'' بھی دیکھی جاسکتی ہے اور یہ کتابیں ایم۔اے کے طلبہ کو ضرور دیکھنی چاہئیں۔ ان طلبہ وطالبات سے نمٹارے کے بعد میں شوکت حیات کو وقت دیتا تھا۔ وہ جب آتے تھے سوالوں کے دفتر لے کر آتے تھے۔ جو سوال کرتے میں اس کا جواب دینے لگتا تو کہتے ٹھہرئے، لکھ لیتے ہیں۔ اور پھر بستے میں سے رجسٹر نما کاپی نکالتے اور لکھنے لگتے۔ جواب مکمل ہو جاتا تو پھر کوئی نہ کوئی سوال کر دیتے۔ اور پھر میں جواب میں جو کچھ بولتا، وہ لکھنے لگتے۔ ظاہر ہے میں ایک گھنٹہ سے زیادہ وقت انھیں نہیں دے سکتا تھا۔ ایک دن ایسا ہوا کہ گھڑی کا کانٹا دو سے آگے بڑھ گیا۔ میں نے کہا کہ شوکت بھائی! اب چلنا چاہیے۔ اور چلتے چلتے ہم لوگ ایک پیالی چائے پی لیں۔ انھوں نے بستہ سمیٹا۔ لیکن مجھے شوکت حیات کو رخصت کر کے پھر شعبے میں آنا تھا۔

کالج کے گیٹ کے سامنے ایک چائے ناشتے کی دوکان تھی۔ ہم کئی لوگ ذیابیطس کے شکار چائے پینے جاتے تھے اور بغیر شکر کی چائے بنوا کر پیتے تھے۔ ظاہر ہے اس میں کچھ فاضل وقت لگ جاتا تھا۔ شوکت حیات کے ساتھ دو بجے کے بعد پہنچے تو اربند جو فرسٹ شفٹ سنبھالتا تھا، وہ جا چکا تھا۔ اور سکنڈ شفٹ میں اس کی ماں دوکان دیکھا کرتی تھی۔ وہ موجود تھی۔ وہ دوپہر میں گھر سے اپنے اسٹاف کا کھانا لے کر آتی تھی۔

جب تک ہمارے لیے اسپیشل چائے بن رہی تھی شوکت حیات نے کوئی سوال کر دیا۔ میں جواب دینے لگا تو پھر ان کا وہی انداز ظاہر ہوا، ٹھہرئے، لکھ لیتے ہیں، اور انھوں نے لکھنا شروع کر دیا۔ اس دوران چائے بھی چلتی رہی۔ جب بات پوری ہوگئی تو انھوں نے کہا کہ ایک بار اور چائے پی لی جائے۔ چنانچہ انھوں نے چائے کا آرڈر دے دیا۔ چائے بننے لگی تو انھوں نے فوراً ہی کوئی اور سوال کر دیا۔ میں نے جواب دینا شروع کیا تو پھر لکھنے لگے۔ ایک گھنٹہ سے زیادہ لگ بھگ چار بجے تک یہی سلسلہ چلتا رہا۔ اور اسی کے ساتھ چائے کا دور بھی جاری رہا۔ اس دوران کئی بار اربند کی ماں کی طرف نظر اُٹھ گئی تو دیکھا کہ اس کے چہرے سے تناؤ اور ترشی مترشح تھی۔ بالآخر وہ بول ہی پڑی۔ ''سر! اسٹاف کھانا کھائے گا۔'' تب میں نے شوکت حیات سے بستہ سمیٹنے کو کہا۔ ہم باہر آگئے۔ شوکت حیات سے رخصت چاہی تو انھوں نے پھر کوئی سوال داغ دیا۔ میں نے عجلت میں مختصر سا جواب دیا اور کالج کے گیٹ میں داخل ہونے کے لیے تیز رفتار ہو گیا۔ شوکت حیات کو گیٹ ہی پر رک کر آٹو کا انتظار کرنا تھا لیکن وہ میرے پیچھے لپکے ہوئے چلے آئے۔ بولے، اس کو بھی لکھ لیتے ہیں۔ لیڈی پیون راج رانی آفس کی چابی مجھے تھما کر پہلے ہی جا چکی تھی۔ میں آفس میں داخل ہوا تو شوکت

حیات پھر سے بیٹھ گئے اور بستہ کھول لیا۔ یہاں تک کہ سورج غروب ہو گیا۔ میرا دن کا کھانا اور آرام بھی گیا۔

شوکت حیات اس سے پہلے بھی کبھی کبھار آتے تھے تو سوالوں کا دفتر کھول دیتے تھے لیکن اس دن تو انھوں نے انتہا کر دی تھی۔ اس دوران وہ اکثر میری تعریفیں بھی کرتے رہتے اور مجھے ان کا یہ انداز خوشامدانہ معلوم ہوتا۔ غالباً ۲۰۱۵ء کی بات ہے کہ پی۔ ایچ۔ ڈی کے سلسلے میں وہ کئی روز تک لگاتار آتے رہے۔ ان کی بیگم بھی ساتھ ہوا کرتی تھیں۔ میں طلبہ کی کلاس لینے میں مصروف تھا۔ وہ وقت گزاری کے لیے سیل فون پر کسی سے بات کرنے لگے اور پھر اسی دوران مجھے فون تھماتے ہوئے بولے۔ ''لو، منظر اعجاز سے بات کرو۔ یہ میرے استاد ہیں۔ میں نے ایم۔ اے یہیں سے کیا ہے اور گولڈ میڈلسٹ ہوا۔ اب میں منظر اعجاز کی نگرانی میں پی۔ ایچ۔ ڈی کر رہا ہوں۔'' مجھے فون تھمانے لگے تو میں نے اشارے سے پوچھا، کون ہیں؟ بولے، غزال ضیغم۔

غزال ضیغم کو میں نے کئی بار قریب سے ضرور دیکھا تھا لیکن کبھی علیک سلیک کی بھی نوبت نہیں آئی تھی۔ اس موقع پر علیک سلیک کی سے زیادہ گفتگو نہ ہوئی۔

شوکت حیات کا جارحانہ انداز بھی دیکھا۔ مجھے حیرت بھی ہوئی اور وحشت بھی۔ غالباً دس سال سے زیادہ کی بات ہے۔ بہار اردو اکادمی میں بلراج کومل کا سہ روزہ توسیعی خطبہ چل رہا تھا۔ وہ اردو افسانے کے حوالے سے گفتگو کر رہے تھے۔ تیسرے روز میں بھی بلراج کومل کو سننے کے لیے پہنچ گیا۔ خطبہ جاری تھا۔ پروفیسر وہاب اشرفی مسند صدارت پر متمکن تھے۔ بلراج کومل نے اپنے خطبے میں شموئل احمد اور شوکت حیات وغیرہ کے افسانوں کا ذکر تعریفی انداز میں کیا۔ اس کے بعد صدارتی خطبے کی باری آئی تو وہاب اشرفی اپنا منحنی سا جسم لیے اُٹھے اور منمنی سی آواز میں خطبہ دینا شروع کیا۔ وہ آخری مرحلے میں تھے کہ شوکت حیات سامعین کے مجمعے سے اُٹھے اور بڑے ہی جارحانہ انداز میں بولے۔

''وہاب بھائی! میں آپ کو نقاد مانتا ہی نہیں ہوں۔'' اور پھر نقاد کا نام انھوں نے لیا، جہاں تک مجھے یاد آتا ہے، وہ نام ممتاز شیریں کا تھا۔ وہاب صاحب نے کچھ جواب تو دیا اور اس کے ساتھ ہی مائک سے ہٹ کر اپنی راہ چل پڑے۔ اس کے ساتھ ہی پروگرام کے خاتمے کا اعلان کر دیا گیا۔ اس کے بعد شوکت حیات نے لپک کر مائک تھام لیا اور بے وقت کی شہنائی بجانے لگے۔

اس خطبہ کے دوران مقامی سامعین بھی اکادمی کے ہال میں موجود تھے۔ بعد میں کسی دن میں گورنمنٹ اردو لائبریری میں لائبریرین حسن احمد کے پاس بیٹھا تھا۔ بلراج کومل کے خطبے کے حوالے سے بات نکل پڑی تو حسن احمد نے شوکت حیات کی حرکتوں کو نازیبا قرار دیتے ہوئے اپنی نکتہ رسی کا اظہار یوں کیا۔

''جانتے ہیں، شوکت حیات نے یہ حرکت کیوں کی؟ شوکت حیات دراصل وہاب صاحب کی توجہ اپنی

طرف مبذول کرانا چاہتے تھے۔" حسن احمد کی یہ بات کسی حد تک سمجھ میں آئی لیکن میں کلیتاً متفق نہیں ہو سکتا تھا۔ بات آئی گئی ختم ہو گئی۔ کچھ ہی دنوں بعد ایک دوسرا واقعہ رونما ہوا۔ ڈاکٹر ابرار رحمانی ماہنامہ "آجکل" کی ادارت سے منسلک تھے۔ وہ تیکھے مزاج کے مالک ہیں اور دوٹوک گفتگو کرنے کے عادی ہیں۔ انھوں نے چند اداریے اپنے انداز کے لکھے۔ انھی اداریوں کے حوالے سے جنوبی بہار کے کسی ادیب نے ان کے خلاف ان کی منسٹری کو لکھ دیا اور اس کے نتیجے میں ابرار رحمانی کا تبادلہ پبلیکیشنز ڈیپارٹمنٹ ہی کے کسی اور شعبے میں ہو گیا۔ یہ بات ناگوار خاطر تو ہونی ہی تھی۔ پٹنے میں ان کی سسرال ہے۔ یہاں آتے ہی رہتے ہیں۔ اس دفعہ آئے تو ڈاکٹر عبید الرحمٰن نے مشتاق احمد نوری کی رہائش گاہ پر ایک نشست منعقد کرائی۔ عبید الرحمٰن مولانا آزاد نیشنل اردو یونیورسٹی کے ریجنل ڈائرکٹر تھے۔ ان کا دفتر اس زمانے میں بہار اردو اکادمی کے ایک کمرے میں تھا۔ بہر حال نشست منعقد ہوئی تو شہر کے کئی ادیب اس میں مدعو کیے گئے۔ پروفیسر وہاب اشرفی، شوکت حیات، اعجاز علی ارشد وغیرہ بھی شریک ہوئے۔ اس موقع پر ابرار رحمانی نے آجکل کے ان شماروں کے اداریے پڑھ کر سنائے جن کے حوالے سے ان کے خلاف شکایات درج کرائی گئی تھیں۔ پھر تبصرے کی دعوت دی گئی۔ دیکھنا یہ تھا کہ ان اداریوں میں حکومت کے خلاف کوئی بات تو نہیں لکھ دی گئی ہے۔ بغور اداریے سنے گئے۔ کہیں ایسی ویسی کوئی بات تو تھی نہیں پھر بھی وہاب صاحب نے اپنے صدارتی خطبے میں ابرار رحمانی کو مشورہ دیا کہ یہ سرکاری ادارہ ہے۔ کسی بھی طرح کے تنازع سے بچنا چاہئے۔ پس پردہ بات یہ تھی کہ شکایت کرنے والا افسانہ نگار تھا۔ اس نے کئی افسانے برائے اشاعت آجکل کو ارسال کیے تھے لیکن ابرار رحمانی کے ادارتی معیار پر کوئی افسانہ اُتر نہیں سکا تھا۔ چنانچہ ان افسانوں کی اشاعت ممکن نہیں ہو سکی تھی۔

بہر حال نشست برخاست ہوئی۔ وہاب اشرفی صاحب کے ساتھ ساتھ دوسرے لوگ بھی نکلے۔ شوکت حیات پیچھے تھے اور میں شوکت حیات کے ساتھ تھا۔ شوکت حیات اچانک قدرے بلند آواز میں بول پڑے۔

"کیسے ہیں وہاب بھائی؟"

"کیا پوچھتے ہیں کیسے ہیں۔ ہر روز جیتے ہیں، ہر روز مرتے ہیں۔" وہاب صاحب نے جواب دیا۔ لیکن دو چار لمحے کے توقف میں ہی ان کے تیور کچھ اور تھے۔ وہ رک گئے، پلٹے اور شوکت حیات کے روبرو ہوتے ہوئے بولے۔

"جب تک آپ پر مضمون نہ لکھ لیں تب تک نہیں مریں گے۔" اور ہفتہ دس روز کے اندر اندر شوکت حیات کے حوالے سے وہاب صاحب کا ایک طویل مضمون 'قومی تنظیم' میں آ گیا۔ اور واقعی حسن احمد کا یہ خیال درست ثابت ہوا کہ بلراج کومل والے پروگرام میں شوکت حیات کا جارحانہ رویہ وہاب اشرفی پر دباؤ بنانے کے لیے تھا۔ شوکت حیات جو چاہتے تھے وہ ہو گیا۔

شوکت حیات دعوتیں بھی کرتے رہتے تھے۔ خاص طور سے پٹنہ میں منعقد ہونے والے سیمینار میں دوسرے شہروں اور صوبوں سے سے آنے والے احباب کی دعوت وہ ضرور کرتے تھے۔ اور اس موقع پر بعض مقامی حضرات کو بھی مدعو کر لیتے تھے۔ ایسی بعض دعوتوں میں مجھے بھی شریک ہونے کا موقع ملا۔ مرض اور پرہیز کی وجہ سے کئی دعوتوں میں شریک ہونا میرے لیے ممکن نہ ہوسکا۔

شوکت حیات ایک ممتاز افسانہ نگار کی حیثیت سے حلقۂ یارانِ ادب میں اپنی پہچان رکھتے تھے۔ ان کے ماننے چاہنے والوں کا ایک وسیع حلقہ تھا۔ اکثر ایسا ہوتا کہ اقبال حسن آزاد مونگیر سے پٹنہ آئے تو کبھی وہاب اشرفی اور کبھی شوکت حیات سے ملنے کی خواہش ظاہر کرتے اور مجھے ساتھ لے لیتے۔ کبھی کبھار کہیں اور بھی جانا ہوتا۔ خاطر تواضع تو ہر جگہ ہوتی لیکن شوکت حیات، میاں بیوی دونوں پیش پیش رہتے۔

شوکت حیات سے آمنے سامنے کے علاوہ لینڈ لائن اور موبائل فون پر بھی باتیں ہوتی رہتی تھیں۔ وہ لمبی اور تفصیلی گفتگو کرنے کے عادی تھے۔ ایسے موقعوں پر وہ میری اتنی تعریفیں کرنے لگتے کہ میں بوریت محسوس کرنے لگتا۔ یہ تعریفیں میری علمی اور معلمانہ استعداد کے حوالے سے ہوتی تھیں۔ گویا کسی اور پہلو سے ان کے نزدیک میری کوئی حیثیت نہیں تھی۔ یہ بھی الگ طرح سے وہی نسخہ تھا جو انھوں نے وہاب صاحب پر آزمایا تھا۔ مجھے بھی اک تدبیر سوجھی۔ ایک بار پھر ارے واہ، ارے واہ کہتے ہوئے انھوں نے میری معلّمی کے حوالے سے تعریفیں شروع کیں تو میرا انداز قدرے مختلف ہو گیا۔ میں نے کہا کہ اتنے سارے خوبصورت اور خوش الفاظ رائیگاں کیوں کرتے ہیں۔ آپ تو مضامین بھی لکھتے ہی ہیں۔ ”منظر اعجاز بحیثیت معلم“ کے عنوان سے ایک مضمون لکھ ماریئے۔ تب سے وہ محتاط ہو گئے۔ شوکت حیات سے متعلق کئی اور باتیں یاد آ رہی ہیں۔ ایک دفعہ وہ میری رہائش گاہ کنکر باغ بلو رنگ کی ماروتی آلٹو کار سے آئے۔ واپس ہوئے تو میں ان کے ساتھ گیٹ تک آیا۔ انھوں نے گاڑی کی طرف اشارہ کرتے ہوئے کہا۔

”ایک ناول کی رائلٹی میں پبلشر نے مجھے یہ چار لاکھ کی گاڑی دی ہے۔“ میں نے انھیں رسماً مبارکباد دی۔

شوکت حیات اکثر بے سر پیر کی اُڑانے لگتے تھے۔ آخری کچھ برسوں کے دوران وہ نفسیاتی مریض بھی بن گئے تھے۔ اور علاج کے لیے رانچی کے اسی اسپتال میں داخل کیے گئے تھے جس میں کبھی مجاز لکھنوی زیر علاج رہے تھے۔ شوکت حیات کو ڈاکٹر نے کیا کہا اور کیوں کہا، یہ ایک الگ بات ہے لیکن رانچی سے واپسی کے بعد وہ خود یہ کہتے پھرتے تھے کہ ”آئن اسٹائن کی اتفاقاً ایک رگ پھڑک اُٹھی تھی جس کے نتیجے میں وہ ایک عظیم الشان سائنسداں بنا۔ آپ کی بھی ایسی ہی کوئی رگ پھڑک اُٹھی ہے۔ آپ بہت بڑے رائٹر بن جائیں گے۔“ لیکن خود پسند شوکت حیات تو بہت پہلے ہی سے خود کو ایک عظیم الشان فکشن رائٹر سمجھتے تھے۔ اور اپنے ہم عصر، ہم مشربوں کو شاید ہی خاطر میں لاتے تھے۔ بلکہ کبھی کبھی تو کسی سے فون پر اُلجھ بھی جاتے تھے اور اکثر ان کا رویہ حاسدانہ بھی ہو جاتا تھا۔ لیکن شاید یہ سب ذہنی اور نفسیاتی

کیفیات کی وجہ سے تھا۔ پٹنے کے معاصرین اکثر و بیشتر ان کی بعض نازیبا حرکتوں سے درگزر بھی کرتے تھے۔ اور ان کی دل جوئی کی کوشش بھی کرتے تھے۔ اسی کوشش کے نتیجے میں انیس آباد، علی نگر میں مشتاق احمد نوری کی رہائش گاہ پر شوکت حیات کے سلسلے میں ایک اعزازی نشست بھی ہوئی جس میں اور لوگوں کے علاوہ عبدالصمد بھی شامل ہوئے تھے۔ میں بھی شامل تھا۔ شرکاء نے مدح سرائی میں کوئی کسر نہیں چھوڑی تھی۔ حالانکہ مدح سرائی کا یہ سلسلہ ویسے بھی چلتا ہی رہتا تھا۔ شاید اسی وجہ سے ان کی خود پسندی بھی انتہا کو پہنچ جاتی تھی۔ یہ بات میں اپنے ذاتی تجربے کی بنیاد پر کہہ سکتا ہوں۔

شوکت حیات کے افسانوی مجموعے ''گنبد کے کبوتر'' کی اشاعت کے بعد ایک ناول ''سرپٹ گھوڑا'' بھی شایع ہوا۔ ''گنبد کے کبوتر'' پر میرا تبصرہ غالباً اردو بک ریویو میں شایع ہوا تھا۔ ''سرپٹ گھوڑا'' آیا تو اس کے دو نسخے لے کر وہ میری رہائش گاہ پر آئے اور فرمایا کہ اپنے تبصرے کے ساتھ اسے اردو بک ریویو کو بھیج دیجئے۔ یہ ناگوار خاطر بات میرے لیے خوشگوار نہیں ہو سکتی تھی۔ ان کے پاس تو وقت ہی وقت تھا اور پاٹلی پترا کالونی میں ان کے فلیٹ کے قریب ہی پوسٹ آفس بھی تھا۔ میں ہمیشہ بے حد مصروف رہا۔ اور رہائش ایسے علاقے میں رہی کہ کوئی طالب علم شاید ہی کبھی کسی خاص ضرورت سے مجھ سے ملنے آیا ہو۔ میں نے انہی حوالوں سے معذرت چاہ لی۔ اللہ جانے انھیں کیسا لگا۔

شوکت حیات سے جو آخری گفتگو ہوئی وہ بھی میرے لیے خوشگوار نہیں تھی۔ میں اور اقبال حسن آزاد ایک ساتھ کووڈ کے شکار ہوئے اور ایک دن آگے پیچھے ایمس پٹنہ میں داخل کرائے گئے۔ گزشتہ سال ۱۳/ نومبر کو میں اور ۱۴/ نومبر کو اقبال حسن آزاد کو ایڈمٹ کرایا گیا۔ ہم دونوں تھے تو ایک ہی ہسپتال میں لیکن وارڈ الگ الگ تھا۔ میں نے اقبال حسن آزاد کو کئی بار فون کیا لیکن انھوں نے نوٹس ہی نہیں لیا۔ اس دوران کسی دن شوکت حیات کا فون آ گیا۔ کہنے لگے۔

''معلوم ہوا ہے کہ اقبال حسن آزاد کو کورونا ہو گیا ہے اور وہ اسپتال میں ہیں۔ ان کو فون کرتے ہیں تو کوئی جواب نہیں ملتا۔''

''مجھے بھی کوئی جواب نہیں ملتا۔'' میں نے مختصر سا جواب دیا اور ڈسکنکٹ کر دیا۔ انھوں نے جو مجھ سے جاننا چاہا تھا، ان کا یہ انداز بھی جارحانہ تھا۔ وہ یہ بھی تو کہہ سکتے تھے کہ اقبال حسن آزاد کی خیریت نہیں مل پا رہی ہے۔ مجھے اس موقع پر غالب یاد آئے جو کسی حریف یا رقیب کی گالیوں میں بھی دیکھتے تھے کہ کون سی گالی دی گئی ہے۔

بہر حال، مجھے شوکت حیات کی رحلت کی مختصر سی خبر اس وقت ملی جب میں خود شدید طور پر علیل تھا اور علاج کے سلسلے میں ریاست سے باہر تھا۔ میں دعائے مغفرت کے علاوہ اور کیا کر سکتا تھا۔

● اقبال حسن آزاد

بھول بھلیاں اور شوکت حیات

جن دنوں میں صغریٰ اسکول، بہار شریف میں زیر تعلیم تھا والد مرحوم سید محمد صالح نے میرے ادبی ذوق کو دیکھتے ہوئے بچوں کے کئی رسالے میرے نام جاری کروا دیے تھے جن میں کھلونا (نئی دہلی) نور (رام پور) ٹافی (مالگاؤں) اور مسرت (پٹنہ) وغیرہ شامل تھے۔ ان رسائل میں کہانیوں اور نظموں کے علاوہ ''بھول بھلیاں'' کے کالم بھی ہوا کرتے تھے۔ گرچہ یہ کالم مختلف ناموں سے آتے تھے لیکن میں انہیں سہولت کی خاطر ''بھول بھلیاں'' ہی لکھوں گا۔ ان کالموں میں پہیلیاں ہوتی تھیں اور کچھ ایسے نقشے دیے جاتے تھے کہ کوئی مسافر راستہ بھول گیا ہے اسے گھر پہنچایئے یا پھر اسی قسم کی چیزیں ہوتی تھیں۔ یہ پہیلیاں اکثر و بیشتر ننھے قارئین ہی نقشے بنا کر رسالوں کو بھیجا کرتے تھے جو ان کے نام سے شایع کیے جاتے۔ ان پہیلیوں اور نقشوں کے بھیجنے والوں جو نام تواتر کے ساتھ سامنے آتا تھا وہ تھا ''شوکت حیات، پٹنہ''......

یہ میرا شوکت حیات سے پہلا غائبانہ تعارف تھا۔

وقت کا پنچھی آزاد فضاؤں میں اُڑتا رہا۔ موسم بدلتے رہے۔ بچے جوان اور جوان بوڑھے ہو گئے۔ میں اسکول سے کالج میں پہنچا۔ اور بچوں کے رسائل کی جگہ ''آجکل''، ''کتاب''، ''شب خون'' اور ''الفاظ'' جیسے رسالے پڑھنے لگا۔ ان رسالوں میں شوکت حیات بھی نظر آنے لگے۔ اب وہ افسانے لکھنے لگے تھے اور افسانوں میں پہیلیاں بجھوانے لگے تھے۔ گو کہ ان کا بیانیہ صاف ستھرا ہوا کرتا تھا لیکن مفہوم تک رسائی آسان نہیں تھی۔ شاید میں اس وقت ان کے افسانوں کو سمجھ نہیں پاتا تھا۔ لیکن ایک خاص کشش تھی ان کے افسانوں میں یا یوں کہیے کہ ایک ایسا دل پذیر اسلوب تھا ان کا کہ میں ان کا ہر افسانہ پڑھنے لگا۔ اور میرے دل و ذہن پر وہ بحیثیت ایک عمدہ افسانہ نگار چھا گئے۔

کلکتہ سے بی اے کی تعلیم مکمل کرنے کے بعد جب میں نے پٹنہ یونیورسٹی میں ایم اے اردو میں داخلہ لیا تو کچھ ادبی لوگوں کو قریب سے دیکھنے کا موقع ملا۔ سید محمد محسن (انوکھی مسکراہٹ والے) ابا کے دوستوں میں تھے۔ ایک بار ابا پٹنہ آئے تو وہ مجھے ان سے ملانے ان کے گھر بھنور پوکھر لے گئے۔ شین۔ مظفر پوری صاحب سے اکثر استاد محترم پروفیسر اسلم آزاد کے یہاں ملاقات ہو جاتی۔ ایک دفعہ سہیل عظیم

آبادی سے بھی ان کے گنگا کنارے گھر پر ملنے کا اتفاق ہوا۔ عبدالصمد صاحب سے بہار شریف کی ملاقات تھی اور وہ میرے ماموں زاد بھائی لگتے ہیں۔ ہم عصروں میں فخرالدین عارفی سے بھی گاہے گاہے ملاقات ہو جاتی لیکن شوکت حیات سے ملنے کا موقع نہیں مل سکا۔

۱۹۸۱ء میں میری تقرری جے آر ایس کالج ، جمالپور (مونگیر) میں ہوگئی اور میں پٹنہ سے مونگیر آ گیا۔ لیکن چونکہ میرے سبھی لوگ پٹنہ میں مقیم تھے لہذا آنا جانا لگا رہتا تھا۔ ایک دفعہ خدا بخش لائبریری، پٹنہ میں اردو افسانے پر ایک شاندار سیمینار منعقد ہوا۔ ڈاکٹر عابد رضا بیدار لائبریری کے ڈائرکٹر ہوا کرتے تھے۔ وہ ایک بیدار مغز اور ادب دوست انسان تھے۔ میں ان دنوں پٹنہ گیا ہوا تھا۔ میں اپنے دوست ڈاکٹر قیصر جمال کے ساتھ بحیثیت سامع اس سیمینار میں شرکت کرنے کے لیے گیا۔ بہار کے کئی مشہور افسانہ نگار وہاں موجود تھے۔ سبھی کی نشست کے آگے ان کے نام کی تختی رکھی تھی۔ سید محمد محسن، کلام حیدری، قمر توحید، ذکیہ مشہدی، مناظر عاشق ہرگانوی کے علاوہ اور بھی کئی افسانہ نگار تھے جن کے نام سر دست یاد نہیں آ رہے ہیں۔ ایک نشست خالی تھی اور اس پر شوکت حیات کے نام کی تختی لگی تھی۔ پروگرام ختم ہو گیا لیکن شوکت حیات نہیں آئے۔ بعد میں ڈاکٹر قیصر جمال کی زبانی معلوم ہوا کہ شوکت حیات اس لیے نہیں آئے کہ وہاں وہ "اکیلے" پڑ جاتے۔

ایک روز شام کے وقت میں اشوک راج پتھ پر اخبار خریدنے گیا تو دیکھا کہ اخبار فروش کے پاس فٹ پاتھ پر داڑھی والا ایک خوبصورت نوجوان بیٹھا تھا۔ اس نے کرتا اور پینٹ پہن رکھا تھا۔ کندھے سے جھولا لٹک رہا تھا اور آنکھوں پر چشمہ تھا۔ اس کی پیشانی کشادہ تھی اور آنکھوں میں ذہانت کی چمک تھی۔ وہ کوئی رسالہ پڑھنے میں منہمک تھا۔ میرے دوست نے میرے کان میں چپکے سے کہا۔ "یہی شوکت حیات ہیں۔"

ایک دفعہ میں رحمانیہ ہوٹل میں چائے پینے کے لیے پہنچا تو دیکھا کہ ایک میز کے گرد کچھ شاعر و ادیب قسم کے لوگ بیٹھے ہیں۔ میں نے ان کی طرف کوئی توجہ نہیں دی اور ان کی جانب پیٹھ کر کے بیٹھ گیا۔ چائے آئی تو میں خاموشی کے ساتھ چائے پینے لگا۔ پیچھے سے چند آوازیں آ رہی تھیں۔ پھر یہ آوازیں دھیرے دھیرے بلند ہونے لگیں۔ اچانک کسی نے گرج کر کچھ کہا اور میز پر ایک زوردار مکّا دے مارا۔ میز پر رکھی چائے کی پیالیاں الٹ گئیں اور لوگ چونک کر ادھر دیکھنے لگے۔ میں نے بھی مڑ کر دیکھا۔ شوکت حیات اپنے پورے جاہ وجلال کے ساتھ نظر آ رہے تھے۔ میں چپکے سے باہر نکل آیا۔

سال پر سال گزرتے چلے گئے۔ میرا پٹنہ آنا جانا لگا رہا لیکن شوکت حیات سے کبھی ملنے کا اتفاق نہیں ہوا۔ رسالہ "آجکل"، نئی دہلی نومبر ۲۰۰۱ء میں شوکت حیات کی کہانی "مرشد" شایع ہوئی۔ اس شمارے کے سرورق پر غالب کا ایک شعر درج تھا، مجھے یوں محسوس ہوا کہ شوکت حیات کا مذکورہ افسانہ اس شعر کی تفسیر ہے۔ میں نے فوراً

اس سلسلے میں مدیر آجکل کو ایک مراسلہ بھیج دیا جو اگلے شمارے میں شایع ہو گیا۔ میں نے لکھا تھا کہ:"

شوکت حیات کی کہانی "مرشد" پڑھ کر دل پر عجیب کیفیت طاری ہوگئی۔ یہ کہانی غالب کے شعر:

میں چشم وا کشادہ و گلشن نظر فریب لیکن عبث کہ شبنم خورشید دیدہ ہوں

کی تفسیر معلوم ہوئی۔ مگر کہانی کا آخری جملہ "لیکن ان کے آبدیدہ ہونے کا سبب ذہن پر کافی زور دینے کے باوجود اس کے لیے نا قابل فہم تھا....." ع

"آتا ہے داغ حسرت دل کا شمار یاد"

کی تفسیر تو نہیں؟ بہر کیف اتنی عمدہ کہانی لکھنے پر میری جانب سے دلی مبارکباد۔

(مطبوعہ ماہنامہ "آجکل" نئی دہلی، دسمبر ۲۰۰۱ء)

بس پھر کیا تھا۔ چند روز بعد ہی شوکت حیات کا نامہ میرے پاس پہنچ گیا۔ اس میں انہوں نے اس بات پر حیرت ظاہر کی تھی میں ان کے افسانے کو "سمجھ" کیسے گیا۔ پھر اگلے ہی روز ان کا فون آ گیا۔ میں نے ان سے پوچھا کہ آپ کو میرا پتا اور فون نمبر کہاں سے مل گیا؟ کہنے لگے کہ جہاں چاہ وہاں راہ۔

پھر اکثر ان کے فون آنے لگے۔ وہ اتنی لمبی گفتگو کرتے تھے گویا انہیں اور کوئی کام نہیں ہے اور وہ ہر طرح سے فارغ ہیں۔ وہ بولتے تھے، میں سنتا تھا، وہ بولتے تھے میں سنتا تھا، وہ بولتے تھے میں سنتا تھا۔ اس طرح پھر کئی سال اور گذر گئے مگر کبھی ملنے کا موقع نہیں ملا۔

غالباً ۲۰۰۴ء یا ۲۰۰۵ء کی بات ہے۔ میں منظر اعجاز کے ساتھ سبزی باغ سے گذر رہا تھا کہ سامنے سے شوکت حیات آتے دکھائی دئے۔ اب ان کے چہرے پر داڑھی بچی تھی نہ جوانی۔ قریب آئے تو منظر اعجاز سے علیک سلیک ہوئی۔ منظر صاحب نے ان سے میرا تعارف کروایا۔ میرا نام سنتے ہی شوکت حیات اچھل پڑے۔ مجھے گلے لگایا اور نہایت محبت اور گرم جوشی کے ساتھ باتیں کرنے لگے۔ پھر ہم لوگ رحمانیہ گئے اور ساتھ بیٹھ کر چائے پی۔ مجھے یہ سوچ کر افسوس ہوا کہ اتنے پیارے انسان سے پہلے کیوں نہیں ملا۔

جب میرا دوسرا افسانوی مجموعہ "مردم گزیدہ" شایع ہوا تو میں پہلی بار منظر اعجاز کے ساتھ پاٹلی پترا کالونی واقع ان کے گھر گیا۔ میں نے اپنا افسانوی مجموعہ انہیں پیش کیا تو وہ بہت خوش ہوئے اور کہنے لگے کہ میں نے اپنے ایک مضمون میں تمہارا بھی ذکر کیا ہے۔ میں نے مناسب و موزوں الفاظ میں ان کا شکریہ ادا کیا۔ باتوں باتوں میں جب میں نے ان سے دریافت کیا کہ آپ کے کون کون سے افسانے شایع ہونے جا رہے ہیں تو انہوں نے مسکراتے ہوئے کہا تھا۔

"یہ تو میں نہیں بتاؤں گا۔ آپ اسے نکلوا دیں گے۔"

''میں بھلا کیوں اور کیسے نکلواؤں گا۔''

''لوگ ایسا کرتے ہیں۔'' شوکت حیات نے جواب دیا اور میں نے ان کی بات پر فوراً یقین بھی کر لیا تھا کیونکہ خود میرے ساتھ ایسا ہو چکا تھا۔ایک زمانے میں صلاح الدین پرویز مرحوم ''استعارہ'' نکالا کرتے تھے۔حقانی القاسمی ان کے نائب ہوا کرتے تھے۔''استعارہ'' کا افسانہ نمبر نکلنے والا تھا تو مجھ سے افسانے کی فرمائش کی گئی۔میں نے ایک افسانہ''خدا سے مکالمہ''انہیں روانہ کر دیا۔انہوں نے اس کی رسید بھی دی اور یہ بھی لکھا کہ افسانے کا تجزیہ بھی لکھوا لیا گیا ہے اور افسانے کے ساتھ تجزیہ بھی شایع کیا جائے گا۔لیکن جب وہ شمارہ آیا تو اس میں میرا افسانہ شامل نہیں تھا۔میں نے انہیں خط لکھ کر وجہ پوچھی تو ان کا جواب آیا کہ افسانہ تو شامل ہونے والا تھا لیکن پتہ نہیں کیسے فائل سے گم ہو گیا۔گم کیا ہوا ہو گا کسی نے نکلوا دیا ہو گا۔میں بڑا دلبرداشتہ ہوا......اور اب ایسے مدیروں اور اس قسم کی گھٹیا حرکت کرنے والے ادیبوں سے میں ہمیشہ دوری بنا کر رکھتا ہوں۔بعد میں میں نے اپنا وہ افسانہ اپنے افسانوی مجموعے''مردم گزیدہ''میں پہلے نمبر پر لگا دیا۔

زبیر رضوی کا رسالہ''ذہن جدید'' کئی اعتبار سے منفرد و ممتاز تھا۔ان دنوں مونگیر میں اردو قارئین کی اچھی خاصی تعداد ہوا کرتی تھی۔ہم لوگ اردو رسائل خرید کر پڑھا کرتے تھے۔۲۰۰۹ء میں''ذہن جدید''نئی دہلی کے شمارہ نمبر ۵۳ میں شوکت حیات کا افسانہ''ذائقہ'' شایع ہوا۔''ذائقہ'' پڑھ کر جو پہلا تاثر قائم ہوا وہ کوئی اچھا تاثر نہیں تھا۔سوئے اتفاق کہ ذہن جدید کے مدیر جناب زبیر رضوی نے مجھ سے کہا کہ میں اس شمارے پر مونگیر میں ایک مذاکرہ کرواؤں۔لہذا میں نے اپنے گھر پر ادب دوستوں کی ایک میٹنگ بلائی تا کہ اس شمارے پر گفتگو کی جا سکے۔میٹنگ میں میرے علاوہ ڈاکٹر آفتاب احمد(صدر شعبۂ اردو، بی۔آر مہیلا کالج، مونگیر)جناب راشد طراز(صدر شعبۂ اردو،آر ڈی اینڈ ڈی کالج مونگیر)ڈاکٹر شبیر حسن(ریڈر شعبۂ نباتات ،آر ڈی اینڈ ڈی جے کالج،مونگیر)ڈاکٹر ایم اے او جوہر(ریڈر شعبۂ حیوانات،آر ڈی اینڈ ڈی جے کالج،مونگیر)مشہور شاعر جناب طارق متین،ماسٹر ابو محمد،جناب پرویز اقبال اور نوجوان اسکالر ڈاکٹر محمد حسین شامل تھے۔اس مذاکرے میں مذکورہ شمارے کے سبھی مشمولات پر سیر حاصل گفتگو ہوئی۔لیکن میں یہاں پر صرف''ذائقہ'' کے متعلق شرکاء کی آرا کو پیش کرنے جا رہا ہوں۔ڈاکٹر آفتاب احمد کا خیال تھا کہ شوکت حیات کا افسانہ''ذائقہ''ماں بیٹے کے مقدس رشتے پر ضرب لگاتا ہے۔ڈاکٹر ایم۔اے۔او جوہر کی نظر میں شوکت حیات کا افسانہ قابل مذمت تھا۔ماسٹر ابو محمد نے کہا کہ شوکت حیات کا افسانہ علامتی بن کر رہ گیا ہے جو کسی طور پر متاثر نہ کر سکا۔ڈاکٹر محمد حسین نے تمام شرکاء سے اختلاف کرتے ہوئے''ذائقہ'' کو حاصل شمارہ قرار دیا۔ان کے خیال میں شوکت حیات نے ایک نازک موضوع کو نہایت فنکاری اور حسن و خوبی کے ساتھ افسانے کے

قالب میں ڈھالا ہے جو ان کی فنی پختگی کا ثبوت ہے۔ ڈاکٹر شبیر حسن کو بھی شوکت حیات کا افسانہ پسند آیا۔ انہوں نے کہا کہ گرچہ اس میں جنسی تلذذ پایا جاتا ہے لیکن اس افسانے کے سلسلے میں دیگر شرکاء کے اعتراضات کی روشنی میں وہ اسے دوبارہ پڑھنا پسند کریں گے۔ میں نے اس میٹنگ کی روداد زبیر رضوی کو بھیج دی اور انہوں نے ذہن جدید کے اگلے شمارے میں یہ رپورٹ من وعن شایع کر دی۔ اور اپنے نوٹ میں لکھا کہ:

''ہم نے سوچا ہے کہ ذہن جدید کے اگلے شماروں پر ذہن جدید کے قارئین کے ردعمل مذاکرے کی صورت میں شایع کریں۔ اس مقصد کے لیے ہم ہر بار کسی ایسے ادبی مرکز کا انتخاب کریں گے جہاں ذہن جدید کے قارئین کی قابل ذکر تعداد موجود ہو۔ اس شمارے میں اس خیال کو عملی شکل دیتے ہوئے ہم مونگیر میں شمارہ ۵۳ پر منعقد مذاکرہ شریک اشاعت کر رہے ہیں۔ اس کی رپورٹ ہماری درخواست پر ممتاز افسانہ نگار اقبال حسن آزاد نے ترتیب دی ہے۔ (ذہن جدید مشمارہ نمبر ۵۴ صفحہ نمبر ۲۲۱)

''ذہن جدید'' میں مذکورہ بالا رپورٹ چھپنے کے بعد شوکت حیات نے مجھ سے تو کچھ نہیں کہا لیکن معلوم ہوا کہ انہوں نے دوسروں لوگوں کے سامنے اپنی ناراضی ظاہر کی ہے۔ چند ماہ بعد مشتاق احمد نوری نے ''ذائقہ'' پر ایک پر مغز تجزیہ تحریر کیا جو وہاب صاحب کے رسالے ''مباحثہ'' میں شایع ہوا۔

ایک دفعہ میں پٹنہ گیا تو منظر صاحب نے فرمایا کہ وہ شوکت حیات کے یہاں جا رہے ہیں اور یہ کہ شوکت حیات نے مجھے بھی بلایا ہے۔ چنانچہ ہم دونوں پاٹلی پترا پہنچے۔ شوکت حیات اور ان کی بیگم نے ہمارا پُر تپاک استقبال کیا اور ہماری پُر تکلف ضیافت کی۔ ہم وہاں کافی دیر تک بیٹھے اور ہمارے درمیان بہت ساری گفتگو ہوئی۔ شوکت حیات نے مجھ سے پوچھا کہ آپ افسانے اور کہانی کو ایک ہی چیز سمجھتے ہیں یا دونوں الگ الگ چیزیں ہیں؟ میں نے کہا کہ افسانہ وہ ہے جو ایک ہی محور پر گھومتا ہے اور اس میں ایک ہی بات کی تکرار ہوتی ہے لیکن کہانی صراط مستقیم پر چلتی ہے۔ اس میں تین اسٹیج ہوتے ہیں......ابتداء......ارتقاء ......اور......انتہا۔ میری بات سن کر وہ بہت خوش ہوئے اور یوں ظاہر کیا جیسے افسانے اور کہانی کا فرق انہیں پہلی بار معلوم ہوا ہے۔ لیکن میں سمجھ گیا کہ انہوں نے محض میرا دل رکھنے کے لیے ایسا کہا ہے۔ اتنا بڑا افسانہ نگار اور افسانے اور کہانی کے فرق کو نہ جانے؟ ایسا ہو ہی نہیں سکتا۔ اس کے بعد بھی کئی دفعہ شوکت حیات کے یہاں جانے کا اتفاق ہوا اور ہر بار دو میاں بیوی کو پُر جوش اور مہمان نواز پایا۔

نوشاد مومن کلکتہ سے ''مژگاں'' نکالتے ہیں۔ ۲۰۱۰ء میں دفعہ انہوں نے مژگاں کا افسانہ نمبر نکالا۔ وہ اس شمارے کا اجراء پٹنہ میں کروانا چاہ رہے تھے۔ اس کے لیے انہوں نے منظر اعجاز سے رابطہ قائم کیا۔ منظر اعجاز نے کنکر باغ کی قیام گاہ کے اوپر والے ہال میں اپنی جانب سے پروگرام کا انتظام کیا۔ بینر چھپوایا

، مائک، کرسی اور چائے پانی کا انتظام کیا اور پٹنہ کے شاعروں اور ادیبوں کو مدعو کیا۔ نوشاد مومن صبح کی گاڑی سے پٹنہ پہنچ گئے اور سیدھے کنکر باغ چلے آئے۔ وہ اپنے ساتھ مژگاں کی کئی کاپیاں لے کر آئے تھے۔ شام کو رسالے کا اجراء ہوا۔ اس پروگرام میں شوکت حیات بھی تھے۔ اس وقت تک جوانی کا چڑھا ہوا دریا اُتر چکا تھا، غصے کی آگ بجھ چکی تھی۔ وہ پورے وقت خاموشی کے ساتھ بیٹھے رہے اور جب انہیں اپنے خیالات کا اظہار کرنے کے لیے بلایا گیا تو انہوں نے صرف اتنا کہا کہ اس یادگار شمارے میں شامل نہ ہونے کا انہیں بہت افسوس ہے۔

اب شوکت حیات کے طویل سے طویل تر فون تواتر کے ساتھ آنے لگے تھے۔ یہ فون ہمیشہ یک طرفہ ہوتے یعنی حسب معمول وہ بولتے رہتے اور میں سنتا رہتا۔ وہ اپنے افسانوں کی بات کرتے، خاص طور پر ''پھسینڈا'' اور ''تھوڑی سی آگ'' کا بار بار تذکرہ کرتے۔ اپنے ناولٹ ''سرپٹ گھوڑا'' کی بات کرتے اور کبھی اپنے مضامین کا بھی تذکرہ کرتے۔

وہ ایک بات ہمیشہ کہتے کہ اردو والوں نے ان کی قدر نہیں کی۔ پھر کہتے یار! کبھی مونگیر بلاؤ اور میری خدمت میں روپیوں کی تھیلی پیش کرو۔ دیکھو فلاں جگہ مجھے اتنی رقم کی تھیلی ملی۔ میں ہوں ہاں کرتا رہتا۔ ایک بار کہنے لگے کہ میرے افسانوی مجموعے ''گنبد کے کبوتر'' پر پبلشر نے مجھے پانچ لاکھ روپے دیے۔ میں نے ایک کار خرید لی ہے اور ڈرائیور بھی رکھ لیا ہے۔

ایک دفعہ میں اور منظر اعجاز پروفیسر وہاب اشرفی کے دولت کدے پر حاضر ہوئے۔ ان دنوں وہ اپنی معرکتہ الاراتصنیف ''تاریخ ادبِ اردو'' ترتیب دے رہے تھے۔ دوران گفتگو شوکت حیات کا بھی تذکرہ آیا۔ شوکت حیات کا نام سن کر وہاب صاحب مسکرائے اور ان کا نام نہایت محبت اور اپنائیت کے ساتھ لیا لیکن شوکت حیات کی بے اعتدالیوں کی وجہ سے وہاب صاحب ان سے خوش نہیں تھے۔ وہاب صاحب کے کہنے کا مطلب یہ تھا کہ:

''وہ'' بھی بہت عجیب ہے اتنا عجیب ہے کہ بس
خود کو تباہ کر لیا اور ملال بھی نہیں

۲۰۱۳ء میں جب میں نے ''ثالث'' کا اجراء کیا تو اس کی ایک کاپی شوکت حیات کو بھی بھیجی۔ ان کا فون آیا اور انہوں نے رسالے کے لیے اپنی نیک خواہشات پیش کیں، میری حوصلہ افزائی کی اور وعدہ کیا وہ جلد ہی میرے رسالے کے لیے ایک غیر مطبوعہ افسانہ، مہمان اداریہ اور سالانہ چندہ بھیجیں گے۔ میں بندہ سیدھا سادا، کیا جانوں اس کا ارادہ، سنجیدگی کے ساتھ ان چیزوں کا انتظار کرتا رہا۔ لیکن نہ افسانہ آیا، نہ مہمان اداریہ اور نہ ہی ثالث کا سالانہ چندہ۔ پھر جب کبھی ان کا فون آتا تو میں انہیں ان کا وعدہ یاد دلاتا۔ کہتے

''ارے یار! مہمان اداریہ تیار ہے۔ میں اپنے ڈرائیور سے کہوں گا کہ وہ اسے پوسٹ کر دے اور سالانہ چندہ بھی بھجوا دوں گا۔'' اور پھر کہنے لگے کہ ''اب مجھے پیسوں کی کوئی کمی نہیں رہی۔ میرا بیٹا ہر مہینے میرے اکاؤنٹ میں ایک لاکھ روپیہ جمع کر دیتا ہے۔''

جب میں نے ''ثالث'' کے گوشہ 'شموئل احمد کا اعلان کیا تو ان کی بیگم کا فون آیا۔ کہنے لگیں کہ اقبال بھائی! شموئل پر گوشہ مت نکالیے، شوکت حیات پر گوشہ نکالیے۔ میں نے کہا کہ شوکت حیات وعدہ تو کرتے ہیں مگر وفا نہیں کرتے۔ ان پر گوشہ نکالنا بہت مشکل ہے۔ پھر بھی میں نے وعدہ کیا اور کہا کہ ان شاء اللہ ثالث میں شوکت حیات پر گوشہ ضرور نکلے گا۔ لیجیے گوشہ کی جگہ پورا نمبر ہی نکل رہا ہے۔

ایک دفعہ میں پٹنہ گیا تو ان کا فون آیا۔ کہنے لگے کہ ایک پبلشر نے ناول لکھنے کے لیے مجھے ایک لاکھ روپیہ ایڈوانس دیا ہے۔ سبزی باغ کے فلاں ہوٹل میں ایک روم بک کروا دیا ہے اور ایک ڈکٹیشن کروانے کے لیے ایک خوبصورت اور جوان سکریٹری بھی مہیا کرا دی ہے۔ اور جب میں نے انہیں بتایا کہ آجکل میں پٹنہ ہی میں ہوں تو بہت خوش ہوئے اور کہا کہ آج شام مجھ سے ہوٹل میں آکر ملو۔ میں تمہیں اپنی سکریٹری سے بھی ملواؤں گا۔ میں وقت مقررہ پر ان کے بتائے ہوئے ہوٹل پہنچ گیا اور انہیں رِنگ کیا۔ ایک بار...... دو بار...... تین بار...... بار بار...... لیکن انہوں نے فون نہیں اُٹھایا۔ میں ناکام و نامراد واپس چلا آیا۔

میں نے لوگوں سے سن رکھا تھا کہ شوکت حیات کی اپنے بیشتر ہم عصروں سے نہیں بنتی۔ کبھی عبدالصمد سے بگاڑ بیٹھے اور کبھی شموئل احمد سے۔ میں نے شموئل احمد کا لکھا ایک خاکہ دیکھا جس میں انہوں نے شوکت حیات کا خاکہ اڑایا تھا اور خوب خوب اڑایا تھا۔ شوکت حیات سے بھی جب ملاقات ہوئی تو انہیں شموئل احمد سے نالاں پایا۔ منظر اعجاز کی بیٹی کی شادی کے موقع پر شوکت حیات اور عبدالصمد دونوں ساتھ ساتھ بیٹھے تھے اور مزے مزے کی گفتگو کر رہے تھے۔ بہار اردو اکادمی (پٹنہ) کے ایک سیمینار میں شوکت حیات اور شموئل احمد اغل بغل بیٹھے خوش گپیاں کر رہے تھے۔ میں سمجھ گیا کہ شوکت حیات دل کے صاف ہیں۔ دوستوں کے ساتھ خفگی تو ہوتی ہے مگر پھر وہ ساری باتوں کو بھلا کر مل بیٹھتے ہیں۔ واقعی بڑے لوگوں کی باتیں بھی بڑی ہوتی ہیں۔ خیر! تو اس وقت مشتاق احمد نوری بہار اردو اکادمی کے سکریٹری ہوا کرتے تھے اور انہوں نے اپنے دورِ حکومت میں کئی کارہائے نمایاں انجام دئے تھے۔ لیکن جلد ہی ان کی معیاد پوری ہونے والی تھی اور لوگوں میں یہ تجسس تھا کہ دیکھئے اگلا سکریٹری کسے بنایا جاتا ہے۔ شوکت حیات بھی اس عہدے کے متمنی تھے اور وہ ہر کسی سے کہتے پھر رہے تھے کہ اس بار انہیں سکریٹری بنوا دیا جائے۔ میں تو اس قسم کی پالیٹکس سے کوسوں میل دور رہتا ہوں لہٰذا ان کی بات پر کوئی توجہ نہیں دی۔

شوکت حیات سے میری آخری ملاقات پروفیسر صفدر امام قادری کی بیٹی کی شادی کے موقع پر ہوئی تھی۔ میں نے آج تک کسی کی شادی میں ادیبوں اور شاعروں کا اتنا بڑا جماوڑا نہیں دیکھا تھا۔ شوکت حیات اپنی بیگم کے ساتھ ایک گوشے میں بیٹھے تھے۔ ان کا بدن بہت بھاری ہو گیا تھا اور وہ خود سے اُٹھنے بیٹھنے سے بھی معذور ہو چکے تھے۔ ان کی بیگم ان کا سہارا بنی ہوئی تھیں۔ میں اور مشتاق احمد نوری بھی وہیں پر بیٹھ رہے۔ ہم دونوں کے ساتھ ہماری بیگمات بھی تھیں۔ وہاں بھی شوکت حیات یہی کہتے رہے کہ وہ بہار اردو اکادمی کا سکریٹری بننا چاہتے ہیں۔ ہم لوگ اس سلسلے میں ان کی مدد کریں۔ لیکن بقول غالب: ع

ہزاروں خواہشیں ایسی کہ ہر خواہش پہ دم نکلے

وہ اپنی ناکام حسرتوں اور تمناؤں کو دل میں لیے ہوئے شہر خموشاں میں جا بسے اور لوگ ان کی بھول بھلیوں جیسی اُلجھی ہوئی شخصیت کی تہیں کھولنے میں لگ گئے۔

حق مغفرت کرے!

● نشاط پروین

شوکت حیات سے دو ملاقاتیں

شوکت حیات ...... شاید یہ نام میں نے پہلے کبھی سنا ہوگا۔ لیکن میں جب اقبال حسن آزاد صاحب کی زندگی میں آئی تو اکثر انہیں فون پر شوکت حیات صاحب سے باتیں کرتے دیکھتی۔ اقبال صاحب کو فون پر لمبی لمبی باتیں کرنے کا شوق نہیں ہے۔ وہ چند جملوں میں اپنی پوری گفتگو کو سمیٹنے کا فن جانتے ہیں۔ انہوں نے بہت سارے کام اپنے سر پر لے رکھے ہیں لہٰذا انہیں فون پر باتیں کرنا کارِ زیاں لگتا ہے جبکہ شوکت حیات گھنٹہ ڈیڑھ گھنٹہ سے قبل فون رکھتے ہی نہیں تھے۔ اکثر انہوں نے جھنجھلا کر فون کاٹ دیا مگر شوکت صاحب کب ماننے والے تھے، فوراً دوبارہ فون لگا دیتے اور اپنے دل کی ساری باتیں سنا کر ہی دم لیتے۔ ایسا لگتا کہ ان کے پاس کہنے کو بہت کچھ تھا اور وہ اپنے دل کی باتوں کو اپنے قریبی دوستوں کے ساتھ شیئر کرنا ضروری خیال کرتے تھے۔ شوکت حیات صاحب سے بہت دیر تک باتیں کرتے۔ طرح طرح کی باتیں ہوتی تھیں۔ ان کے لمبے لمبے پلان ہوتے تھے۔ اکثر کہتے کہ میں مونگیر آنا چاہتا ہوں۔ یار! میرے اعزاز میں ایک پروگرام کرو۔ دیکھو ابھی فلاں جگہ پروگرام تھا۔

ایک بار میں بہار اردو اکادمی میں کسی پروگرام میں اپنے شوہر کے ساتھ گئی تھی۔ اس وقت مشتاق احمد نوری بہار اردو اکادمی کے سکریٹری ہوا کرتے تھے۔ انہوں نے ہی بلایا تھا۔ پورا ہال کھچا کھچ بھرا ہوا تھا۔ صفدر امام قادری نظامت کر رہے تھے۔ جب پروگرام اختتام پذیر ہوا تو سبھی لوگ اکادمی کے آفس میں آ گئے۔ وہاں مشتاق احمد نوری صاحب کی اہلیہ بھی موجود تھیں۔ وہ یادگار دن میں کبھی نہیں بھول پاؤں گی۔ مشتاق صاحب کو فوٹو گرافی کا شوق ہے۔ انہوں نے کئی تصویریں کھینچیں۔ ایک تصویر میں صوفے پر تین لوگ بیٹھے ہوئے تھے۔ ایک طرف شموئل احمد، دوسری جانب اقبال حسن آزاد اور درمیان میں شوکت حیات ...... وہ سبھی کو دبائے ہوئے تھے۔ ان کی پرسنالٹی بہت اچھی لیکن انکی صحت ٹھیک نہیں تھی۔ وہ بولتے تو سانسیں تیز ہو جاتیں۔ وزن اتنا زیادہ ہو گیا تھا کہ اٹھنا بیٹھنا مشکل تھا۔ لیکن ان کے جذبے کو سلام کہ دل میں تمنا پال چکے تھے کہ بہار اردو اکادمی کے اگلے سکریٹری وہی بنیں گے۔ وہ سب سے کہہ رہے تھے آپ لوگ دعا کیجئے۔ میں کوشش کر رہا ہوں۔ انشاء اللہ یہ کرسی میری ہوگی۔ سبھی نے انہیں انشاء اللہ کہہ کر ایڈوانس میں

مبارکباد بھی دے ڈالی۔ پروگرام ختم ہوااور ہم لوگوں نے اپنے گھر کی راہ لی۔

شوکت حیات سے دوسری اور آخری ملاقات پروفیسر صفدر امام قادری صاحب کی بیٹی کی شادی کے موقع پر ہوئی۔ اس مبارک موقع پر ملک اور بیرونِ ملک سے کئی بڑے شاعر اور ادیب جمع تھے۔ میں نے قلم کاروں کا اتنا بڑا جمگھٹا زندگی میں پہلی بار دیکھا تھا۔ نکاح خانقاہ رحمانی مونگیر کے سجادہ نشیں حضرت محمد ولی رحمانی (مرحوم) نے پڑھایا تھا۔ اس دن شوکت حیات صاحب اپنی اہلیہ کے ساتھ آئے تھے۔ اتنے دنوں میں وہ اور کمزور ہو چکے تھے۔ اب تو وہ خود سے چل بھی نہیں پا رہے تھے۔ چلتے تو قدم لڑکھڑا جاتے لیکن جوش وہی تھا، جذبہ وہی تھا، باتیں وہی تھیں۔ کسے پتا تھا ان سے پھر ملاقات نہ ہوگی۔ کسی کو نہیں معلوم تھا کہ یہ عظیم ہستی عنقریب ہم سے بچھڑنے والی ہے۔

کب کس سے آخری ملاقات ہو یہ کوئی نہیں جانتا۔ سامان سے سو برس کا ہے پل کی خبر نہیں۔

رات گہری ہو چلی تھی۔ سارے مہمان ایک ایک کر کے رخصت ہو رہے تھے۔ شوکت حیات صاحب بھی جانے کو تیار ہوئے مگر وہ خود سے کھڑے نہیں ہو پا رہے تھے۔ تبھی ان کی اہلیہ نے ان ہاتھ تھام لیا اور انہیں لے کر دھیرے دھیرے چلتے ہوئے کار تک پہنچیں۔ وہ چلتے چلتے کہہ رہے تھے اقبال صاحب میں آؤں گا مونگیر اور سیمینار بھی ہوگا۔

ان کی اہلیہ نے کہا۔

''ایک قدم تو چل نہیں پاتے ہیں اور جائیں گے مونگیر...... پہلے گھر تو چلئے۔''

وہ اپنی کار میں سوار ہو کر جا چکے تھے۔ ہم لوگ بھی اپنے گھر کو روانہ ہو گئے۔ پھر چند ہی مہینوں بعد یہ روح فرسا خبر ملی کہ شوکت حیات صاحب اس دارِ فانی سے کوچ کر گئے۔ اللہ ان کی مغفرت فرمائے اور انہیں جنت الفردوس میں اعلیٰ مقام عطا فرمائے۔ آمین ثم آمین!

● **مکالمہ**

● **نثار احمد صدیقی**

شوکت حیات سے گفتگو

س: اپنی زندگی کے ذاتی وادبی کوائف بتایئے۔

ج: ذاتی طور پر فری لانسنگ اور ترجمہ نگاری کے ذریعہ اپنی زندگی کی گاڑی کو آگے بڑھا رہا ہوں۔ ایسی ہی رائٹنگس کے بیچ وقت نکال کر ادبی تخلیقات کی عرق ریزیوں، استغراق اور جانفشانی سے بھی گزرتا رہتا ہوں۔ والد نے بچپن میں ایک ڈائری اس وقت دی تھی جب وہ مجھے سیاحت کے لیے دلی لے جا رہے تھے۔ ان کی ڈائری لکھنے کی ہدایت نے مجھے ان کے انتقال کے بعد دنیا کی بدحالی اور سناٹے وقت کی اداسی دیکھ کر بعد ازاں افسانہ نگار بنا دیا۔ والد پڑھنے کے بڑے شوقین تھے ان کی لائبریری میں انواع اقسام کی کتابیں تھیں۔ اس چیز نے مجھے بھی مطالعہ کرنے کی طرف ملتفت کیا۔ دوران ملازمت (نیم سرکاری) میں نے ایم اے میں باضابطہ ڈیپارٹمنٹ سے اجازت لیتے ہوئے ایڈمیشن لے کر امتحان دیا اور گولڈ میڈلسٹ ہوا۔ ابھی حال ہی میں یونیورسیٹی گرانٹس کمیشن کا امتحان 'نیٹ' بھی دیا اور اللہ کے فضل سے اس میں بھی کامیابی حاصل کی۔ پی ایچ ڈی کرنے کا بھی ارادہ ہے۔

س: آپ نے اپنی کہانی کا سفر جب شروع کیا تو اس وقت کئی نظریوں کا بول بالا تھا۔ اس زمانے میں 'جدیدیت' نے آپ کو متاثر کیا؟ اس رجحان کے زیر اثر جو کہانیاں لکھیں، ان کہانیوں کی کیا اہمیت ہے، تفصیل سے جواب دیں۔

ج: سائنس کا طالب علم ہونے کی وجہ سے شروع سے میں جدلیاتی احتجاجی اور اجتہادی رویوں کا عادی رہا ہوں۔ جس زمانے میں میں نے لکھنا شروع کیا، اس وقت بیک وقت ترقی پسندی اور جدیدیت دونوں تحریک ورجحان اپنے اپنے وجود کی لڑائی لڑ رہے تھے۔ لوگ آسانی سے کسی ایک حلقے کے ماتحت اپنی سرگرمیاں جاری رکھنے میں اپنی عافیت سمجھ رہے تھے۔ لیکن میرے innovative ذہن کو یہ قبول نہیں تھا۔ چنانچہ اس زمانے میں میں نے مضامین اور سمیناروں میں بیانات کے ذریعہ یہ واضح کیا کہ ہم ان دونوں سے

مختلف ہیں اس لیے ہمیں ترقی پسندی یا جدیدیت کے ساتھ برانڈ نہیں کیا جائے۔ چونکہ میں اپنے تخلیقی لمحوں میں اعتراف، اجتہاد، انحراف، اور تسلسل کی چوکھی لہروں پر گامزن رہا کرتا تھا، اس لئے اپنے رجحان کے انفراد اور شناخت کے لئے 'انامیت' کی آواز بلند کی۔ ۱۹۷۰ء کے بعد کے اپنی طرح کے تمام افسانہ نگاروں کو 'انام نسل' اور ان کی کہانیوں کو 'انام کہانیاں' اور مجموعی تخلیقی رویوں کو 'انامیت پسندی' سے تعبیر کیا۔ میری باتیں متعدد ساتھیوں نے بہت پسند کیں اس لئے ۱۹۷۰ء کے زمانے سے نام نہاد جدید اور ترقی پسند کہانیوں کے ہنگاموں میں 'انام کہانیوں' نے اپنے وجود کو قائم کیا۔

س: آپ جدید فنکاروں میں ایک اہم فنکار ہیں۔ آپ جدید نسل کے جدید افسانوں اور اپنے جدید ترین افسانوں کے درمیان مختصر الفاظ میں امتیازی اوصاف کی نشان دہی کریں؟

ج: جدید نسل کے جدید افسانوں میں کہانی کے صنفی ڈھانچے کو مسمار کر دیا گیا تھا اور کہانی سے کہانی پن غائب ہو گیا تھی۔ جدید ترین افسانوں نے جنہیں میں انام افسانوں سے تعبیر کرتا ہوں، یعنی ۱۹۷۰ء کے بعد کے اہم افسانہ نگاروں نے کہانی کے بنیادی خدوخال کو بحال کیا۔ اس طرح افسانے کا بنیادی طور پر افسانہ ہونا ضروری قرار پایا۔ ہم ۱۹۷۰ء کے بعد کے جینون لوگوں نے کہانی کی مسمار شدہ عمارت کے ملبے کو صاف کر کے اینٹ سے اینٹ جوڑ کر کہانی کی عمارت کو کھڑا کیا۔ جدید افسانوں میں مجرد علامت، علامت و تجریدیت اور انفعالیت پر پورا زور صرف کیا جاتا تھا۔ علامت اور ابہام کے نام پر کہانی کو گنجلک اور معمہ بنایا جا رہا تھا۔ جس کی وجہ سے افسانے کا قاری افسانے سے الگ ہو گیا۔ ہم لوگوں کی انام نسل یا جدید ترین نسل نے افسانے میں علامت و ابلاغ کے مصالحے پر زور دیا۔ براہ راست بیانیہ کہانیوں کو بھی ہم نے لائق اعتنا ٹھہرایا۔ ہم لوگوں نے اس بات پر زور دیا کہ کہانی کو معنوی لغویت کی اندھی سرنگ سے نکال کر آزاد تخلیقی فضا میں سانس لینے کا موقع فراہم کیا۔ اس لئے آپ پائیں گے کہ ۱۹۷۰ء کے بعد افسانے میں مثبت عناصر بتدریج بحال ہوتے چلے گئے۔ افسانوں میں تنوع اور نگارنگی پیدا ہو گئی۔ ۱۹۷۰ کے بعد ۱۹۹۰ء اور نئی صدی میں امتداد وقت کے ساتھ انامیت نے نامیاتیت کی صورت اختیار کی اور بعد ازاں امکانیت پسندی کے رجحان کا فروغ ہوا، جو ہنوز جاری ہے اور جسے بعض لوگ مابعد جدید افسانوں کا نام دیتے ہیں۔ میں چونکہ شروع سے innovative رہا ہوں اس لئے ناقدوں کی لادی ہوئی اصطلاحوں سے گریز کرتا رہا ہوں۔ ۱۹۷۰ء کے بعد کے افسانوں کو سن ستری افسانوں کی اصطلاح کا نام میں نے ہی دیا ہے۔

س: اردو فکشن کی موجودہ صورت حال سے آپ کس حد تک مطمئن ہیں؟

ج: اردو فکشن کی موجودہ صورت حال اطمینان بخش ہے۔ فنکار کو ہر طرح کی آزادی ہے۔ کہانی پن کی بنیادی صنفی شناخت کی بحالی ہو چکی ہے۔ کسی طرح کی کوئی سکہ بندی اور ادعائیت نہیں رہی۔ آج افسانے کی تخلیقی آزادی کی فضا بحال ہو چکی ہے۔ افسانے کی دنیا میں متنوع اور رنگارنگ افسانے عالم وجود میں آ چکے ہیں اور ان کا سلسلہ جاری ہے۔ کچھ لوگ ابھی ابھی شعوری طور پر کہانی کو گنجلک بنانے کی کوشش کر رہے ہیں لیکن ایسے لوگ افسانے کی سمت و رفتار پر اثر انداز ہونے کی صلاحیت نہیں رکھتے۔ راست بیانیہ کہانیوں کی بھی اہمیت ہے۔ افسانہ اور افسانے کا قاری اتنا mature ہو چکا ہے کہ وہ غلط اور صحیح افسانوں میں آسانی سے امتیاز کر لیتا ہے۔

س: اردو ادب میں گروپ بندی کا رجحان کب پیدا ہوا۔ ادب پر اس کے کیا اثرات پڑ رہے ہیں۔ آپ کی نظر میں یہ گروپ بازی؟

ج: اردو ادب میں گروپ بندی کا رجحان تو ابتدائی زمانے سے ہی رہا ہے۔ غالب اور ذوق کے الگ الگ قدرداں تھے جو گروپ بندی کو ہوا دے رہے تھے۔ پھر ترقی پسندی اور جدیدیت پسندی کے زمانے میں بھی گروپ بندی کو فروغ حاصل ہوا۔ لیکن گروپ بندی وقتی طور پر ہی کسی کو اہم بنا سکتی ہے۔ اگر تخلیق میں دم ہے تو بغیر کسی گروپ بندی کے وہ اپنا وجود منوا لیتی ہے۔ مجھے دیکھئے میرا کوئی تعلق گروپ بندی سے نہیں ہے، اس کے باوجود ناقدین و قارئین نے 'بانگ'، 'گنبد کے کبوتر'، 'رانی باغ'، 'گھونسلا'، 'ڈھلان پر رکے ہوئے قدم'، 'میت'، 'مرشد'، 'پھسنڈا'، 'مسٹر گلیڈ مادھو'، 'سانپوں سے نہ ڈرنے والا بچہ'، 'بلی کا بچہ' کا نوٹس لیا۔ حتیٰ کہ وارث علوی جیسے سخت ناقد کو بھی ان افسانوں کی اہمیت اور دوامیت کو تسلیم کرنا پڑنا۔ میرے خیال میں گروپ عمومی طور پر ایک منفی رجحان ہے اور اس سے فنکار کا وقت خواہ مخواہ برباد ہوتا ہے۔ صحیح باتوں اور اقدار کی بحالی کے لئے گروپ بندی ہو تو یہ ٹھیک ہے ویسے اپنے آپ میں گم ہو کر چپ چاپ بہتر لکھنے کی طرف کوشاں ہونا منفی گروپ بندی کی سازش کا حقیر پرزہ بننے سے زیادہ بہتر ہے۔

س: ابھی اردو ادب میں دو گروپ کام کر رہے ہیں۔ ایک شمس الرحمٰن فاروقی کا اور دوسرا گوپی چند نارنگ کا۔ آپ ان دونوں کے متعلق یہ بتائیں کہ ان دو گروپ سے اردو ادب کو کچھ فائدہ پہنچ رہا ہے یا نقصان؟ بے باکی و بے خوفی سے جواب دیں۔

س: شمس الرحمٰن فاروقی اور گوپی چند نارنگ دونوں ہی اہمیت کے حامل ہیں اور یہ بھی حقیقت ہے کہ نارنگ اور فاروقی ہی محض اردو ادب نہیں ہیں، اردو ادب بحر بیکراں ہے۔ ویسے میرا ذاتی خیال یہ ہے کہ ان دونوں میں تو اختلافات غالباً ہیں ہی نہیں۔ ان دونوں سے زیادہ ان کے نام نہاد مداحین اور

حوارین نے گروپ بندی کی فضا قائم کر رکھی ہے۔ دونوں کی دوستی کے زمانے میں بڑے بڑے کام ہوئے۔ اردو افسانے کا پانچ روزہ تاریخ ساز افسانہ ورکشاپ رسمینار ۱۹۸۵ء دونوں کی دوستی کے زمانے میں ہی منعقد ہوا تھا۔ دونوں ایک منچ پر تھے۔ کیا سنہری دور تھا۔ ویسا افسانہ ورک شاپ رسمینار اب شاید کبھی منعقد نہ ہو سکے۔ کہنے کا مطلب ہے کہ دونوں جب ایک پلیٹ فارم پر تھے تو اردو ادب کو فائدہ پہنچا۔ ان کے آپس میں گتھم گتھا ہونے سے نقصان ہی نقصان ہے۔ لوگ فروعی مسائل میں الجھ گئے ہیں۔ علاوہ ازیں دیگر ناقدین جو جینوین ہیں مثلاً شکیل الرحمٰن عرف بابا سائیں، وارث علوی، وہاب اشرفی، مہدی جعفر، حامدی کاشمیری، شمیم حنفی، نظام صدیقی، فضیل جعفری، الیاس شوقی، عتیق اللہ، ابوالکلام قاسمی، ارتضیٰ کریم، ابرار رحمانی، مناظر عاشق ہرگانوی، صغیر افراہیم، مشتاق احمد نوری، سکندر احمد، نسیم احمد نسیم، سرور ساجد، اسلم جمشید پوری، شہاب ظفر اعظمی، صفدر امام قادری، ہمایوں اشرف، شہزاد انجم وغیرہ کی طرف کوئی دھیان نہیں دے رہا ہے۔ جو سنجیدگی سے لکھنے پڑھنے اور چھپنے میں مصروف ہیں۔ علمی اور نظریاتی اختلاف تو ہو سکتے ہیں لیکن ذاتیات پر اترنا صحیح نہیں۔

س: 'شب خونی' (ماہنامہ شب خون) افسانوں سے متعلق آپ کا کیا نظریہ ہے۔ کیا ان افسانوں کا ادب میں کوئی مقام ہے؟۔

ج: 'شب خون' میں چھپنے والے تمام افسانے 'شب خونی' نہیں تھے۔ کچھ افسانے سنجیدہ اور کہانی کے صنفی اوصاف سے متصف تھے۔ دیکھئے نا کہا جاتا ہے کہ 'شب خون' سی آئی اے کا ایجنٹ اور ترجمان رہا ہے، لیکن میری اس میں اینٹی امریکی پرونکسل کہانی 'موم بتی پر رکھی ہتھیلی' چھپی۔ پھر میری 'وبا'، 'سیاہ چادریں اور انسانی ڈھانچہ'، 'سراغ'، 'لیٹر بکس کی تلاش'، 'کاغذ کا درخت'، 'ستون' جیسی کہانیاں بھی 'شب خون' میں چھپیں، جو سماجی سروکار مرتکز تھیں۔ جب کہ کہا جاتا ہے کہ 'شب خون' کی کہانیاں سماجی سروکاروں سے دور کا علاقہ بھی نہیں رکھتی تھیں۔ 'شب خون' میں چھپنے والے بعض افسانوں کی ادبی قدر و قیمت سے انکار نہیں کیا جا سکتا۔ میں تو 'شب خون' میں سب سے زیادہ چھپنے والا افسانہ نگار رہا ہوں۔ اس میں چھپی ہوئی میری کہانیاں 'لا کے نام ایک خط' ڈاکٹر مہیب سنگھ کی 'اردو کا آدھونک ساہتیہ' جیسی اہم ہندی کی تاریخی کتاب میں شامل کی تھی۔ ہر پرچے میں اچھی بری چیزیں چھپتی رہی ہیں۔ 'شب خون' افسانوں کی منفی اصطلاح کے پیچھے دراصل لوگوں کا پروپگنڈائی ذہن کارفرما ہے۔ جن کی کہانیاں 'شب خون' سے لوٹائی گئیں، انہوں نے 'شب خون' کے بارے میں طرح طرح کی افواہوں سے ادبی بازار گرم کر دیا۔ وہ لوگ دراصل انگور کھٹے ہیں کے مترادف عمل کر رہے تھے۔ آپ کو یاد ہوگا کہ 'شب خون' میں چھپنا ایک زمانے تک اسی طرح سند کی حیثیت

رکھتا تھا جیسے ایک زمانے میں نیاز فتح پوری کے رسالے ''نگار' میں چھپنے کی اہمیت تھی۔

س: مابعد جدید فکری رویوں کی تفہیم کیوں کر ہوسکتی ہے؟

ج: مابعد جدید فکر کو سارک رائٹرس کانفرنس ۲۰۰۵ء میں اپنے پیش کردہ مقالے میں دی گئی تھیوری 'امکانیت پسندی' اور 'امکانی حقیقت نگاری' کے حوالے سے سمجھنے کی کوشش کرتا ہوں۔ اس لیے کہ ناقد کو اس بات کا حق نہیں پہنچتا کہ وہ تخلیق کار اور تخلیق کا تجزیہ کرنے کے بجائے اس پر اپنی تھیوری کا اطلاق کرے۔ زمانی اعتبار سے مابعد جدید فکر کی اہمیت ہوسکتی ہے۔ لیکن فکری اعتبار سے یہ امکانیت پسندی کے مختلف shades پر مشتمل ہے۔ حرف حقیقت کی فوٹو گرافی افسانہ نگاری نہیں بلکہ حقیقت کے عوامل و محرکات کے اندر مداخلت کر کے اس کا سینہ چیر کر اندر سے crux کو برآمد کر کے گہری حقیقت نگاری کرنے کا وقت ہے۔ یہی گہری حقیقت نگاری امکانی حقیقت نگاری ہے جس میں مسائل کے حل کی نشاندہی کے تعلق سے کچھ اشارے ملنے کے امکانات ہوتے ہیں۔ صاف صاف مسائلے کا حل فنکار نہیں پیش کرتا یہ میں بھی جانتا ہوں۔

س: آپ اپنے سے پہلے والی نسل میں کس افسانہ نگار کو اہم سمجھتے ہیں؟

ج: ویسے تو سینئر نسل میں جوگندر پال، اقبال مجید، قاضی عبدالستار، عابد سہیل، کلام حیدری، شرون کمار، دیویندر اسر، غیاث احمد گدی، احمد یوسف، الیاس احمد گدی، رتن سنگھ، سریندر پرکاش وغیرہ سب کسی نہ کسی وجہ سے اہم ہیں۔ لیکن میرا خیال ہے کہ ہم سے پہلے والے یعنی ۱۹۷۰ء سے پہلے والے کال کھنڈ میں (۱۹۵۵ء سے ۱۹۷۰ء کے درمیان) سب سے منفرد افسانہ نگار بلراج مین را ہیں۔ میں ان کی افسانہ نگاری کی ہمہ جہت خوبیوں کی وجہ سے اس خاص عہد میں انہیں ممتاز افسانہ نگار سمجھتا ہوں۔ انہوں نے کم لکھا لیکن جو کچھ لکھا وہ خود بھوگنے اور جھیلنے کے بعد ان کے دیگر بعض ہمعصروں کی بہت ساری کہانیاں فرانس، برطانیہ اور جرمن سے مستعار ہیں۔ بلراج مین را کا جو کچھ ہے وہ ان کا اپنا تجربہ، مشاہدہ اور insight ہے۔ دوسرے یہ کہ داستان کی روایت سے ان کے ہاں مکمل برأت ملتا ہے، جب کہ ان کے ہم عصر بعض دیگر افسانہ نگار داستانوں سے کسی نہ کسی سطح پر متاثر اور مرعوب دکھائی دیتے ہیں۔ بلراج مین را نے جو کچھ لکھا وہ اپنے مشاہدات اور احساسات کی بنیاد پر اپنے اسلوب میں لکھا۔ ان کے کمپوزیشن سیریز کو میں نے اہمیت دیتے ہوئے اپنے عہد کی علیحدہ علیحدہ خصوصیات کی بنا پر اپنے افسانوں Traits کو اجاگر کرنے کیلئے میں نے 'سچویشن سیریز' کے افسانے لکھے۔ یعنی ۱۹۷۰ء کے بعد کا عہد ارتقائی منزلیں طے کرتا ہوا 'کمپوزیشن سیریز' سے آگے بڑھ چکا ہے اور جانکاہ تجربوں اور ان کے اظہار سے

عبارت ہے۔ انہوں نے اپنے عہد کو' کمپوزیشن سیریز' کے حوالے سے دریافت کیا اور میں نے اپنے عہد کو' سچویشن سیریز' کے حوالے سے پہچان عطا کرنے کی کوشش کی۔ اگر انہوں نے' کمپوزیشن سیریز' نہ لکھا ہوتا تو شاید' سچویشن سیریز' کا بھی وجود نہ ہوتا۔

س: اپنی چند تازہ اور تازہ ترین کہانیوں سے متعلق بتائیں؟

ج: ''سانپوں سے نہ ڈرنے والا بچہ'' یہ اس نئی نسل کی کہانی ہے جو فرقہ پرست اور فسطائی طاقتوں سے پرانی نسل کی طرح ڈرے گی نہیں بلکہ ان سے لوہا لے گی اور انہیں شکست دے گی۔ اس کہانی کے ہیرو عبدالمنان اور دیگر کئی مسلم افراد کو فساد زدہ علاقوں میں دنگائیوں کے ذریعہ مار کر زمین میں گاڑ دیا جاتا ہے اور اس کے اوپر پھول گوبھی اگا دی جاتی ہے۔ راوی جو امن پسند شہری ہے اور عبدالمنان کا دست، وہ برابر خواب میں ایک بچے کو دیکھتا ہے جو RDX اور AK47 استعمال کرنا جانتا ہے اور راوی سے کہتا ہے' انکل وی مسٹ بی پیپی ان انڈیا' راوی امن پسند شہری وہ گھبراتا ہے، بچے کی شکل ہو بہو عبدالمنان سے ملتی ہے یعنی اس کا بیٹا ہے اور باپ کی موت کا انتقام لینا چاہتا ہے۔ کہانی اس حقیقت کو بالواسطہ اجاگر کرتی ہے کہ ہندوستان میں دہشت گردی ہندو فرقہ پرست اور فسطائی طاقتوں کے ردعمل میں پیدا ہوئی ہے۔' گنبد کے کبوتر'' کو بہترین فکشن ہونے کی بنا پر' قومی کتھا ایوارڈ' ۱۹۹۹ء میں پیش کیا گیا۔' گنبد کے کبوتر' کے بارے میں جید ناقد مہدی جعفر کی رائے ہے کہ بابری مسجد Demolition پر ہزاروں تخلیقات لکھی گئیں۔ اگر کچھ بھی نہ لکھا جاتا اور صرف یہی ایک کہانی ہوتی تو یہ ایک اکیلی کہانی ہی بابری مسجد Demolition کے Pathos کو محسوس کرنے اور سمجھنے کے لئے کافی تھی۔ اس کہانی کی خوبی اور کمال یہ ہے کہ اس میں کہیں مندر مسجد کی بات نہیں کی گئی ہے۔ کہانی کی بنیادی تھیم یہ ہے کہ ہر پرانی عمارت میں کبوتر کا بسیرا ہوتا ہے۔ صبح وہ سب دانا دنکا چگنے کے لیے نکلتے ہیں اور شام میں لوٹنے پر گنبد اور عمارت کو اپنی جگہ سے غائب دیکھ کر ہراساں اور پریشان ہو جاتے ہیں۔ اس افراتفری میں ان پر کیا کچھ گزرتی ہے، کن مصیبتوں اور پریشانیوں سے دو چار کرتی ہے، انہیں کے درد انگیز بیان سے کہانی کا تانا بانا بنا گیا ہے۔ سین دادا، ریزہ، تھامس جیسے کردار ابھی سے اردو افسانے کے نہ بھلائے جانے والے کرداروں کی عظمت حاصل کر چکے ہیں۔

''میت' socio political satire ہے جو socio political degeneration کی مضحکہ خیز صورت حال کا احاطہ کرتی ہے۔ آج کاریاکار خودغرض انسان خاص طور سے سیاست داں اتنا گر چکا ہے کہ اپنی ترقی کے لئے بیوی تک کو زینہ بناتا ہے۔ یہاں تک کہ جب وہ ایسی کرب آمیز زندگی سے اوب کر جان دے دیتی ہے تو اس کی لاش کو بھی سیاسی ترقی و کامرانی اور شہرت کا وسیلہ بناتا ہے۔ لاش

تربت کے لئے ترس رہی ہے اور اس کا خود غرض سیاست داں شوہر لاش کو نمائش میں رکھے ہوئے ہے۔ اور اس سیاسی VIP کا انتظار کر رہا ہے، جو اسے دیکھ کر ہمدردی میں اسے مزید ترقیوں سے ہمکنار کرے گا۔

''رانی باغ'' امریکہ میں اپنے دو بیٹوں کے ساتھ رہنے والے رحمت (جن کی بیوی بہت پہلے مر چکی ہے) جب موذی مرض میں مبتلا ہو جاتے ہیں تو ضد کر کے اپنے وطن ہندوستان لوٹ آتے ہیں۔ زندگی کے دن متعین ہیں اور وہ اپنی مٹی میں مرنا چاہتے ہیں۔ فلش بیک میں ان کے بچپن کا ایک واقعہ انہیں یاد آتا ہے اور وہ ہندولڑکی رانی بھی انہیں یاد آتی ہے جوان کا پہلا پیار تھا۔ گاؤں میں بھٹکتے ہوئے ایک دن رانی سے ملاقات ہو جاتی ہے، جس کا شوہر شک کی بنیاد پر اسے چھوڑ چکا ہے اور وہ اپنے ماں باپ کے ساتھ اداس اور دکھ بھری زندگی گزار رہی ہے۔ اس ملاقات سے دونوں بیحد خوش ہوتے ہیں اور دونوں کی مایوس زندگی کو ایک مفہوم مل جاتا ہے۔ دونوں اس باغ میں گھوما کرتے ہیں جہاں ان کا بچپن گزرا تھا۔ وہ باغ رحمت صاحب کے اجداد کی جائیداد کا حصہ ہے جہاں اب نکسلی نئے انقلاب کی تیاری میں لگے ہیں۔ ایک طرح سے وہ باغ ان کا ہیڈ کوارٹر ہے۔ انقلابی ان دونوں ادھیڑ عمر جوڑے کا بے احترام کرتے ہیں اور انہیں سیلوٹ کرتے ہیں۔ نفسیاتی طور پر خوشی ملنے کے بعد رحمت صاحب کا موذی مرض اچھا ہو جاتا ہے اور ان کی اداس اور خزاں رسیدہ زندگی میں بہار لوٹ آتی ہے۔ بیٹوں کے لاکھ بلانے پر بھی رحمت امریکہ نہیں لوٹے۔ اپنے باغ کو ان انقلابیوں کے نام کر دیتے ہیں جس کا نام انہوں نے بچپن میں 'رانی باغ' دکھا تھا۔ جہاں زندگی میں پہلی بار وہ لذتوں سے سرشار ہوئے تھے۔ رانی بھی پرانے رشتے کی بازیافت سے پھولے نہیں سما رہی ہے۔ رانی کے ماں باپ بھی خوش ہیں کہ کسی طور پر ان کی گم صم بیٹی نے مسکرانا تو شروع کیا۔

''تفتیش'' فرقہ واریت اور فسطائیت کی جڑ میں جا کر اس کے اصل اسباب کو افسانوں انداز میں Explore کرنے کی تخلیقی دانشمندی کا مظہر ہے۔ انتہائی دلچسپ انداز میں دھیرے دھیرے کہانی کی گرہیں کھلتی چلی جاتی ہیں اور ہمارا ذہن روشن ہو جاتا ہے۔

''بھائی'' ایک شریف مسلمان اور ہندو دنگے کے ماحول میں پھنس جاتے ہیں اور اپنے اپنے بچنے کی صورت اختیار کرتے دکھائی دیتے ہیں، لیکن دونوں کی مجبوری ہے کہ دونوں کو ساتھ ہی رہنا ہے اور ایک ٹمپو میں بیٹھ کر محفوظ علاقے تک پہنچنا ہے۔ دونوں تذبذب میں ہیں اور ایک دوسرے پر شک کر رہے ہیں۔ راستے میں انہیں دنگائی گھیر لیتے ہیں۔ ہندو کردار اپنی بولڈنیس کا مظاہرہ کرتا ہے اور ریوالور سے ہوائی فائرنگ کر کے مسلمان ہمسفر کو بچا لیتا ہے۔ اب تک دونوں ایک دوسرے کو شک کی نگاہ سے دیکھ رہے تھے۔ دنگائی جب بھاگ کھڑے ہوئے تو مسلمان متشکر اور ممنون آنکھوں سے ہندو ہمسفر کی طرف دیکھتے ہوئے کہتا

ہے کہ آپ نے میری جان بچا کر بڑے بھائی ہونے کا ثبوت دیا۔ ہندو کردار کہتا ہے کہ بڑے بھائی کا نہیں بلکہ بھائی کا کردار ادا کیا ہے، جو اس کا انسانی فرض تھا۔ کہانی بین السطور یہ پیغام دیتی ہے کہ ہندو مسلمان کے درمیان تعلق کی بنیاد بڑا اور چھوٹا بھائی کا نہیں بلکہ برابری کی سطح پر یگانگت، اتحاد اور انسانی دوستی کا اظہار ہونا چاہئے، جوڑ کا ہو گا۔ برابری سے برادری ہوتی ہے۔

''بیکنٹھ اسحاق نگر'' میں بیکنٹھ جی ایک مندر کے پجاری تھے۔ اور اسحاق صاحب اسی قصبے کی مسجد کے امام۔ دونوں کا اس دنیا میں کوئی نہ تھا۔ لہٰذا ایک دوسرے کو سگے بھائیوں کی طرح چاہتے تھے۔ دونوں رات بھر لالٹین لیے مسجد کی سیڑھی پر گپ کرتے اور پھر پجاری کے مندر جانے پر اسحاق صاحب انہیں لالٹین لے کر مندر تک چھوڑنے آتے، اور پھر یہاں بھی بیٹھ کر دونوں دوست گپ کرنے لگتے۔ دونوں میں اتنی دوستی تھی کہ رات بھر ایک دوسرے کو سی آف کرنے کے لیے مندر اور مسجد کے درمیان چکر کاٹتے رہ جاتے۔ فجر کی اذان سے پہلے وہ مجبوری کی حالت میں الگ ہوتے۔ ایک کی موت ہونے پر دوسرا اتنے صدمے سے دوچار ہوا کہ وہ بھی جاں بحق ہو گیا۔ قصبے والوں نے دونوں کی مثالی دوستی دیکھتے ہوئے اس قصبے میں ایک بینکنٹھ اسحاق چبوترا بنوایا، اور پھر لکھا پڑھی کر کے اور تحریک اور آندولن چلا کر وہاں کے اسٹیشن کا نام 'بیکنٹھ نگر' رکھوا دیا۔ کہتے ہیں کہ اس علاقے میں آج تک کبھی دنگا نہیں ہوا۔ اور جب کبھی وہاں کوئی پریشانی ہوتی، کوئی اندیشہ سر ابھارتا تو وہاں کے لوگ ''بیکنٹھ اسحاق چبوترہ'' پر اکٹھا ہوتے اور وہاں گویا بیکنٹھ اور اسحاق کی روح ان کی ایسی رہنمائی کر دیتی کہ دلوں کے کدورت دور ہو جاتے۔ سب کے مسائل اور پریشانیاں دور ہو جاتیں۔ سب کے دل پاک وصاف روانی سے منور ہو جاتے۔ زعفرانی اور سبز روشنی کی آمیزش سے عجب دل آویز اجالا پھیل جاتا۔

◄◄ ● ►►

● مکالمہ

● ڈاکٹر محمد غالب نشتر

شوکت حیات سے مکالمہ

ستّر کی دہائی میں جن افسانہ نگاروں نے اپنی شناخت قائم کی اور افسانے میں بیش بہا اضافے کیے اُن میں شوکت حیات کا نام نمایاں ہے۔آپ نے کئی لازوال افسانے تخلیق کیے جن میں بکسوں سے دبا آدمی، گھونسلا، گنبد کے کبوتر، سرخ اپارٹمنٹ، رانی باغ، پاؤں، ڈھلان پر رُکے ہوے قدم، چیخیں وغیرہ کے نام خصوصی طور پر لیے جاسکتے ہیں۔افسانوں کے علاوہ آپ نے ہم عصر افسانہ نگاروں کے حوالے سے کئی اچھے مضامین بھی تحریر کیے۔مثلاً سَن ستری اور نامیاتی افسانے: انحراف و تسلسل، نامیاتیت اور نامیاتی افسانے، امکانیت پسندی وغیرہ اسی ضمن کے مضامین ہیں۔ان مضامین میں انہوں نے ہم عصر افسانہ نگاروں کے حوالے سے اس بات پر اصرار کیا کہ ''میں اور میرے ہم عصر افسانہ نگار نامیت پسند ہیں اور وہی افسانہ عصری و آفاقی ہے جو عصریت و آفاقیت کے امتزاج، انجذاب اور وفاق سے سرشار ہو کر افسانے کی توانائی میں افسانے کا سبب بنتے ہیں''۔

۲۰۱۰ء کے اوائل میں آپ کا افسانوی مجموعہ ''گنبد کے کبوتر'' کے نام سے ایجوکیشنل بک ہاؤس ،نئی دہلی نے شائع کیا۔یہ انٹرویو بھی مارچ ۲۰۱۰ء میں ریکارڈ کیا گیا تھا۔

محمد غالب نشتر: آپ نے کس طرح کے ماحول میں آنکھیں کھولیں اور اس ماحول کا کتنا اثر قبول کیا؟

شوکت حیات: میری پیدائش یکم دسمبر ۱۹۵۰ء کو صدر گلی، پٹنہ سٹی میں ہوئی۔ میں نے جس گھر میں آنکھیں کھولیں، اُس گھر کا ماحول مذہبی تھا۔ میرے دادا مناظر احسن گیلانی پڑھے لکھے اور قابل آدمی تھے۔اُن کی علمیت کا اندازہ اس بات سے لگایا جا سکتا ہے کہ تقسیمِ ہند کے بعد پاکستان کے Constitution بناتے ہوئے اُن کو بھی مدعو کیا تھا۔دادا کے علاوہ والد صاحب کو بھی کتابیں پڑھنے کا بے حد شوق تھا۔اُن کی ایک ذاتی لائبریری بھی تھی جس میں کتابوں کی بھرمار تھی۔ والد صاحب اپنے ساتھ بچوں کے ذوق کا بھی خیال رکھتے اور اُن کے لیے کہانیوں کی کتابیں اور ماہ نامے پابندی سے منگواتے۔ نیرنگِ

خیال، عالم گیر، کھلونا، شمع، بیس ویں صدی، ماہِ نو اور آج کل وغیرہ وہ رسائل ہیں جو والد صاحب کی لائبریری کی زینت تھیں۔ والد صاحب کی اُس منی لائبریری سے مجھے بھی مستفید ہونے کا موقع ملا۔ پڑھائی کی جانب اور بہ طورِ خاص اردو ادب سے رغبت پیدا ہوئی اور لکھنے کی طرف میرا رجحان یوں ہوا کہ پٹنہ سے دلی کے سفر کے دوران والد صاحب نے ایک ڈائری دی اور پورے سفر کی روداد لکھنے کو کہا جسے لکھنے کے بعد میرے اندر کہانیاں لکھنے کا شوق جاگا، سومَیں نے افسانہ نگاری کی ابتدا کر دی۔ ایک خاص بات اور یہ ہے کہ جب والد صاحب کا تبادلہ دوسرے شہر میں ہوا تو ایک پریشانی یہ آن پڑی کہ لائبریری کو کس طرح منتقل کیا جائے۔ آخر یہ طے ہوا کہ والدہ کے نام ایک لائبریری قایم کی جائے لہٰذا والد صاحب نے ''قمر النسا لائبریری'' کے نام سے ایک کتب خانہ قایم کیا اور تمام کتابیں وہیں منتقل کر دیں تاکہ اردو ادب کا فروغ ہو سکے اور نوجوان، بچے اور عورتیں اُن کتابوں سے مستفید ہو سکیں۔

محمد غالب نشتر: وہ کون سی وجوہات تھیں جن کی بنا پر آپ افسانہ نویسی کا طرف راغب ہوے؟

شوکت حیات: میرے والد ''سید محفوظ الحق'' کا انتقال میرے بچپن میں ہی ہو گیا تھا۔ جس کی وجہ سے مجھے ایک خلا کا احساس ہوتا تھا اور ایک عجیب سی اداسی میرے ارد گرد چھائی رہتی تھی۔ دِن میں تو اِس طرح کی بے چینی کم ہوتی لیکن جوں ہی آفتاب غروب ہونے کو ہوتا مَیں ڈپریشن کا شکار ہونے لگتا اور ایسا محسوس ہوتا کہ میری زندگی کا تانا بانا بس یوں ہی چلتا رہے گا۔ ان تمام وجوہات کی بنا پر میں نے آپ بیتی لکھنا شروع کیا جس سے افسانہ نگاری کی جانب راغب ہو۔ میں نے ابتدا میں بچوں کے لیے کہانیاں لکھیں لیکن کچھ بزرگ افسانہ نگاروں نے یہ مشورہ دیا کہ ''تمہارے اندر وہ خوبی موجود ہے جو ایک افسانہ نگار میں ہوتی ہے''۔ اور انہوں نے یہ بھی کہا کہ ''تمہاری کہانیاں بچوں کے معیار سے بالاتر ہیں''۔ اُن بزرگ ادیبوں میں ظفر اوگانوی، سلطان اختر، ظہیر صدیقی وغیرہ خاص طور سے قابلِ ذکر ہیں۔

محمد غالب نشتر: آپ نے افسانہ نویسی کی ابتدا کب سے کی اور پہلا افسانہ کب شائع ہوا؟

شوکت حیات: میں نے اوپر ذکر کیا ہے کہ ڈائری لکھنے سے میرے اندر حرکت پیدا ہوئی اور مجھے طمانیت کا احساس ہونے لگا۔ پھر میں نے سوچا کہ اگر انہی اوراق میں کچھ ترمیم کی گئی تو اس کی شکل افسانے کی سی ہو جائے گی، سو میں نے محنت و لگن سے افسانے لکھنے لگا۔ میرا پہلا افسانہ 'بکسوں سے دبا آدمی'، 'کتاب' (لکھنؤ) سے ۱۹۷۰ء میں شایع ہوا تو اگلے تین شمارے تک اس کی تعریف ہوتی رہی۔ کسی معیاری رسالے میں پہلی کہانی کا شائع ہونا میرے لیے مسرت کی بات تھی اور اسی تحریک نے مجھے آگے لکھنے پر آمادہ بھی کیا۔ میرے عہد کے جن مقتدر ناقدین نے مجھے مفید مشوروں سے نوازا، ان میں شمس الرحمٰن فاروقی، گوپی

چندنارنگ، وہاب اشرفی، فضیل جعفری، مہدی جعفراور نظام صدیقی وغیرہ خاص طور پر اہم ہیں۔

محمد غالب نشتر: عالمی ادب اور اردو ادب کے کن فن کاروں نے آپ کو متاثر کیا؟

شوکت حیات: عالمی ادب میں کافکا، کامیو، چیخوف، موپاساں، ٹالسٹائی، دوستوفسکی اور خلیل جبران وغیرہ ایسے فن کار ہیں جن کی کہانیاں مَیں نے پڑھیں تو کچھ کے تراجم سے استفادہ کیا۔ اس سے ایک فائدہ یہ ہوا کہ عالمی ادب کے رجحانات سے واقفیت ہوئی۔ اس کے علاوہ تکنیک سے بھی آگہی ہوئی۔ اردو ادب میں منٹو اور بلراج مین را سے متاثر ہوا۔ بلراج مین را نے تو ہماری حوصلہ افزائی بھی کی۔ اِن دونوں سے متاثر ہونے کے باوجود مَیں نے اپنے رنگ میں لکھنے کی کوشش کی۔ کیوں کہ انسان کی اپنی شناخت خود سے ہوتی ہے۔ اِن فن کاروں سے لکھنے کی ترغیب تو ملی البتہ مرعوب کبھی نہیں ہوا۔

محمد غالب نشتر: وہ کون سی پہلی کہانی تھی جو ناقدین اور قارئین کے توجہ کا مرکز بنی؟

شوکت حیات: ۱۹۷۵ء میں ایک کہانی ''بانگ'' کے عنوان سے لکھی تھی جو ایمر جنسی اور فاشزم کے خلاف احتجاجی کہانی تھی۔ چوں کہ میری کہانیاں ''شب خون'' میں چھپتی تھیں لیکن جب میں نے یہ کہانی فاروقی صاحب کو بھیجی تو انھوں نے مصلحت کی بنا پر کہانی معذرت کے ساتھ واپس کردی۔ اس کے بعد یہ کہانی ''تناظر'' دہلی میں شائع ہوئی۔ کہانی شائع ہونے کے بعد مخالفت کی بھی شروعات ہوئی۔ اسی مخالفت نے شہرت کی بھی کھڑکی بھی وا کردی۔ اس کہانی کو کافی پسند کیا گیا۔ اس کی ایک وجہ یہ تھی کہ اس میں کہانی پن بھرپور موجود تھی جو کہ ستّر کی دہائی میں تقریباً ختم ہو چکی تھی۔ اس کہانی کے متعلق مہدی جعفر نے اس بات کا اظہار کیا کہ ''بانگ'' کہانی پن کی واپسی کا پیش خیمہ ہے۔

محمد غالب نشتر: آپ نے جس عہد میں لکھنے کی ابتدا کی وہ تجریدی افسانے کا دور تھا۔ اس کے قبل ترقی پسندی کا چرچا تھا۔ آپ نے دونوں تحریکوں سے انحراف کیا۔ اس کی کوئی وجہ؟

شوکت حیات: میرے عہد میں ''شب خون'' اور ''آہنگ'' دو ایسے رسالے تھے جنھوں نے جدیدیت کے فروغ کے لیے اور خاص طور سے تجریدی افسانوں کے لیے اپنے آپ کو مختص کرلیا تھا۔ میرے افسانے اِن دونوں رسالوں میں چھپتے تھے۔ شب خون میں میرے تجریدی افسانے چھپے جن میں سیاہ چادریں اور انسانی ڈھانچہ، وبا، لیٹر بکس کی تلاش، لا کے نام ایک خط، وغیرہ قابلِ ذکر ہیں۔ اس ضمن میں ایک بات کہنا چاہوں گا کہ ڈاکٹر مہیب سنگھ نے جب ہندی میں ''اردو کا آدھونک ساہتیہ'' کے نام سے ایک کتاب مرتب کی تو اس میں ''لا کے نام خط'' کا ہندی میں ترجمہ کرکے شامل کیا۔

میں نے ترقی پسندی اور جدیدیت کی ملی جلی تھیوری کو اختیار کیا۔ کسی ایک تھیوری کے افسانے

نہیں لکھے۔ایک فن کار کو ان تمام چیزوں سے ماورا ہو کر لکھنا چاہیے۔سو میں نے تجربے اور مشاہدے کی بنا پر نئے انداز کی کہانیاں لکھیں تو تھیوری کی سطح پر اس بات کا اعلان کیا کہ مَیں اور میری نسل جینیس افسانہ نگار نہ تو ترقی پسند ہیں اور نہ جدید۔وہ مابعد اور ہیئت و فکر کی سطح پر اِن دونوں سے الگ ہیں۔لہذا اُن کی الگ شناخت ہونی چاہیے۔اس شناخت کو میں نے ''انام نسل'' اور ''انامیت'' کا نام دیا۔ناقدوں اور دیگر حضرات سے مضمون لکھ کر گزارش کی کہ ہمیں ترقی پسند یا جدید افسانہ نگار کی حیثیت سے برانڈ نہ کریں بل کہ ہمیں نئی نسل کا فرد سمجھتے ہوئے نئی شناخت کو تسلیم کریں۔

محمد غالب نشتر: بہار میں افسانہ نگاری کی موجودہ صورت حال پر آپ کس حد تک متفق ہیں؟

شوکت حیات : بہار میں افسانہ نگاری نے ابتدا ہی سے اردو ادب میں اپنی جڑیں جما رکھیں ہیں۔کرشن چندر اور منٹو کے زمانے میں سہیل عظیم آبادی، اختر اورینوی، شکیلہ اختر جیسے جیّد افسانہ نگار تھے جو اُن کے ہم پلّہ تھے۔جوگندر پال اور اقبال مجید کے زمانے میں غیاث احمد گدی، ظفر اوگانوی، احمد یوسف اور کلام حیدری جیسے افسانہ نگار تھے۔میرے زمانے میں یعنی ۱۹۷۰ء کے بعد شفق، حسین الحق وغیرہ نے جس قومی سطح پر اپنی پہچان کرائی کہ نورالحسن نقوی کو اپنی کتاب ''تاریخ ادب اردو'' میں ہم لوگوں کا تذکرہ شامل کرنا پڑا۔ابھی تو بہار کو نہ صرف یہ کہ فکشن کا سب سے بڑا گڑھ مانتا ہوں بل کہ فکشن کی راج دھانی سے تعبیر کرتا ہوں۔ہمارے عہد کے بعد غضنفر، پیغام آفاقی، عبد الصمد، احمد صغیر، قاسم خورشید، صغیر رحمانی وغیرہ جس تیز رفتاری سے لکھ رہے ہیں اُس سے میرے اِس موقف کو تقویت ملتی ہے کہ بہار اردو فکشن کی راج دھانی ہے۔

● پروفیسر صفدر امام قادری

شوکت حیات کا ناول / ناولٹ "سرپٹ گھوڑا": ایک تنقیدی جائزہ

شوکت حیات فکری اعتبار سے احتجاج کے فن کار ہیں اور اُن کی اکثر تحریریں اختلاف، مزاحمت سے شروع ہو کر انقلاب کی دھمک تک پہنچتی ہیں۔ وہ خود کو ریڈیکل، کمیونسٹ، ہیومنسٹ اور احتجاجی کارکن کے طور پر ہی پیش کرتے رہے ہیں مگر جس افسانہ نگاری کے قافلے کے ساتھ وہ میدانِ ادب میں اُترے، وہاں برہنہ گفتاری اور شفاف حقیقت نگاری سے ذرا دور کا رشتہ رہا ہے۔ جدیدیت میں استعاراتی بیانیہ آزمانے کا چلن تھا۔ بہت بعد تک شوکت حیات نے خود کو اُسی فریم کا حصّہ بنائے رکھا اور اپنے بیانیہ پر وہ جدیدیت کی ایک پَرت چڑھائے رہے جب کہ نفسِ مضموں کے اعتبار سے وہ ہمیشہ احتجاجی اور انقلابی کیفیت کے حامل رہے۔ شوکت حیات کے اسی مزاج نے اُنھیں مخصوص فنی آداب برتنے کے لیے ہمیشہ بیدار رکھا اور ابتدائی دور کو چھوڑ کر شاید ہی کبھی اس غفلت میں رہے ہوں کہ زندگی اور سماج کے بنیادی سروکاروں، حقیقی موضوعات اور سچے تجربات کے بغیر بھی افسانہ نگاری کا کاروبار چل سکتا ہے۔ اسی سے اُن کے یہاں فکری توازن کے امکانات روشن ہوئے۔ آج اگر وہ ہمارے لیے قابلِ توجہ اور صفِ اوّل کے مصنف ہیں تو اس کے پیچھے حقیقی سبب یہی ہے کہ فکری اور فنی اعتبار سے اُن کے یہاں واضح توازن اُس وقت پیدا ہو گیا تھا جس زمانے میں اُن کے دوسرے ہم عصر اسلوبیاتی موشگافیوں میں اپنا سب کچھ نچھاور کرنے کے لیے مجبور تھے۔

شوکت حیات ستّر کی دہائی کے افسانہ نگاروں میں اپنی تخلیقی بوقلمونی اور تکنیکی اعتبار سے چاق و چوبند ہونے کے سبب کم از کم چار دہائی سے اردو کے افسانہ نگاروں کی صفِ اوّل میں قائم رہے۔ ان کی نسل میں سلام بن رزاق نے خاموشی سے اور شوکت حیات نے بہ بانگِ دہل یہ باور کرایا کہ جدید افسانہ نگاروں سے آگے ایک مستحکم عمارت ان کے دور میں قائم ہو چکی ہے۔ اس طرح گذشتگان کے مقابلے میں ہم عصروں کو زیادہ دنوں تک عدم توجہی کا شکار نہیں بنایا جا سکتا۔ اس عہد میں لکھنے والے تو سیکڑوں کی تعداد میں سامنے آئے اور اس کے بعد بھی اسّی اور نوّے کی دہائی والے بھی بہت حد تک اپنی شناخت قائم کر چکے ہیں۔ بعض تو افسانہ نگاری کے ساتھ ساتھ ناول نگاری میں بھی اپنی واضح شناخت بنا چکے مگر جدید افسانہ نگاروں کے بعد کے دور میں گذشتہ چار دہائیوں کے فکشن کی ہندستان میں نمائندگی حقیقت میں سلام بن رزاق اور شوکت حیات نے ہی کی ہے۔

آزادی کے آس پاس اردو ادب میں فکشن کے حوالے سے جن دو دہائیوں کی بڑی اہمیت ہے، ان کے دو مسائل عجیب وغریب ہیں۔ شاعری اور افسانے میں جدیدیت روز بہ روز پاؤں پھیلا رہی تھی۔ دوسرا مسئلہ یہ تھا کہ قرۃ العین حیدر، عبداللہ حسین، ممتاز مفتی، شوکت صدیقی، حیات اللہ انصاری سے لے کر راجندر سنگھ بیدی تک سب نے لازوال ناول لکھے مگر یہ کیا ہوا کہ اس صنف پر نئی نسل کے لیے دروازے مقفل ہو گئے۔ 89-1988 کا زمانہ یاد کیجیے جب اچانک 'دو گز زمین'، 'پانی' اور 'مکان' جیسے ناول مختصر وقفے کے ساتھ منظرِ عام پر آئے اور اچانک ان کے حوالے سے ہم عصر ناول نگاری پر گفتگو شروع ہو گئی۔ یہ تینوں ناول موضوعات، تکنیک اور کیفیت میں اس قدر مختلف تھے کہ پڑھنے والوں کو اور خاص طور سے ادبی نقادوں کو نئے عہد کے فکشن کی بوطیقا گڑھنے کی ذمہ داری ملی۔ یہ بھی خوب رہا کہ آزادی کے بعد جس طرح سے ناول نگاری کی رفتار بڑھی تھی، ٹھیک اسی طرح گذشتہ تین دہائیوں میں سیکڑوں کی تعداد میں نئے پرانے لکھنے والوں نے اپنے ناول پیش کیے۔ یہ الگ بات ہے کہ ان تینوں ناولوں کے مصنفین نے اپنی پہلی تحریروں سے شناخت کا جو سکّہ قائم کیا، اس پر شاید ہی کوئی یہ مانے کہ وہ اضافہ کر سکے۔ مثال ہمارے پاس پہلے سے موجود ہے کہ قرۃ العین حیدر نے 32 برس کی عمر میں 'آگ کا دریا' تو لکھا مگر کس بنیاد پر ہم یہ کہہ سکتے ہیں کہ بعد کی نصف صدی میں اس سے بڑھ کر کوئی لکیر مصنفہ کی طرف سے کھینچی گئی۔

ناولوں کی ہم عصر مقبولیت کے اُسی دور میں 'شب خوں' کے شمارہ نمبر ۲۵۲ میں اچانک شوکت حیات کا ایک ناولٹ 'سرپٹ گھوڑا' شائع ہوا۔ اس زمانے میں شوکت حیات کے سارے ہم عصر اور ہم چشم ناول نگاری کے میدان میں اُتر چکے تھے۔ عبدالصمد، شفق، حسین الحق، سید محمد اشرف، شموئل احمد، غضنفر، انور خان، یہاں تک کہ مشرف عالم ذوقی جو نسبتاً بعد کی نسل سے تعلق رکھتے تھے، انھوں نے بھی ناول نگاری کے میدان میں مضبوطی سے اپنے قدم جما لیے تھے۔ شوکت حیات کے افسانوں پر توجہ کریں تو ان میں سے اکثر زیادہ طویل نہیں ہیں اور فکر و خیال کی چاہے جتنی بڑی دنیا اُن میں شامل ہو مگر وہ اپنے مخصوص تجریدی ایجاز اور جامعیت سے قصّے کو بے وجہ طول دینے سے بچ جاتے ہیں۔ افسانوی ارتکاز کی شاید یہی مہارت تھی جس سے راجندر سنگھ بیدی اور سعادت حسن منٹو گزرے اور ناول کو پھیلی ہوئی کائنات کو ایک ذرا سے چھو کر ہمیشہ کے لیے اپنی آزمائی ہوئی اور پسندیدہ افسانوی دنیا میں سمٹ کر رہ جانے میں کامیاب ہوئے۔

'سرپٹ گھوڑا' جب شایع ہوا تو ہمیں یہی اندازہ تھا کہ ہم عصروں کے چیلینجز کو دیکھتے ہوئے اس فکشن نگار نے ایک ادبی نمونہ طویل فارمیٹ میں پیش کر کے اپنی مہارت یا شعری اصطلاح میں قدرتِ کلام کا ثبوت پیش کر دیا ہوگا۔ مگر یہ بات پھر دیکھنے میں آئی کہ شوکت حیات نے اسے ابواب بندی سے آراستہ کیا

۔قصّے میں جہاں گنجائشیں نظر آئیں، وہاں اضافے کیے اور نئی شکل میں رسالہ ''مفاہیم'' میں شائع کرنے کے لیے اسے پیش کر دیا۔ کسی فن کار کے لیے یہ مشکل کام ہے کہ اپنی تخلیق کو نئے فارمیٹ میں پیش کرے۔ غضنفر نے 'کہانی انکل' اور 'وش منتھن' میں 'سمٹے تو دلِ عاشق، پھیلے تو زمانہ ہے' کا فنّی کرشمہ پیش کرنے کی کوشش کی تھی۔ انھیں کامیابی ملی یا نہیں، اس سلسلے سے ابھی بھی رائے عامّہ مکمل طور پر ہموار نہیں ہے۔

اگر چہ ناول اور افسانے کا سانچہ مختلف ہے یا داستان اور ناول کا انداز بھی جداگانہ ہے مگر ایسی مثالیں ابتدائی دور سے اب تک ملتی ہی رہی ہیں کہ بعض تخلیق کاروں نے صنفی حد بندیوں کو ایک جھٹکے سے توڑ دیا۔ کچھ لکھنے والوں نے تو ایسی خاموشی کے ساتھ اصول وضوابط مسمار کیے جس سے پتا ہی نہیں چلا کہ صنفی دامن میں روایتی ذہن کا خون کب ہوا اور قارئین کے ساتھ ساتھ نقادوں کا امتحان کہاں سے شروع ہو گیا؟ 'فسانۂ آزاد' کی مثال چھوڑیے جہاں داستان اور ناول کے ڈانڈے کچھ اس طرح مل گئے تھے کہ اب تک خوشی سے اس کا فیصلہ نہ ہو سکا کہ اسے واقعتاً کہاں رکھا جائے۔ اردو ناول کا وہ ابتدائی زمانہ تھا۔ ایسی مشکلات لازمی طور پر پیدا ہو سکتی تھیں مگر وہیں یہ بات بھی سمجھ میں آئی کہ کرداروں کی گہما گہمی، بیان کی کھلی کائنات اور تہذیب و ثقافت کے تازہ لہو کا پھیلاوا ایسے تحدیدیں ہیں جن سے قارئین کی فیصلہ کن نگاہیں متزلزل ہو جاتی ہیں۔

مگر 'ایک چادر میلی سی' کو کیا کہیں گے؟ 'اولڈ مین اینڈ دی سی' (Oldman and the Sea) یا اینمل فارم (Animal Farm) کے ظاہری اختصار کو کیا ان کی بہ طورِ ناول شناخت میں رخنہ مانا گیا؟ ہماری زبان میں یہ بھی ایک مسئلہ ہے کہ مختصر ناول یا ناولٹ کو آسانی سے وہ عزت و وقار اب تک حاصل نہیں ہوا جس کی وجہ سے کوئی فکشن نگار اپنی تحریر کو ناولٹ کے بہ طور پیش کرے اور یہ توقع کرے کہ اسے ہیمنگ وے یا جارج آرول کی طرح قابلِ توجہ سمجھا جائے۔ ناول کی تنقید کا شاید یہی مسئلہ ہوگا جس سے بعض تخلیق کاروں نے اپنی تحریروں کو خواہ مخواہ طول دینے کی کوشش کی، لایعنی واقعات کے اضافے سے قصے کو پھیلایا اور یہ کوشش کی کہ ان کا کارنامہ طوالتِ ظاہری میں ایسا ہو جائے کہ آسانی سے قارئین اور نقاد اسے ناول کے زمرے میں رکھیں اور پھر اسی روایت میں اس تخلیق کا جائزہ لیا جائے۔ غضنفر، سید محمد اشرف سے لے کر شموئل احمد اور مشرف عالم ذوقی، خالد جاوید اور رحمان عباس تک کس کس کی مثالیں پیش کی جائیں جہاں تنقیدی جبر سے یا ہم عصر تخلیقی فضا کے دباو میں اپنے مختصر ناولوں کو غیر ضروری طور پر طول دینے کی ضرورت میں متن میں یا کبھی کبھی چھاپے میں طوالت کو راہ دینی پڑی۔

'سرپٹ گھوڑا' جدیدیت کے زور تھم جانے اور استعاراتی اسلوب بیان کے عہد شباب کے بعد کی تحریر ہے۔ 'شب خوں' میں اشاعت کے بعد شوکت حیات نے اس تحریر کو دوبارہ لکھنے کی کوشش کی اور اسے

ظاہری طور پر پھیلانے میں وہ کامیاب رہے۔اسے ناولٹ کے طور پر پیش کرنے کے ارادے سے ہر چند کہ اُنھوں نے نظر ثانی کی تھی۔مگر عبدالصمد یا مشرف عالم ذوقی کی طرح سیاسی اور سماجی واقعات اور معاملات کی شمولیت سے اس کی ضخامت بڑھانے کے شاید وہ خوگر نہ ہوئے۔اس سے اُن کے فنی طریقہ کار کو بھی سمجھا جا سکتا ہے ورنہ کسی ماہر قصہ گو کے لیے یہ کون سی مشکل بات تھی کہ وہ قصے کو جہاں تہاں سے پھیلانے کے عمل میں خود کو شریک نہ کرلے۔شوکت حیات ملک وقوم کی سیاسی اور سماجی تاریخ کے بھی بہترین واقف کار تھے اور اپنے مضامین یا مجلسی گفتگو میں ان افکار و نظریات کو بہ خوبی پیش کرتے رہتے تھے مگر جیسے ہی وہ افسانہ نگار یا اِس تحریر کی حد تک ناول نگار کے طور پر سامنے آتے ہیں، اُنھیں ایجاز و اختصار اور فنی حکمتِ عملی زیادہ عزیز ہے، اس لیے 'سرپٹ گھوڑا' جیسے قصے کو سیاسی اور سماجی واقعہ نگاری کی معاونت سے ایک اچھی خاصی ضخامت کا ناول نہیں بنایا بلکہ بنیادی قصے کو اُسی قدر پھیلنے کے لیے راستہ دیا جس قدر فطری طور پر گنجائشیں تھیں۔یہی سبب ہے کہ 'سرپٹ گھوڑا' کی نظر ثانی کے باوجود بنیادی حیثیت ناولٹ کی ہی رہی اور اُسی طور پر شوکت حیات اسے الگ سے شائع کرنا چاہتے تھے مگر یہ ممکن نہ ہوسکا۔

'سرپٹ گھوڑا' 'شب خوں'، الہٰ آباد، شمارہ نمبر ۲۵۲ بابت جنوری ۲۰۰۲ء میں پہلی بار شایع ہوا مگر بعد میں شوکت حیات نے ابواب بندی میں اضافہ کیا۔ پہلے یہ بارہ ابواب میں منقسم تھا۔بعد میں اسے سولہ حصوں میں تقسیم کیا گیا۔ ہر باب میں عنوان کا اضافہ ہوا۔ نئے متن میں ساتواں، آٹھواں، نواں اور دسواں باب مکمل طور سے نئے ہیں۔اُن کے علاوہ پرانے متن میں جگہ جگہ اضافے کیے گئے ہیں۔اضافے کی یہ صورتِ حال پہلے ہی باب میں سمجھ میں آنے لگتی ہے جہاں تفصیل دوگنی ہوگئی ہے۔دوسرے اور تیسرے باب میں کوئی اضافہ نہیں۔ چوتھے باب میں سات سطریں زیادہ ہیں۔ پانچویں باب میں عنوان کی نسبت سے پوری نظم کا اضافہ ہوا ہے۔ گیارہویں باب میں ایک جگہ ایک صفحہ پورے طور پر بڑھایا گیا ہے۔ بارہویں باب میں آخری کا آدھا صفحہ اضافہ ہوا ہے۔ تیرہویں باب میں بیچ میں مکمل ایک صفحہ بڑھایا گیا ہے۔ پندرہواں باب اوّلین شکل میں نہایت مختصر تھا۔ یہاں تین صفحات کا اضافہ ہوا ہے۔ان اضافوں پر غور کرنے سے پتا چلتا ہے کہ شوکت حیات نے نظر ثانی کرتے ہوئے جہاں جہاں ضروری معلوم ہوا، وہاں جملے بڑھائے۔کہیں کہیں مختصر کردار بھی شامل ہوگئے ہیں۔

درمیان میں جن چار یعنی ساتویں سے لے کر دسویں ابواب تک کا جو اضافہ ہوا ہے، وہ فرقہ وارانہ صورت حال کی عکاسی کے لیے وقف ہے۔شوکت حیات کی مہادت یہاں سمجھ میں آتی ہے کہ وہ کس طرح پرانے قصے کی ڈور کو اپنے ہاتھ میں تھامے رہتے ہیں اور نئے واقعات کی زنبیل کھول دیتے ہیں۔چھٹے باب

سے ساتویں میں پہنچتے ہوئے کسی نئے قاری کو اس بات کا احساس بھی نہیں ہوتا کہ یہ باب اور اُس کے بعد آنے والے تین نئے ابواب اس ناولٹ کا اوّلا حصّہ نہیں تھے۔ اسی طرح دسویں باب سے جب ہم گیارہویں باب میں پہنچتے ہیں تو یہ کہاں یاد رہتا ہے کہ نئے متن سے پرانے قصّے کی طرف لوٹ کر آ رہے ہیں۔ حسب ضرورت نئے ماحول میں آنے کی پیش بندی مصنف اپنی مشاقی سے بہ آسانی کر لیتا ہے۔ ہر چند کہ مکمل اضافہ والے چاروں نئے ابواب ذرا تفصیل سے لکھے گئے ہیں اور اس بات کا ہمیں یقین دلاتے ہیں کہ ناولٹ کے قصّے کو توسیع دینے اور موضوعاتی ارتکاز قائم کرنے کے لیے ان ابواب کو مصنف نے بڑھایا۔ ان اضافوں کے بعد اس ناولٹ کی موضوعاتی دنیا مزید پھیل جاتی ہے جس کی بنیاد پر یہ نتیجہ اخذ کرنا چاہیے کہ شوکت حیات نے 'سر پٹ گھوڑا' ناولٹ کو نظر ثانی کے عمل سے گزار کر ہمیں ایک بھرپور فکشن مہیا کرایا۔

'سرپٹ گھوڑا' میں شوکت حیات نے ناول نگاری کے تمام لوازم شامل کرنے کی کوشش کی ہے۔ ناول کو فارم لیس آرٹ کہا گیا ہے، اس لیے شوکت حیات نے یہاں طرح طرح کے مسالے جمع کیے ہیں۔ تاریخ، سیاست، سماجیات کے ساتھ جنس، فرقہ واریت اور ٹریڈ یونین کے بہت سارے مناظر اس میں شامل کر کے پلاٹ کو استحکام دیا گیا ہے۔ افسانہ نگار کا فنّی ارتکاز اور موضوعاتی گٹھاؤ جیسے عوامل کچھ اس قدر گہرے طور پر یہاں شامل ہوئے ہیں جن سے اس بات پر ہمارا یقین بڑھ جاتا ہے کہ شوکت حیات نے محض صفحات بڑھانے کے لیے اس قصّے کو ناول کی دنیا نہیں عطا کی۔ چار پانچ صفحے میں ابواب ایسے بدلتے ہیں کہ یہ یقین کرنا مشکل ہو جاتا ہے کہ یہاں سے اب ناول کہاں جا رہا ہے یا جائے گا؟

ناول اچانک شروع ہوتا ہے۔ غالب کے شعر اور ایک پمفلٹ کی تقسیم سے گفتگو شروع ہوتی ہے مگر جتنے منھ اتنی باتیں۔ یہ خدشہ ظاہر ہونے لگتا ہے کہ چند سطروں کی یہ تحریر آخر سیاست اور سماج کے کتنے مسئلوں کی بنیاد کو واشگاف کرتی جائے گی۔ بالکل بے تکلفی سے سوال و جواب یا تبادلۂ خیالات اور مجذوب کی بڑ کا سلسلہ چل پڑتا ہے۔ ہندستان اور پاکستان کی تقسیم، سیاست کی مشکل اور پیچیدہ ڈگر سے بات بڑھتے ہوئے جرمنی کی دیوار ڈھانے تک پہنچتی ہے۔ منٹو کے 'ٹوبہ ٹیک سنگھ' میں جس طرح مختلف نقطہ ہائے نظر سامنے آتے ہیں، اسی طرح یہاں کہنے کو یہ ٹریڈ یونین کے چھوٹے موٹے لیڈر ہیں مگر حقیقت یہ ہے کہ ان کی گفتگو کا معیار اور ان کے موضوعات قومی اور بین الاقوامی ہیں۔ جب پہلے باب میں ہی لکھنے والا موضوع کو اس معیار سے تولنے کی کوشش کرے گا تو ہمیں یہ بات سمجھ لینی چاہیے کہ فن کار کسی بڑے فکری بت کو توڑنے کا ارادہ رکھتا ہے۔

یہ ناولٹ متوقع خدشات اور اُس سے پیدا شدہ مسائل کی کہانی ہے۔ فساد ہو چکا ہے اور پھر سے ہونے کے آثار ظاہر ہیں۔ ایک زہریلا اشتہار نکلا ہوا ہے۔ ہندو اور مسلمانوں میں واضح تقسیم کا عمل شروع ہو چکا ہے۔

آبادیاں پاکٹ میں محفوظ ٹھکانے تلاش کر رہی ہیں۔ کرفیو کچھ علاقوں سے اُٹھ چکا ہے اور کہیں لگا ہوا ہے۔ ہر شخص دوسرے کے وجود سے خوف زدہ اور شبہات میں مبتلا ہے۔ سڑک سے تنہا گزرتے ہوئے بار بار کسی دوسرے اجنبی کو دیکھ کر اس بات کا اندیشہ پیدا ہو جاتا ہے کہ وہ ہمارے وجود کو صفحۂ ہستی سے مٹا نہ دے۔ بچوں کا اسکولوں سے اغوا مذہبی بنیادوں پر شروع ہو چکا ہے۔ سب سے مشکل مرحلہ یہ ہے کہ بازار اور پیشے وروں کے بیچ بھی مذہبی تقسیم قائم ہو چکی ہے۔ حالت یہاں تک پہنچ چکی ہے کہ بیمار بچوں کو کس ڈاکٹر سے دکھایا جائے، اس مرحلے میں یہ سوالات زیر بحث ہوتے ہیں کہ یہ ڈاکٹر اگر ہمارے مذہب کا نہیں ہے تو یہ بات مناسب نہیں کہ بچے کو اُسے دکھایا جائے۔ کیا جانے وہ کوئی مذہبی بدلہ ہی لے لے۔ دور سے چند افراد نظر آ جائیں تو پہلے یہ غور کرنا لازم ہو جاتا ہے کہ یہ فسادی اگر دوسرے مذہب سے تعلق رکھتے ہیں تو اُدھر سے آگے جانا درست نہیں۔ عوامی سواریوں میں بیٹھتے ہوئے یہ غور کرنا کہ اُس کا ڈرائیور اور جو کوئی دوسرا سوار ہے، اُس کا مذہب کہیں ہم سے مختلف تو نہیں؟

قصہ یوں ابھرتا ہے کہ ناول کے مرکزی کردار کا بچہ اچانک بیمار ہوتا ہے اور کسی طرح دفتر میں اس تک یہ خبر پہنچائی جاتی ہے۔ مرکزی کردار اپنے گھر جاتا ہے اور پھر بچے کے علاج میں سرگرداں نظر آتا ہے۔ مگر ایک ماہر قصہ گو کو یہ معلوم ہے کہ ناول کا پلاٹ اس سے کچھ سوا طلب کرتا ہے۔ اس لیے شروع میں ہی یہ کیفیت ضمنی طور پر اجاگر کر دی جاتی ہے کہ فرقہ وارانہ کشیدگی اور تناؤ کا ماحول ہے۔ ہندو مسلمان ایک دوسرے پر کسی بھی سماجی معاملے میں بھروسہ نہیں کر رہے ہیں۔ اس پہلو سے اس بیمار بچے اور اس کے علاج کے مراحل یا متعلقات میں پیچیدگی شامل کی جاتی ہے جس کے سبب کبھی تجسّس اور کبھی بوالعجبی کے احوال ناول میں اپنے آپ چلے آتے ہیں۔ یہ بات واضح طور پر ہمیں سمجھ میں آ جاتی ہے کہ مصنف بھی اُس بنیادی قصّے پر نہ خود مرتکز رہتا ہے اور نہ چاہتا ہے کہ اُس کی کہانی گھریلو زندگی میں قید ہو کر رہ جائے۔ اس لیے بنیادی قصّہ سُست رفتار سے آگے بڑھتا ہے یا ذیلی قصّے کی وجہ سے جو ماحول قائم ہو چکا ہے، اُس کے خدشات پڑھنے والے کے دماغ میں حاوی رہتے ہیں۔ مرکزی کردار اگرچہ بیٹے کے علاج کے لیے لگا ہوا ہے مگر اُس کے ذہن میں اور اُس کی سرگرمیوں کے دوران شعور اور لاشعور پر بھی بدلی ہوئی صورتِ حال پورے طور پر حاوی ہے۔ اس وجہ سے بنیادی قصّے کے متوازی باہر کی دنیا کے سوال و جواب اور اندیشے بھی حسب موقع آتے جاتے رہتے ہیں۔ اس سے ناولٹ کی داخلی دنیا نہ صرف یہ کہ توسیع پاتی ہے بل کہ موضوعاتی اعتبار سے بھی اس سے ایک بوقلمونی پیدا ہوتی ہے۔ مسجد کے امام اور انجانے آدمی کی طرف سے مدد کی پیش کش سے کہانی کی شاخیں پھیلتی ہیں۔ خاندان کے افراد کی مختلف مواقع سے الگ الگ روپ میں نظر آنا اور کبھی کبھی اشعار، دوہے اور عشق و عاشقی کے موضوعات کی شمولیت سے قصہ اپنے انجام کا خوگر ہوتا ہے۔ علاج کے مرحلے میں زندگی کی اونچ نیچ اور حقیقی ڈراموں کی موجودگی بھی سانس روک کر ہمیں شوکت حیات کی فن کاری پر ایمان لانے کے لیے مجبور کرتے ہیں۔

شوکت حیات بعد کے زمانے میں اپنی بے مثال کہانی 'گنبد کے کبوتر' کی وجہ سے پہچانے گئے۔ بابری مسجد کے انہدام کے بعد ہندستان کی سیاست بھی بدلی اور معاشرے کے نظامِ فکر میں کچھ ایسی تبدیلیاں پیدا ہوئیں جن سے پورا معاشرہ بدل گیا۔ جینے کا انداز، سوچنے کا طریقہ اور برتنے کا مزاج، سب کچھ بدلا۔ یہ تبدیلی سماج کے ہر حلقے میں آئی۔ شوکت حیات نے اس موضوع کو صرف 'گنبد کے کبوتر' میں ہی نہیں برتا، یہ اُن کی اور دوسرے لکھنے والوں کی سائیکی میں ایک زندہ حقیقت کی طرح بس گیا۔ یہ ناولٹ اسی موضوعاتی پس منظر سے اپنے معنوی دائرۂ کار کی توسیع کرتا ہے۔ شوکت حیات شفاف حقیقت نگار نہیں ہو سکتے، اس لیے روایتی بیانیہ کو آزماتے ہوئے واقعات در واقعات ایک سلسلے سے پیش کرنے کا عمل اُن کے یہاں ممکن نہیں۔ جدیدیت کے اثر سے اُن کے یہاں کہانی کی حقیقت اصل قصّے میں بنیادی کرداروں میں محدود ہو جاتی تو تین دہائیوں کی افسانہ نگاری کی مشق ضائع ہو جاتی! یہیں اُن کی فنی ہنرمندی اور چابک دستی کا پتا چلتا ہے۔ یہ بات بھی سمجھ میں آتی ہے کہ وہ فکری طور پر کس قدر پختہ ہیں اور اُسی طرح نت نئے تکنیکی حربوں سے خود کو آراستہ کرنے کے معاملے میں چاق و چوبند ہیں۔ یہ ہنرمندی 'گنبد کے کبوتر' میں بھی واضح ہے اور 'سرپٹ گھوڑا' میں بھی بھرپور طریقے سے روشن ہوا ہے۔

شوکت حیات کی ادبی نشوونما میں جدیدیت کے خاصے اثرات رہے ہیں۔ اُن کی کہانیوں میں جدیدیت کے آزمائے ہوئے رموز و علائم ابتدائی دَور میں تو بہت زیادہ تھے مگر بعد میں بھی وہ اس رجحان سے عملی طور پر خود کو کبھی الگ کرتے ہوئے نظر نہیں آتے۔ اُن کی بہت ساری کہانیاں تو اعلانیہ طور پر جدیدیت کی زائیدہ ہیں مگر ان کے سوا دیگر تحریروں پر کم از کم اسلوب کی سطح پر تو جدیدیت کے اثرات جگہ جگہ مل ہی جاتے ہیں۔ نئے اور انوکھے استعارے وضع کرنا، تفصیلات کے بجائے اشاروں میں گفتگو اور معنوی اعتبار سے متن میں ذرا پیچیدگی اُتار دینے کی کوشش کرنا شوکت حیات کے وہ آزمودہ نسخے ہیں، جنھیں وہ اپنے فکشن کا بہر طور حصّہ بناتے رہے ہیں۔ 'سرپٹ گھوڑا' میں گھوڑوں کی ٹاپوں کی آوازیں، اُن سے پیدا شدہ اندیشے، ہیبت ناکی اور گھبراہٹ کی کیفیات بار بار اس ناول کا حصّہ بنتی ہیں مگر غور کرنے سے پتا چلتا ہے کہ یہ اشارے یا کیفیات کا بیان چند جملوں میں ختم ہو جاتا ہے اور کہانی کا سفر آگے بڑھتا جاتا ہے۔ ایسا محسوس ہوتا ہے کہ پس منظر سے ہیبت ناکی کے مظاہر ابھر رہے ہیں اور اُن کے جال میں کہیں نہ کہیں سب پھنس رہے ہیں۔ گھوڑوں کی ٹاپ اور اُن سے اُس عہد کی متعلقہ زندگی پر جو اثرات قایم ہو رہے ہیں، اُن کی ماہرانہ پیش کش اس ناول کا طرۂ امتیاز ہے۔ کہیں بیان میں تفصیل آنے نہیں دیتے مگر ہیبت ناکی اور خوف میں اضافہ ہی ہوتا جاتا ہے۔ اکثر تو گھوڑوں کی ٹاپ کا ذکر بڑے لاتعلق انداز میں سامنے آتا ہے اور یہ بھی سمجھ میں آتا ہے کہ ناول کی بنیادی کہانی سے یہ پَرے ہیں مگر فضا بندی کے سارے کام انھیں اوزاروں سے

لینے کا ایک بالیدہ شعور سب کچھ سنبھال لیتا ہے۔ چند مثالیں ذیل میں پیش کی جاتی ہیں:

- ''دفعتاً اسے لگا کہ کہیں دور سے کوئی گھوڑا اس کی طرف سرپٹ دوڑتا چلا آرہا تھا۔ ملگجے اندھیرے میں گونجتی ہوئی ٹاپیں سن کر اس کے رونگٹے کھڑے ہو گئے۔ سرپٹ گھوڑے کی پاؤں کی دھمک بتدریج قریب آتی جارہی تھی''۔
- ''اچانک سرپٹ گھوڑوں کی ٹاپ پھر سنائی دی...ٹاپ قریب آرہی تھی۔ اس نے دیکھا کہ وہ، اس کی بیوی اور بچہ گھوڑوں کی ٹاپ کے نیچے روندے جا رہے ہیں، زدوکوب کئے جارہے ہیں۔ ان کے کپڑے تارتار ہو گئے۔ جسم کی ہڈیاں ٹوٹ گئیں۔ سرپٹ گھوڑوں کا قافلہ رکنے کا نام ہی نہیں لے رہا۔ ایک، دو، تین...سینکڑوں، ہزاروں...انگنت...ٹڈی دل کی طرح چھاتے جارہے تھے۔ چاروں طرف...''
- ''غیر مرئی سرپٹ گھوڑے یہاں سے وہاں تک دندناتے پھرتے تھے اور وہ دونوں چپ چاپ اپنے وجود کے غار میں اتر کر نا معلوم سمتوں میں بھٹک رہے تھے''۔
- ''اچانک سرپٹ گھوڑوں کی پُراسرار آواز پہلے دور سے اور پھر نزدیک سے آتی ہوئی سنائی دی۔

  عالمِ دہشت میں جلتی ہو سگریٹ اس کی انگلیوں سے گر گئی۔

  ٹمپو میں دونوں نے مل کر جلتی ہوئی سگریٹ کو تلاش کیا۔

  پراسرار ٹاپوں کی آوازیں ان کا محاصرہ کررہی تھیں''۔

ماحول میں موجود کشیدگی اور متوقع ناشدنی کے لفظی پیکر بنانے میں شوکت حیات کو ناول کے مرکزی استعارے سے بہت مدد ملی ہے۔ سرپٹ گھوڑا، گھوڑے کی ٹاپ، دوڑنے اور آگے بڑھنے، بہ تدریج قریب آنے کی جو کیفیات ہیں، اُس سے وہ ہیبت ناکی بالکل سامنے آجاتی ہے جس کی پیش کش وہ اِس ناول میں چاہتے ہیں۔ اُن کا یہ بھی کمال ہے کہ اِس بنیادی استعارے کے اِرد گرد لفظوں کا نپا تلا جال ہی بنتے ہیں۔ یہ اُن کی ایسی فنّی ہوش مندی ہے جس کی کون داد نہ دے گا! کوئی دوسرا ناول نگار ہوتا تو لفظوں کے اسراف سے محل کھڑے کر دیتا مگر ایجازِ بیان کا خون ہو جاتا اور استعارے کی جو غیر مرئی دنیا شوکت حیات خلق کرنا چاہتے تھے، وہ سرِ عام نیلام ہو جاتی۔ شوکت حیات نے اِس استعارے کے سہارے جو بنیادی بیان خلق کیا ہے، اُس سے کہانی اپنے آپ بھٹکنے سے بچ جاتی ہے اور قاری واپس اُسی مرکز پر چلا آتا ہے۔

شوکت حیات یوں تو اپنے اسلوب کو شاعرانہ بنانے کے لیے مشہور نہیں۔ اچھی زبان میں ترسیل کے جو امکانات ہیں، اُنھیں ہی سلیقے سے آزما کر بہ حیثیت افسانہ نگار انھوں نے اپنا مقام حاصل کیا تھا۔ اِس ناول میں انھوں نے اپنے اُسی اسلوب کو قایم رکھا ہے۔ آرائش بیان پر توجہ دینے کی کوئی اضافی کوشش نظر نہیں آتی ہے مگر جب ناول کے پہلے صفحے پر غالب کا شعر لکھا ملے تو سمجھنا چاہیے کہ اِس کتاب میں کوئی علاحدہ کیفیت کی تیّاری ہے۔ متن کے داخل میں اُترنے سے مختلف ابواب میں غالب، میر، مصحفی، انشا اللہ خاں انشا اور کبیر داس کے اشعار نظر آتے ہیں۔ سیاہ فام اقوام کی جدوجہد کے لیے مشہور نظم 'ہم ہوں گے کامیاب ایک دن' پورے طور پر متن کا حصّہ ہے۔ اِن اشعار اور نظموں کی شمولیت سے ایک ایسی کیفیت پیدا ہوتی ہے جہاں شعریت اور موسیقیت کے ڈانڈے ایک دوسرے سے مل جاتے ہیں۔ کسی بھی ناول نگار کو موضوعاتی اور اُسلوبیاتی رنگارنگی سے اپنے ناولوں کو آراستہ کرنے اور خاص طور سے قارئین کو متوجہ کرنے لیے بہت سارے کام کرنے ہوتے ہیں۔ شوکت حیات نے یہاں بھر پور فائدہ اُٹھایا ہے اور اپنے ناول کو مختلف طبقوں میں مقبول بنانے کی کوشش کی ہے۔

- ''پرندے کے بازو اڑتے اڑتے شل ہو گئے تھے۔ بہت اونچائی پر جا کر اس نے جسم کو ڈھیلا چھوڑ دیا تھا۔ اس کی قوت پرواز جواب دے چکی تھی، اب آنکھیں بھی دھندلانے لگی تھیں''۔
- ''ان کی کھلکھلاہٹ اور فلک شگاف قہقہے سن کر پیڑوں پر بیٹھے رنگ برنگے پرندے اپنے پروں کو پھڑ پھڑاتے ہوئے تیزی سے اڑ گئے۔ اڑتے اڑتے بل کھاتے ہوئے انہوں نے ہنسنے والوں کو اچٹتی ہوئی نظروں سے دیکھا۔ کیسے جیالے لوگ ہیں۔ اس عالم میں بھی دل کھول کر ہنستے ہیں۔ اور الوداع کہتے ہوئے فضا میں اونچے اور اونچے اڑتے چلے گئے اور دور آسمان میں غائب ہو گئے لیکن ہنسی کا دورہ مکمل ہونے کے بعد وہ سب گہرے سوچ میں مستغرق ہو گئے''۔

دنیا کے ہر معاشرے میں ناول کی زبان کے سلسلے سے بحث ہوتی رہی ہے۔ ہماری عام نثر اور فکشن بالخصوص ناول میں استعمال کی جانے والی زبان کیا ایک ہی ہوتی ہے یا اُن کی سطحیں بدل جاتی ہیں؟ یہ سوال اصولی طور پر جس طرح تفصیل کا تقاضہ کرتا ہے، اُسی طرح اطلاق کی سطح پر تجزیہ و تحلیل کے مرحلے سے گزر کر یہ دیکھا جا سکتا ہے کہ واقعتاً ہمارے فکشن میں زبان کی کوئی مختلف سطح آزمانے کی کوشش ہوئی یا نہیں۔ 'سرپٹ گھوڑا' کی حد تک ہم اِس سوال کا ایک ابتدائی جواب تلاش کر سکتے ہیں۔ بے شک ایک ناول نگار زبان کی مختلف سطح تک آئے بغیر شہکار خلق نہیں کر سکتا۔ شوکت حیات کے اُسلوبِ بیان بالخصوص اِس ناول میں آزمائی گئی نثر میں جگہ جگہ ایک کرشمائی کیفیت پیدا ہو گئی

ہے۔ جہاں جہاں ایسے جملے یا پیراگراف آسمان میں ٹنکے ہوئے چاند ستاروں کی طرح ہمیں ملتے ہیں، وہاں کبھی اقوالِ زرّیں کی تخلیق شروع ہو جاتی ہے اور کہیں نثرِ عصری صحائف آسمانی اور اظہار کی بوقلمونی کے ساتھ ہمیں حیرت میں ڈال دیتی ہے۔ شوکت حیات کے اِس ناول میں زبان و اُسلوب کی اعلا سطح ہمیں نہ صرف یہ کہ پورے طور پر متوجہ کرتی ہے بلکہ ہم اُس کی ساحری اور تخلیقی جنون کا حصّہ بن جاتے ہیں۔ چالیس برس کی افسانہ نگاری کے بعد جب کوئی فن کار ناول کی طرف قدم بڑھائے گا تو واقعتاً اُس کے قلم سے ایسے قیمتی الفاظ اور جملے ہی ادا ہوں گے:

- ''جو بھی ہو، سیکولرزم بہت خوبصورت تصور ہے۔''
- ''بھائی عجیب زمانہ ہے کہ اب بادشاہ بھی مجرم ہے اور رعایا بھی۔''
- ''چلتے پھرتے ہندوستانی الفاظ تھے جن پر کسی زبان اور مذہب کی سکّہ بند مہر نہیں تھی''۔
- ''دراصل پڑھائی لکھائی اور تہذیب و تمدن کہتے ہی اس کو ہیں کہ انسان اپنی حد بندیوں سے بالاتر ہو جائے......''
- ''اس کی سیاسی بیداری اور سیکولر شعور کے مقابلے میں اس اناڑی ٹمپو والے کی بےفکری کا اندازہ زیادہ قابل قدر اور دانشورانہ تھا۔''
- ''معاملہ کچھ گڑبڑ معلوم ہوتا ہے......زندگی کے حقیقی چڑیا گھر میں سانپ گھر کے شیشے شاید ٹوٹ گئے ہیں......فوراً واپس چلیں......!''

فرقہ وارانہ فسادات اور اُن کے نتائج پر اردو کے سیکڑوں بڑے ناول اور افسانے رقم کیے گئے ہیں۔ تقسیمِ ملک کے دَور کے منظرنامے کو اگرچہ اُن تحریروں میں زیادہ موضوعِ بحث بنایا گیا ہے مگر حالات کے بدلنے کے ساتھ اِس مسئلے کی نئی نوعیّتوں اور بابری مسجد کے انہدام کے بعد کی صورتِ حال پر مقابلتاً کم لکھا گیا ہے؛ اِس کے باجود ہم عصر ناول نگاروں اور افسانہ نگاروں کی اِس جانب خاص توجّہ رہی ہے۔ 'گنبد کے کبوتر' لکھ کر شوکت حیات نے یہ ثابت کر دیا تھا کہ وہ افسانوی فن اور فرقہ واریت کی نئی صورتِ حال میں کس طرح مطابقت قایم کر سکتے ہیں۔ 'سرپٹ گھوڑا' بابری مسجد کے انہدام کے دس برسوں کے دوران لکھا گیا۔ آج یہ کہنا مشکل ہے کہ شوکت حیات نے واقعتاً کس سال اسے لکھا مگر متن اِس بات کی گواہی دیتا ہے کہ فرقہ وارانہ صورتِ حال کی بدلتی کیفیات کو مکمل سنجیدگی کے ساتھ موضوعِ بحث بنایا گیا ہے۔ فکری طور پر شوکت حیات سیکولر اور غیر مذہبی، روادارانہ مزاج کے حامل تھے جس کی عکّاسی اِس تحریر میں ہر صفحے پر نظر آتی ہے۔ فنّی اعتبار سے غور کریں تو فسادات کے حوالے سے جو اندیشے اور تشویشات کی کیفیت ہوتی ہے، شوکت حیات نے اپنے ناول میں اُس کی ایسی فطری اور زندہ

پیش کش کی ہے کہ ہم اُس خوف اور ہیبت میں خود کو موجود پاتے ہیں۔ فن کارانہ جہت سے اس ناول کا یہ ایک ایسا پہلو ہے جس پر ناول نگار کو داد نہ دی جائے تو بے انصافی ہوگی۔ شوکت حیات نے یہ بھی اچھا کیا کہ فسادات کی تفصیل اور قتل وخون میں لت پت زندگی کی تفصیل سے اپنے ناول کو ترقی پسندانہ دَور کے انداز سے آراستہ کرنے کی کوئی مشقت نہیں اٹھائی۔ اِس سلسلے سے اِس ناولٹ کے صرف ایک اقتباس پر ہماری خصوصی توجّہ درکار ہے:

''سورج رو بہ زوال تھا۔ تازہ لہو کی مہک، سراسیمگی اور وحشت کا سنّاٹا اندیشے کو تقویت پہنچا رہے تھے کہ شہر کے کسی علاقے میں کوئی واردات ہوگئی ہے۔''

شوکت حیات کا مطمحِ نظر اکثر و بیشتر دانش ورانہ رہا ہے۔ اُنھوں نے اپنی زندگی کا ایک بڑا حصّہ اور اپنی تحریروں کا سارا سرمایہ نئی دنیا کے خوابوں کے سپرد کر رکھا تھا۔ اِس ناول میں اُن کی یہ فکری بساط بہت آسانی سے دیکھی جاسکتی ہے۔ مرکزی کردار کے ساتھ ساتھ اُس کے کئی دوست احباب جگہ جگہ نظر آتے ہیں جو نہ صرف یہ کہ سماجی کارکن اور رضا کار ہیں بلکہ اُن کے دلوں میں انسانی زندگی کو خوب صورت بنانے کے نہ جانے کتنے خواب پوشیدہ ہیں۔ شاید یہی وجہ ہے کہ فساد جیسے نازک معاملے میں بھی اور مابعدِ بابری مسجد انہدام کی بدلتی صورتِ حال میں اُن کے مرکزی کردار اور دوسرے ساتھیوں کا فرقہ واریت کے خلاف ذہن بہ دستور قائم رہتا ہے۔ دونوں طبقوں کے اچھے لوگوں کو پہچاننا اور سماجی انتشار سے راہِ نجات حاصل کرنے کا ذریعہ تلاش کرنا، اِس ناول میں بڑی سنجیدگی سے انجام پاتا ہے۔ شوکت حیات کے یہاں ایک اچھے معاشرے اور نئی زندگی کا بڑا اصاف ستھرا خواب ہے، ایک امیّد اور ایک نئے منظر نامے کے لیے بہت حد تک اُنھیں یقینِ کامل ہے۔ فسادات، دانش مندی اور انسانیت نوازی کے اردگرد پھیلے بیانیے کو ذیل کے اقتباسات سے پہچاننا مشکل نہیں:

- ایک تقسیم کا زخم ہی ایسا کاری تھا کہ نہ جانے کتنے لوگ اب تک جانبر نہ ہوسکے، اب مزید تقسیم کسی قیمت پر نہیں۔ بلکہ موقع ملے تو.... دونوں جرمنی ایک ہو سکتے ہیں تو کیا ہندوستان، پاکستان اور بنگلہ دیش پہلی والی حالت میں واپس نہیں آسکتے؟ ہم بیدار ہو جائیں تو یہ دیواریں تحلیل ہو جائیں۔ اس نسل میں نہیں تو شاید آنے والی نسل میں لوگوں کی نیند ٹوٹے اور وہ جان لیں کہ طاقتور انسانوں نے اپنے آمرانہ مقاصد کے حصول کے لئے دھرتی پر لکیریں کھینچ دی تھیں اور آج تو ہم عالمی انسانی سماج اور گلوبل گاؤں کی سمت بڑھ رہے ہیں....

- ان دنوں عبدالمنان بے حد پریشان تھا۔ نئی نئی ملازمت تھی۔ عرصۂ دراز تک بے روزگاری جھیلنے والے عبدالمنان کی آنکھوں میں چھوٹے بڑے کئی سپنے

چھپے تھے۔ مگر اس کا سب سے بڑا خواب دنیا کو بدلنے کا تھا۔ سوویت یونین کے انہدام نے اس کے ارادوں کو متزلزل نہیں کیا تھا کیوں کہ وہ بہت دنوں سے اسے غلط راستے پر مڑ جانے والا گمراہ ہراول دستہ سمجھتا تھا۔

اس ناول کا دسواں باب بہ عنوان 'اپنے گھر کی تلاش' اپنے موضوعاتی پھیلاو، ایجاز بیانی، مطالعۂ کائنات اور حد درجہ ڈرامائی اسلوب اختیار کرنے کی وجہ سے ایک ایسا ثبوتِ ہنر بن گیا ہے جہاں کوئی فن کار فنی گرفت میں اوجِ ثریا تک پہنچ جاتا ہے۔ ایک طویل مدّت کے بعد مرکزی کردار اپنے آبائی وطن کا سفر اختیار کرتا ہے۔ اسے اپنے والد اور پہلی محبوبہ یا دیگر رشتے داروں سے ملنا مقصود ہے۔ کہانی میں آگے اور پیچھے کہیں ان سے لگاتار ملنے جلنے کا ذکر نہیں آتا۔ اندازہ یہ ہے کہ مرکزی کردار اور اس کے آبائی وطن اور رشتے داروں سے تواتر کے ساتھ ملنا جلنا نہیں ہوتا رہا ہے۔ مرکزی کردار ایک چھوٹے سے ریلوے اسٹیشن پر اترتا ہے۔ وہاں سے رکشے پر بیٹھ کر اُسے اپنے گھر جانا ہے۔ رات کا وقت ہے، اندھیرا ہے، غالباً بجلی نہیں ہے۔

رکشے پہ اندھیری رات میں اپنے گھر کا پتا اور راستہ بتاتے ہوئے یہ مرکزی کردار درجنوں راستوں سے گزرتے ہوئے بار بار کسی ویران جگہ یا چٹیل میدان پر آکر رک جاتا ہے۔ اپنے وطن میں واپسی، آبا واجداد کی کوٹھی اور حویلی کی تلاش، شہر کاری اور غالبا فسادات کے جبر میں آبادیوں کے بسنے اور اجڑنے کے معاملات اس اندھیری رات میں عجیب وغریب صورت حال پیدا کرتے ہیں۔ مرکزی کردار رکشے والے کو اپنے گھر کا پتہ نہیں بتاتا ہے۔ رکشے والے کے سوال پر اس کا جواب ہوتا ہے:

''کہاں چلنا ہے بابو جی......؟''

''بس چلنا ہے...... باہر کا آدمی نہیں ہوں......اسی مٹّی کا یہ جسم ہے...... چلو...... میں تمہیں راستہ بتاتا چلوں گا......بس فی الحال سیدھ میں آگے بڑھتے چلو ...مگر جلدی جلدی نہیں...... دھیرے دھیرے۔ ایک مدت کے بعد یہ سب دیکھنا مقدر ہوا ہے تو راستے کے سارے مناظر کو جذب کرنا چاہتا ہوں۔''

رات بھر مرکزی کردار اور رکشے پر سفر کا سلسلہ اپنے تمام تر ڈرامائیت کے ساتھ چلتا رہتا ہے۔ کبھی جانے پہچانے راستے اجنبی ہو جاتے ہیں، کبھی آبادیاں انجانی بن جاتی ہیں۔ حالت یہ ہوتی ہے کہ ساری تلاش و جستجو کے باوجود وہ گھر نہیں ملتا ہے۔ مرکزی کردار کے متوازی ایک ہم زاد بھی ہوتا ہے جو اس کے اندر سے نیا سوال پیدا کر دیتا ہے۔ ذیل کا اقتباس ہمیں ایک شبہے میں ڈالتا ہے کہ اس کا گھر ہے بھی یا نہیں؟ گھر تھا بھی یا نہیں؟ اقتباس ملاحظہ ہو:

''بد بخت تیرا گھر اور تیرا علاقہ ہے....؟''

اسے جیسے سکتہ لگ گیا۔ چہرہ سرخ ہو گیا۔ رکشے والے نے اسے جھنجھوڑا تو اس کا سکوت ٹوٹا۔
سچ مچ میرا کوئی گھر اور میرا کوئی علاقہ کہاں ہے......؟''
''اس بار مسجد والے راستے سے چلو......!''
نتیجہ پھر وہی چٹیل میدان۔ مندر والا راستہ بھی چٹیل میدان ہی تک پہنچا۔ یہاں تک کہ چرچ اور گورودوارے کے راستے بھی اسے چٹیل میدان کے علاوہ اور کہیں نہیں پہنچا سکے۔

اندھیری رات میں رکشے کے سفر میں شہر کی صورتِ حال اور ناولٹ کے ماحول سے جوڑے رکھنے کے لیے گھوڑوں کی ٹاپ، سرپٹ دَوڑنا اور کسی کے تعاقب میں کسی قوت کا آگے بڑھتے جانا بھی سامنے آتے رہتا ہے۔ رکشے والے نے تیز قدموں سے ایک مرحلے میں رکشا بڑھانا جب شروع کیا تو مرکزی کردار سے دورانِ گفتگو میں رکشے والے کا یہ بیان ابھر کر سامنے آتا ہے۔ چند جملے ملاحظہ ہوں:

> ''نہیں معلوم کیوں بابو جی ...... کبھی کبھی مجھے ایسا لگتا ہے کہ اَن گنت بھاری بھرکم بوٹ گھوڑوں کی ٹاپوں کی طرح سرپٹ دوڑتے ہوئے میرے رکشے کا پیچھا کر رہے ہیں...... مجھے روندنے کے لیے میرے تعاقب میں ہیں......''

گھر کی تلاش کا سادہ سا عمل رفتہ رفتہ پیچیدہ، الجھنوں سے بھرا ہوا اور پُر اسرار ہوتا جاتا ہے۔ کہانی کا سلسلہ پیچھے سے جوڑیں تو محسوس ہوتا ہے کہ فساد اور ترقی کی معکوس دوڑ کے بگاڑ کو یہاں بہ نظرِ توجہ شامل کیا گیا ہے۔ اس باب کے آغاز میں جب کسی عام راہ گیر سے بجلی نہیں ہونے کا سبب یہ مرکزی کردار پوچھتا ہے تو اس موقعے پر چند مکالمے اس طرح ادا ہوتے ہیں:

''کیوں بھئی....لائٹ کب سے آف ہے......؟''

> ''کیا کہا جائے بابو جی...... جب سے بڑے شہر میں بجلی کی سپلائی بڑھ گئی ہے، یہاں کا کوٹا کاٹ دیا گیا ہے......
>
> ''بہت دیر کے لیے روشنی غائب رہتی ہے ....اور آس پاس جو گاؤں ہیں، ان کا تو حال پوچھو ہی مت....بجلی کے کھمبے ہوتے ہوئے بھی سب ایک کرن کو ترستے ہیں......کہیں کوئی پیداواری ہی نہیں ہوئی.!''

شوکت حیات اس باب میں تجسس اور پر اسراریت کو اپنی مٹھی میں قید کر کے رکھتے ہیں۔ اسی بیان کی طاقت کے سبب وہ قصے کو رکشے والے کے ساتھ اندھیری رات میں صبر و ضبط کے ساتھ بڑھاتے رہتے ہیں۔ رات بھر ایک دوسرے کی رہنمائی کرتے ہوئے یا ایک دوسرے کا ساتھ دیتے ہوئے کسی عالم

میں ایک دوسرے کے داخل میں اتر آتے ہیں۔ مرکزی کردار خود رکشا چلانے لگتا ہے اور رکشے کی سیٹ پر رکشے والے کو بٹھا دیتا ہے۔ عین اسی وقت رکشے والا زار و قطار رونے لگتا ہے۔ بے خودی میں وہ پھٹ پڑتا ہے اور ایک حقیقی بات بول جاتا ہے جس میں مرکزی کردار کا گھر ہی نہیں غائب ہوا، رکشے والے کا بھی ذاتی مکان اس کی نذر رہوا۔ روتے ہوئے رکشے والے کی گفتگو ان لفظوں میں ادا ہوتی ہے:

> ''تم جس علاقے، جس بستی کو ڈھونڈ رہے ہو، اسے عرصہ پہلے بلڈوزروں نے چٹیل میدان میں تبدیل کر دیا..... میں بھی ہفتوں اسی طرح پورے شہر میں دیوانہ وار پاگلوں کی طرح چکّر کاٹتا ہوا بار بار اسی چٹیل میدان تک پہنچتا تھا..... بلڈوزروں نے سب کچھ اجاڑ دیا..... بھری پُری بستی کو ملبے میں تبدیل کیا اور پھر چٹیل میدان بنا دیا ..... میری دکان، میرا گھر اور تمام اہل و عیال زندہ در گور ہو گئے ..... بیٹے میں نے تو صبر کر لیا تھا لیکن آج بار بار اس چٹیل میدان کو دیکھ کر پُرانے زخم ہرے ہو گئے ..... بابو جی بابو جی..... تم سن رہے ہو.....؟''

یہ باب شہر کاری، اس کے عتاب، کمزور لوگوں اور پرانی تہذیب کے بہ تدریج مٹنے کی کہانی بن گیا ہے۔ ترقی کی دَوڑ اور اس اندھیرے سفر میں ہم سے کیا کیا لٹتا جا رہا ہے، اس کا کوئی احتساب نہیں کر رہا ہے۔ شوکت حیات نے اس باب سے اس ناولٹ کی فکری دنیا کو مزید استحکام بخشنے میں کامیابی پائی ہے۔ 'سرپٹ گھوڑا' میں شروع سے پراسراریت، ایک گم شدگی اور متوقع، حادثات کی فضا قائم رہتی ہے۔ گھوڑوں کی ٹاپ سے لے کر پرندوں کی سرگرمیوں میں ان کے اثرات آسانی سے سمجھے جا سکتے ہیں۔ فساد کی کیفیت اور بچے کی حیات و موت میں مبتلا ہونے کی بے یقینی اس پراسراریت کو مہیب اور بتدریج خوفناک بناتی جاتی ہے۔ اس باب کی کہانی نہایت مختصر ہے۔ مرکزی کردار اپنے گھر کو تلاش نہیں کر پاتا ہے اور شکست خوردگی میں باب مکمل ہوتا ہے۔ اب قصہ پھر سے اسپتال اور بچے کی بیماری اور اس کی بے یقینی صورت حال میں داخل ہو جاتا ہے۔

یہ ناولٹ ملک کی بدلتی ہوئی صورتِ حال کی پیش کش اور ذہنی تبدیلیوں کا مرقع تو ہے مگر اسے سیدھے طور پر تسلیم کرنے کا کوئی رویہ دیکھنے کو نہیں ملتا۔ شوکت حیات اس بدلتے ہوئے ماحول، کھلے فرقہ وارانہ بٹوارے کو خوش دلی سے قبول نہیں کرتے۔ سماجی حقیقت پیش کرنے کے لیے انھیں ضرور دکھانا تھا کہ ہمارا معاشرہ بہت آسانی کے ساتھ بدل گیا اور فرقہ وارانہ تقسیم کے ثبوت بھی واضح ہیں مگر اس کی پیش کش میں شوکت حیات نے قدم قدم پر جرح، ردّ و قدح اور فکری مجادلوں کے مرحلے سے یہ سندیش بھی دیا ہے کہ اس تبدیلی کو سب نے بہ خوشی قبول نہیں کیا۔ رہ رہ کر مختلف کرداروں کے درمیان جو مباحثے ہوتے رہتے ہیں، اُن میں اس بکھراؤ کو قبول نہیں کرنے والے

افراد بھی خاصی تعداد میں ہیں۔ یہی نہیں، کہانی کا مرکزی کردار ہر مذاکرے کا حصّہ ہے اور اس فرقہ وارانہ تقسیم کو ایک لمحے کے لیے بھی قبول کرنے کے لیے تیار نہیں۔ بحث و مباحثے میں بھی اُس کی دلیلیں فرقہ پرستی کی دلیلوں کو بے نقاب کرتی ہیں اور اُس کا اعتماد ہمیشہ قائم رہتا ہے۔ اپنے گھر میں بھی بچے کے علاج کے سلسلے سے ڈاکٹر کے انتخاب کے مرحلے میں اگر چہ بیوی اور ہم زلف کی رائے اپنے ہم مذہب ڈاکٹر سے رجوع کرنے کی ہے۔ مگر یہ شخص اُسی ڈاکٹر کے پاس اپنے بچّے کو لے جاتا ہے جو اچھا تو ہے ہی مگر دوسرے مذہب سے اُس کا رشتہ ہے۔ جہاں جہاں ایسی تبدیلی اُسے نظر آتی ہے، اُس میں انسانی سوز اور دردمندی کے ساتھ ایک بے چارگی بھی دیکھنے کو ملتی ہے جس سے یہ سمجھنا مشکل نہیں کہ شوکت حیات سماج کے اندر ایسی قوتوں کی شناخت بھی کرنا چاہتے ہیں جن کے دماغ نہیں بدلے ہیں اور فرقہ وارانہ ہم آہنگی و خیر سگالی پر جنھیں پورا پورا بھروسہ ہے۔

شوکت حیات ناول کی حد تک مشاق نہیں کہے جا سکتے۔ افسانے کی دنیا میں ایک طویل ریاضت سے ان کا فنی شعور وضع ہوا ہے۔ اُن کے افسانوں میں عورتوں کے کردار زیادہ مستحکم کم کم ہی نظر آتے ہیں۔ شموئل احمد کی طرح شوکت حیات اپنی تحریروں میں ہر چند کہ عورتوں کے رسیا نہیں مگر ہم عصروں کے یہاں لاشعوری کے طور پر بھی لین دین کا ایک سلسلہ رہتا ہے۔ ناول کے پہلے باب میں ہی جس زہریلے پمفلٹ کا تذکرہ شروع ہوا ہے، اُس میں ذیل کی سطریں توجّہ سے پڑھی جانی چاہیے:

''ان کے گھروں میں کام کرتے وقت عورتوں کو رجھانے اور پھنسانے کی کوشش کرو اور اپنے لِنگ انھیں دکھاؤ تا کہ وہ تم میں دلچسپی لیں اور پھر موقع پا کر ان کے ساتھ بدکاری کرو۔''

'شب خوں' میں شایع ہوتے ہوئے اس اقتباس کا لفظ ('لنگ') غالباً مدیر کی توجّہ سے (ڈنڈبَل) ہو کر تحریر کی تہذیب اور ناموس کے مدِّ نظر قارئین کے سامنے آتا ہے۔

عورتوں کے جسم کے تعلق سے بڑھی ہوئی دل چسپی کا اظہار بارہویں باب سے پندرہویں باب تک جاری رہتا ہے۔ ایسا کہنا تو مشکل ہے کہ ایسی ساری تفصیلات غیر ضروری اور قصّے سے باہر کی دنیا سے متعلق ہیں مگر ایسا یقین نہیں آتا ہے کہ قصّے کی حقیقی اور فطری دنیا کا یہ سب حصّہ ہیں۔ یہ توجیہ پیش کی جا سکتی ہے کہ اسپتال کی مشکل اور حبس زدہ صورتِ حال میں قصّے کے مرکزی کردار کی ذہنی کیفیت ان تفصیلات سے ایک سہارا پا لیتی ہے۔ Emotional Relief کی کئی صورتیں ممکن ہیں اور پیچیدہ حالات میں یہ ناممکن نہیں کہ اپنے بچے کی بیماری کی الجھن اور لگاتار اسپتال میں قید ہوئے کردار کو پڑوس میں اک جسم و جان کی الڑھ کود دیکھنے، گفتگو کرنے اور اس کے سہارے خوابوں کی ایک لمبی دنیا تیار کر لینے کو غیر فطری ماننا پورے طور پر

درست نہیں۔ ذیل میں چند مثالوں سے یہ سمجھا جا سکتا ہے کہ شوکت حیات صرف احتجاج اور انقلاب کی کہانیا ں لکھنے پر قدرت نہیں رکھتے تھے بلکہ وہ زندگی کے نرم، ملایم اور اصل جذبوں کو مردانہ لذتیت کے ساتھ پیش کرنے میں خصوصی توجہ رکھتے ہیں۔ یہ الگ بات ہے کہ 'سرپٹ گھوڑا' کے بنیادی قصّے میں رومانیت، شہوانیت یا ایسی کیفیات کے لیے کچھ خاص گنجائش چھیڑ کر قارئین کے ارتکاز ذہنی کا امتحان نہیں لیا گیا ہے۔ زیادہ سے زیادہ ہم یہ کہہ سکتے ہیں کہ انھوں نے اپنے ناول میں دل چسپی بڑھانے یا قارئین کی توجہ مبذول کرانے کے لیے تھوڑا سا نمک یا مسالے کا اضافہ کیا ہے۔ چند اقتباسات بغیر تبصرے کے یہاں پیش کیے جاتے ہیں:

■ ''اس کے باوجود کس کر لپیٹی ہوئی آسمانی رنگ کی ساری، اور تنگ سلیولیس اور بیک لیس بلاوز سے اس کا گدرایا ہوا جسم ابلا پڑ رہا تھا۔ مصیبت کے ان ناگوار لمحوں میں بھی وہ اس کے بدن کی جگمگاہٹ دیکھ کر مسحور اور مبہوت ہو کر رہ گیا۔

■ ''بھینی بھینی خوشبو سے معطر عورت کا گداز کولھا مرد کی گود گرما رہا تھا۔ ہوش اڑا دینے والے مدور اشتعال انگیز کولہے مرد کے اندر شدید ابال پیدا کر رہے تھے۔ ان کے جسم میں چیونٹیاں رینگنے لگیں۔
عورت کے بدن کی گداز چربدار پہاڑی کی سخت و نرم گولائیوں کے لمس سے مرد کے جسم میں شرارے چھوٹ رہے تھے۔
خون کا درجہ حرارت بڑھ گیا۔
نسیں پھٹنے لگیں۔
سانسیں تیز تیز اور تیز۔
گھوڑے کی چکنی پیٹھ پر سوار مرد اور عورت اشتعال انگیز ہچکولے کھا رہے تھے۔
کیف و مستی کے عالم میں قطرہ قطرہ دونوں کا وجود پگھلتے ہوئے ایک دوسرے میں سرایت کر کے ضم ہونے کا سفر اختیار رچکے تھے۔''

ناول کا چوتھا باب جس کا عنوان 'مسجد کا امام' ہے، خلافِ معمول ایک نئے موضوع اور صورتِ حال کا عکّاس ہے۔ شوکت حیات مزاج سے یک سر مذہبی نہیں تھے اور اُن کی تحریریں کھلے طور پر اعلان کرتی ہوئی ملتی ہیں کہ وہ مذہبی سماج سے خود کو الگ رکھنے کے ہی خوگر تھے۔ فساد کے ماحول میں یہ باب بڑے نپے تلے انداز میں لکھا گیا ہے۔ مسجد کا امام نوجوان ہے، صحت و تندرستی کا مالک ہے اور دلیر بھی ہے۔ محلّے میں مخالف صنف میں اس کی خاموش مقبولیت کی وجہ سے اپنے ہم مذہب جوانوں میں اُس کے تئیں ایک جذبۂ رقابت

پیدا ہو جاتا ہے۔ فسادات کے دوران محلّے کے نوجوان مسلمان اُسے مار کر کنواں میں پھینک دیتے ہیں اور اِس طرح اُسی فرقے کے افراد کے ہاتھوں اُس امام کا قتل ہوتا ہے۔ شوکت حیات نے اِس باب کو بڑے نپے تلے انداز میں، بغیر کسی اشتعال کے اور نمک مرچ لگائے بغیر مکمّل کیا ہے۔ موضوع پر اُنھیں پورے طور پر قدرت حاصل ہے اِس لیے نہ اِسے چٹخارا بننے دیتے ہیں اور نہ ہی کسی سنسنی خیز کیفیت تک پہنچا کر قارئین کو الگ تھلگ کر دیتے ہیں۔ محض پانچ صفحات میں مکمّل ہوا یہ باب اپنے آپ میں ایک بہترین تخلیقی شہ پارہ ہے۔

پہلے باب میں ہی محض چار صفحے کے بعد پیڑوں پر بیٹھے رنگ برنگے پرندے اپنے پروں کو پھیلاتے ہوئے تیزی سے اڑتے ہوئے نظر آتے ہیں۔ صرف 'گنبد کے کبوتر' کو مت سوچیے، شوکت حیات کے یہاں گھونسلا، کوّا، تھکا ہوا پرندہ، شتر مرغ جیسے افسانوں کی آمد یوں ہی نہیں ہوئی ہے۔ پرندے شوکت حیات کے یہاں اپنے عہد اور زندگی کے کچھ ایسے زندۂ جاوید کردار کے طور پر نظر آنے لگتے ہیں جیسے یہ محسوس ہو کہ 'پنچ تنتر' اور 'منطق الطیر' کے صفحات ہم ملاحظہ کر رہے ہوں۔ یاد رہے کہ شوکت حیات بیانیہ کی اس روایت کے پیروکار نہیں، اس لیے اس کی تجرید کچھ اس انداز سے ہوتی ہے کہ ایک ایک جملے یا بیان کی ایک لہر میں تہذیبِ انسانی کا ایک لمحہ یا ایک مکمّل دَور پیشِ نظر ہے۔

بے شک 'گنبد کے کبوتر' میں ان کا فن حیرت انگیز منتہا پر ہے۔ مگر 'سرپٹ گھوڑا' میں بھی الگ الگ ابواب میں کم از کم دس بار یہ پرندے آتے ہیں۔ کبھی زخم دے جاتے ہیں اور کبھی خود زخم سے نڈھال نظر آتے ہیں۔ کبھی ان کے پر ہمیں بے چین کرتے ہیں تو کہیں خود ان کی اڑان میں تھک جانے کی کیفیت نظر آتی ہے۔ زندگی کی یہ وہ انجانی سطحیں ہیں جہاں فکشن میں بیان اور شعر میں الفاظ تھکتے ہوئے نظر آتے ہیں۔ اسی مرحلے میں بڑا فن کار استعارے گڑھتا ہے اور پیکر بناتا ہے۔ تجرید کا ایک مشکل عمل شوکت حیات کے یہاں معنوی ترسیل کے امکانات کے دروازے پہلے سے ہمارے سامنے کھلے طور پر پیش کرنے کے لیے تیار رہتا ہے۔

یہ بات غور کرنے کی ہے کہ اس ناول کا نام 'سرپٹ گھوڑا' کیوں رکھا گیا؟ ناول کے چھٹے باب میں پہلی بار یہ گھوڑا سرپٹ دوڑتا ہوا نظر آتا ہے۔ اس باب کا عنوان 'پُر اسرار گھوڑے کی ٹاپ' رکھا گیا ہے۔ چھٹے باب سے لے کر ناول کے اواخر تک گھوڑے کی ٹاپ موجود ہے۔ کسی بڑے فن کار کے کسی خاص استعارے کو حتمی طور پر یہ بتا دیا جائے کہ اس کا کون سا مفہوم یقینی ہے تو سچی بات یہ ہے کہ اس کا طلسم ہی ضائع ہو جائے گا۔ ممکن ہے، شوکت حیات کے ذہن میں 'سرپٹ گھوڑا' اقتدار اور استحصال کی قوتوں کے شکنجے کا بہ تدریج حاوی ہونے کا اشاریہ ہو مگر ناول میں جس طرح رہ رہ کر سرپٹ گھوڑے کی ٹاپ اور اس کی آوازوں کا بہ تدریج بڑھنا معلوم ہوتا رہتا ہے۔ اس سے ایسا محسوس ہوتا ہے کہ یہ معنی شاید اس حد کو متعین کر دے۔ گھوڑا طاقت کا استعارہ

ہے۔ سودا نے اسے زوال کی علامت بنا کر پیش کیا ہے ایم۔ ایف۔ حسین نے اس گھوڑے کو شہوانی قوت کے طور پر رنگوں کے امتزاج سے تیار کیا ہے۔ شوکت حیات بھی اس استعارے کو کچھ اور بڑے معنوں میں پیش کرنے کا ارادہ رکھتے ہیں۔ ناول کے آغاز میں انھوں نے غالب کا مشہور شعر یوں ہی نہیں پیش کیا ہے:

رو میں ہے رخشِ عمر کہاں دیکھیے تھمے نے ہاتھ باگ پر ہے نہ پا ہے رکاب میں

پہلا مطلب تو یہی واضح ہے کہ یہ 'سرپٹ گھوڑا' اصل میں زندگی کی قوت ہے۔ ہار اور جیت، دوڑ اور بھاگ، سب سے ہم آخر پائیں گے کیا؟ اس سے یہ سمجھا جا سکتا ہے کہ یہ ناول اپنی زندگی کی ہار اور جیت کی کہانی ہے اور 'سرپٹ گھوڑے' کی ٹاپ رفتہ رفتہ اور مدھم اور ختم ہونے کی نشانی ہے۔ غالب کے شعر کو پیش کرتے ہوئے شوکت حیات نے اسی طرف ہمارے ذہن کو لے جانا چاہا ہے۔

مگر اچھا تخلیقی فن کار اپنے پڑھنے والوں کا امتحان لیتا ہے۔ غالب کو تو اس کے لیے شہرت حاصل رہی ہے کہ معنی کی جتنی سطحیں آپ طے کریں، وہ اس سے سوا نظر آئیں گے۔ شوکت حیات اگر اپنی زندگی یا اپنے گھر یا اپنے ماحول کی زندگی کو مرکز میں رکھتے اور عمر کے گھوڑے کے بکھراو پر مرتکز ہوتے تو قصّے میں آخر بچے کے صحت مند ہونے اور رہ رہ کر زندگی کے نئے منظرناموں کی تلاش کے مراحل کیوں کر ابھر کر سامنے آتے۔ سولھواں باب جو حقیقت میں محض چند لفظوں میں مکمل ہوا ہے۔ اس میں ناول نگار نے جس احتیاط اور انضباط کے ساتھ واقعات جلدی جلدی میں جوڑے ہیں۔ وہاں آخر میں یہ حالت ہو جاتی ہے کہ مرکزی کردار کی زبان سے ایک لفظ ادا نہیں ہوتا۔ یہ ایک دو انسانی زندگی کا زخم نہیں بلکہ تاریخ و تہذیب اور حیات و کائنات کی ازلی اور ابدی حقیقتوں کا وہ منظر نامہ سامنے آ جاتا ہے جس کو میر نے کہا: ان صحبتوں میں آخر جانیں ہی جاتیاں ہیں'۔ شوکت حیات نے واقعی حیاتِ انسانی کا نوحہ اس ناول کے چند صفحات میں سمو دیا ہے۔

● ڈاکٹر صغیر افراہیم

’’گنبد کے کبوتر‘‘ تہذیب کی مسماری کا استعارہ

شوکت حیات پچھلی چار دہائیوں سے اردو افسانے کے افق پر چھائے ہوئے ہیں۔ کج کلاہی شان رکھنے والے اس فن کار نے قارئین کے بے حد اصرار پر ’’گنبد کے کبوتر‘‘ کے عنوان سے ۲۰۱۰ء میں ۲۵ر افسانوں پر مشتمل مجموعہ شائع کرایا۔ قابل توجہ یہ ہے کہ اس مجموعے کے منظر عام پر آنے سے پہلے ہی رسالوں میں بکھرے ہوئے افسانوں کی بنیاد پر تقریباً تمام ناقدینِ فکشن نے ان کے فکری اور فنی رجحانات پر بھرپور توجہ دی۔ یہاں میں صرف ان کے ہم عصر افسانہ نگار انیس رفیع کی رائے پر اکتفا کرتا ہوں:

> ’’شوکت حیات کی کہانی ’’گنبد کے کبوتر‘‘ میں تعبیر کی کئی جہتیں ہیں۔ ہر جہت اپنی الگ معنویت رکھتی ہے۔ تہہ دار کہانی کا مقصد بھی یہی ہوتا ہے کہ امکانات کے مختلف پہلوؤں کو کھنگالا جا سکے، معنویت کے اضافے کیے جا سکیں۔ اس علامتی کہانی کی کلوز ریڈنگ کئی طرح سے ہو سکتی ہے۔ یہ بیک وقت بابری مسجد کے سانحہ کی پہلی برسی کی طرف اشارہ کے ساتھ ہی ساتھ متضاد ذہنی کیفیتوں کا احاطہ کرتی ہے اور شوکت حیات کی لااسمیت پر اصرار کرنے والے ایسے افسانہ نویس ہیں جو وجودِ ذات کو کل میں تلاش کرتے ہیں۔ لٰہذا جب تک ذات کی دریافت مکمل نہیں ہوتی فنکار لااسمیت کے مرحلے میں ہوتا ہے اور یہ لااسمیت ان کے اندر ٹکراؤ کی صورت پیدا کرتی ہے۔ انھیں صورتوں کا بیان ان کے افسانے ہیں۔ یہ صورت بلراج مینرا کی معروضی وجودیت (Objective Existantialism) سے متاثر ہے۔ ان کے یہاں ٹکراؤ اور بکھرنے کا عمل نہیں بلکہ کشمکش کو شدید کر کے حیات کے مثبت ٹکڑوں کو جوڑنے کا عمل ہے۔ ان کا افسانہ ’’گنبد کے کبوتر‘‘ اس عمل کا نمایاں حصہ ہے۔ گنبد کے ساتھ کبوتر ایک مخصوص کمیونٹی کی پہچان فراہم کرتا ہے، جو دیگر موجود ملتوں کے درمیان اپنے تشخص کی سالمیت کی خاطر اسٹیٹ آف کونفرنٹیشن (State of Confrontation) میں ہے۔‘‘ (اردو کا افسانوی ادب (تحقیقی اور تنقیدی مضامین)، ص ۴۰)

۱۹۷۰ء کے بعد بیانیہ کی واپسی پر جو خصوصی توجہ دی گئی ہے اس لحاظ سے شوکت حیات کے ہاں بیانیہ اپنی مانوس شکل میں واپس آیا ہے۔ سرپٹ گھوڑا، پھسینڈا، تفتیش، بلی کا بچہ، سانپوں سے نہ ڈرنے والا بچہ، اپنا گوشت، بانگ، پاؤں، چیخیں، مادھو اور گنبد کے کبوتر اپنے مخصوص طرزِ بیان کے اعتبار سے شوکت حیات کے کامیاب افسانے ہیں۔ 'سرپٹ گھوڑا' طنز سے بھرپور ہے۔ یہ کہانی آج کی تیز رفتار زندگی کے ہیجان و اضطراب کو اُجاگر کرتی ہے، کہ کس طرح اِس کے دائرے میں گھومتا ہوا انسان، اندر ہی اندر کھوکھلا ہوتا جا رہا ہے۔ چھوٹے چھوٹے مناظر، بے ترتیب واقعات جنھیں قاری ترتیب دیتا ہے، افسانہ نگار الگ الگ ٹکڑوں میں دکھاتا ہے، بلکہ ایک ایک اشارے میں ایک ایک واقعہ کو پرو دیتا ہے۔ ایجازِ بیان اِس طویل کہانی کی اہم خصوصیت ہے۔ یہ خوبی بیانیہ میں بھی ظاہر ہوئی ہے اور مکالموں میں بھی۔

'پھسینڈا' بڑے شہروں کی گہما گہمی کی کہانی ہے جس میں ہندو مسلم مشترکہ تہذیب کے زوال اور نکسل آندولن کو بھی اُجاگر کیا گیا ہے۔ یہ کہانی اپنے واقعات اور اپنے کردار، ہر دو لحاظ سے کامیاب ہے۔ 'تفتیش' بظاہر فرقہ وارانہ فساد کے اسباب وعِلل کی تفتیش ہے لیکن دراصل یہ کہانی عصرِ حاضر کے ذہنی اِنتشار اور نفسیاتی دباؤ کو پیش کرتی ہے۔ 'بلّی کا بچّہ' میں نچلے متوسط طبقہ کی معاشی، اور ثقافتی جدّ و جہد کو، نہایت مؤثر انداز میں پیش کیا گیا ہے۔ 'سانپوں سے نہ ڈرنے والا بچہ' فرقہ پرستی کے مکروہ چہرے کی شناخت کرتا ہے۔ اِس افسانہ میں داخلی واردات کو خارجی پیکروں میں پیش کیا گیا ہے۔ افسانہ نگار نے جذباتی وقوعات اور کیفیات کو بیان کرنے کے لیے معروضی تلازمے کی تکنیک کا سہارا لیا ہے۔ 'اپنا گوشت' میں رشتوں کے ٹوٹنے بکھرنے اور نئے پُرانے کی کش مکش کو نفسیاتی Touches کے ساتھ اُبھارا گیا ہے۔ 'بانگ' کہانی کا موضوع اِمکانی اِنقلاب کی بشارت ہے۔ اِس میں بدلے ہوئے بیانیہ کی بہت واضح شکل سامنے آئی ہے۔ پروفیسر وہاب اشرفی نے اس کہانی کے تعلق سے لکھا ہے:

> ''یہ افسانہ اُس وقت سامنے آیا تھا جب افسانے کے کردار، پلاٹ وغیرہ، منفی صورتیں اختیار کر چکے تھے۔ لیکن شوکت حیات نے بہت پہلے، اِس کا احساس کر لیا تھا کہ Plotless افسانے یا مُتشدّد قسم کے علامتی افسانے، مشرقی مزاج سے، لگا نہیں کھاتے۔ لہٰذا 'بانگ' کو اگر اُردو افسانے کا اہم Turning Point تسلیم کیا جائے تو شاید بے جا نہ ہوگا۔''

کہانی 'پاؤں' میں یہ سوال اُٹھایا گیا ہے کہ نئی نسل پر تقسیم کی ذمہ داری کیوں عائد کی جاتی ہے۔ جواز اور دلائل کی وجہ سے یہ کہانی نہ صرف ایک نیا موڑ لے لیتی ہے بلکہ رشتوں کی بے معنویت اور اُس کے کھوکھلے پن پر بھی طنز کرتی ہے۔ خوبی یہ ہے کہ اِس کا صاف شفاف بیانیہ قاری کو ہر پل اپنی گرفت میں رکھتا ہے اور اُس کے تجسّس کو

بڑھاتا ہے۔ مذکورہ افسانوں کے علاوہ چیخیں، مادھو اور گنبد کے کبوتر کو خاص اہمیت حاصل ہے۔ اِن تینوں افسانوں میں، حقیقت، علامت اور رمزیت کی باہمی آمیزش سے ایک ایسا بیانیہ خلق کیا گیا ہے جو پہلودار بھی ہے اور جاذبِ توجّہ بھی۔ ''چیخیں'' موجودہ تعلیمی نظام کی ایک کربناک تصویر ہے کہ مقابلہ کے اِس سخت دور میں والدین کے لیے بچوں کو اچھی تعلیم دلانا بہت اہم مسئلہ ہو گیا ہے۔ افسانہ میں ایک طرف یہ اشارہ ملتا ہے کہ بچوں پر پڑھائی کا سخت بوجھ اُن سے اُن کا بچپن چھینتا جا رہا ہے تو دوسری طرف ہر قیمت پر انگریزی تعلیم حاصل کرنے کی سعئ پیہم نے مشرق میں تعلیم کے روایتی تصور پر سوالیہ نشان لگا دیا ہے۔ شوکت حیات نے اِس چکا چوند میں گھرے تعلیمی نظام کے ہر پہلو کا ذکر چیخ کے حوالے سے کیا ہے مثلاً ایڈمیشن ٹسٹ، منتخب طلباء کی لسٹ، فیس سلپ، اسکولوں کے رکھ رکھاؤ اور ظاہر داری وغیرہ کو دیکھ کر۔ خوبی یہ ہے کہ قاری ہر بار بے ساختہ چیخ نکل پڑنے کے الگ الگ اسباب کی شناخت کر لیتا ہے اور پھر اُس سے ذہنی اور جذباتی ربط قائم کر لیتا ہے۔ یہی افسانے کا حُسن ہے کہ پُر شور ماحول میں آزاد تخلیقی فضا کا احساس ہو۔ پریم چند کا شہرۂ آفاق افسانہ 'کفن' انسانی فطرت کی مختلف جہات کی نمائندگی کرتا ہے۔ اِس افسانہ کے مرکزی کردار گھیسو اور مادھو، گُفتار کے غازی ہیں۔ کہانی کے آخر میں دونوں باپ بیٹے، بدمست ہو کر ناچتے گاتے، ہوش وحواس کھو کر گر پڑتے اور پڑے رہ جاتے ہیں۔ پریم چند کا مادھو، نصف صدی بعد، شوکت حیات کے ہاں ایک نئی شکل میں سامنے آیا ہے۔ اب وہ مٹی کا مادھو نہیں ہے، کاہل، کام چور اور حرام خور نہیں ہے بلکہ بے حد چاق و چوبند نظر آتا ہے۔ اُس میں حالات سے مقابلہ کرنے کی بھرپور طاقت آ چکی ہے۔ بدلاؤ کے ساتھ نظر آنے والا یہ کردار اصلاً بیانیہ کی رفتار میں تغیّر کا اِشاریہ ہے جسے شوکت حیات نے فنکارانہ ڈھنگ سے پیش کیا ہے۔ شوکت حیات کے افسانوں میں ''گنبد کے کبوتر'' کو فکر اور فن دونوں اعتبار سے کامیاب تخلیق قرار دیا جا سکتا ہے۔ اس موثر کہانی میں تعبیر کی کئی جہتیں ہیں۔ ہر جہت اپنی الگ معنویت رکھتی ہے۔ تہہ دار کہانی کا مقصد بھی یہی ہوتا ہے کہ امکانات کے مختلف پہلوؤں کو کھنگالا جا سکے، معنویت کے اضافے کیے جا سکیں۔ اس علامتی کہانی کی کلوز ریڈنگ کئی طرح سے ہو سکتی ہے۔ یہ بیک وقت بابری مسجد کے سانحہ کی پہلی برسی کی طرف اشارہ کے ساتھ ہی ساتھ متضاد ذہنی کیفیتوں کا احاطہ کرتی ہے اور ایک قدیم تہذیب کے مسمار ہونے کے استعارہ کے طور پر بھی اُبھرتی ہے۔

ماہنامہ آج کل، نئی دہلی کے شمارہ فروری ۱۹۹۵ء میں شائع ہونے والی اس کہانی میں براہ راست بابری مسجد کا ذکر نہیں ہے۔ گُنبد کے بے گھر کبوتروں کی امیج کے توسط سے پڑھنے والے کا ذہن مسجد کے اس سانحہ کی طرف منتقل ہوتا ہے قاری محسوس کرتا ہے کہ ۶ / دسمبر کے سانحہ کی پہلی برسی ہے۔ مرکزی کردار ایک جذباتی اور حساس مسلمان ہے۔ وہ ایک سا شوکت حیات کی کہانی ''گُنبد کے کبوتر'' میں تعبیر کی کئی جہتیں ہیں۔ ہر جہت اپنی الگ معنویت رکھتی ہے۔ تہہ دار کہانی کا مقصد بھی یہی ہوتا ہے

کہ امکانات کے مختلف پہلوؤں کو کھنگالا جا سکے، معنویت کے اضافے کیے جاسکیں۔ اس علامتی کہانی کی کلوز ریڈنگ کئی طرح سے ہوسکتی ہے۔ یہ بیک وقت بابری مسجد کے سانحہ کی پہلی برسی کی طرف اشارہ کے ساتھ ہی ساتھ متضاد ذہنی کیفیتوں کا احاطہ کرتی ہے اور ایک قدیم تہذیب کے مسمار ہونے کے استعارہ کے طور پر بھی اُبھرتی ہے۔ ل پہلے پیش آئے واقعہ کو بُھلا نہیں پا رہا ہے۔ اسی وجہ سے بے حد فکر مند ہے کہ کہیں پھر کچھ نہ ہو جائے۔ اس کا پڑوسی سمجھاتا ہے:

''گھبرانے کی بات نہیں...... سب کچھ نارمل ڈھنگ سے ہو رہا ہے۔ اضطراری چیزیں زیادہ دنوں تک قائم نہیں رہتیں۔ امن و استقامت کی راہ اپنا کر ہی ہم اور آپ چین اور سکھ کی زندگی گزار سکتے ہیں...... میں تو پچھلے سال کے مقابلے میں بڑی تبدیلی محسوس کر رہا ہوں۔''

تسلّی اور تشفّی کے ساتھ کھوئے ہوئے اعتماد کی بات ملک کی موجودہ سیاسی صورتِ حال کو واضح کرتی ہے۔ اُتھل پُتھل اور استقامت کا ذکر بھی وقت کے بہاؤ کو نشان زد کرتا ہے کہ جوش اور جذبہ لمحاتی ہوا کرتا ہے۔ برقرار رہنے والی چیزیں امن کی راہ سے ہوکر ہی گزرتی ہیں۔

افسانہ نگار نے محدود کینوس کو فنّی ہُنر مندی سے خاصا وسیع کر دیا ہے۔ اس نے سچویشن کو اُجاگر کرنے کے لیے کبوتر اور گُنبد کے متوازی، مختلف مراحل پر۔ سانپ، پیپل، گوریّا، پھول، گملے، فاختہ وغیرہ کے استعاروں کا استعمال کیا ہے۔ کہانی کے پہلے ہی جملے سے قاری کا ذہن کسی انہونی کو قبول کرنے کے لیے تیار ہو جاتا ہے:

''بے ٹھکانا کبوتروں کا غول آسمان میں پرواز کر رہا تھا۔''

اور پھر جیسے ہی وہ اگلے جملوں کی قرأت کرتا ہے:

''متواتر اُڑتا جا رہا تھا۔ اوپر سے نیچے آتا۔ بے تابی اور بے چینی سے اپنا آشیانہ ڈھونڈتا اور پھر پرانے گُنبد کو اپنی جگہ سے غائب دیکھ کر مایوسی کے عالم میں آسمان کی جانب اُڑ جاتا۔''

اُس کے دل کی دھڑکنیں تیز ہونے لگتیں۔ وہ یکسوئی سے اگلی سطریں پڑھتا تو لاشعوری طور پر بابری مسجد کے سانحہ کی اطلاع مل جاتی:

''اُڑتے اُڑتے ان کے بازو شل ہو گئے۔ جسم کا سارا لہو آنکھوں میں سمٹ آیا۔ بس ایک اُبال کی دیر تھی کہ چاروں طرف......''

یہ اطلاع قاری کو تناؤ میں مبتلا کرتی ہے۔ اس کا احساس شاید افسانہ نگار کو ہے کیونکہ ہر ہُنر مند لکھنے والا، لکھتے وقت قاری کے عمل اور ردِّ عمل کا خیال رکھتا ہے۔ شوکت حیات بھی اِن باریکیوں سے واقف

ہیں۔ سچویشن کو موڑنے بلکہ اپنے قابو میں رکھنے کا ہُنر جانتے ہیں۔ وہ اس تناؤ بھری صورتِ حال کو بدلتے ہوئے راوی اور اس کے پڑوسیوں کے بچوں کا ذکر شروع کر دیتے ہیں۔قرب و جوار سے قاری کو واقف کراتے ہیں اور پھر اچانک پڑوسی کی زبانی یہ جملے ادا کراتے ہیں:

''اِس بار پچھلے سال والا اُبال نہیں۔ دن خیریت سے کٹ جائے گا۔ موسم ٹھیک ہے۔
جینے کی چاہت قائم ہے...... آپ بھی مزے سے رہیے۔ نو پرابلم......!''

اِس اقتباس سے مسجد کی شہادت کی پہلی برسی کی تصدیق ہو جاتی ہے اور تناؤ کم کرنے کے لیے جو اقدامات کیے جاسکتے ہیں، اُس کی خبر بھی مل جاتی ہے:

''سڑک پر گاڑیاں معمول کے مطابق چل رہی تھیں۔ چھٹّی کے دن چہل پہل کی جو کمی عام طور پر دیکھی جاتی ہے، وہ اس روز بھی تھی۔''

زمین اور آسمان دو متضاد زاویوں کی شکل میں اُبھرتے ہیں۔ زمین انتشار برپا کر رہی ہے، آسمان خاموش ہے۔ سین دادا اور راوی۔ ایک کو پرواہ نہیں کیونکہ اُسے سبھی کچھ میسّر ہے۔ دوسرے کے یہاں محرومی اور تشنگی ہے۔ وہ آسمان سے لولگائے ہوئے ہے:

''سین دادا اپنی دُھن میں مگن تھے۔ آسمان کی طرف نظر اٹھانے کی کیا ضرورت تھی۔
اُن کے پاس تو پوری زمین تھی اور زمین پر آسمانی جلوے موجود تھے۔''

اِن دو متضاد کیفیتوں کے بیچ قاری اضطراب محسوس کرتا ہے اور سوچتا ہے کہ کاش گنبد نہ ٹوٹتے، کبوتر بے ٹھکانا نہ ہوتے، کاش اس پُر آشوب گھڑی میں آسمان پر ابابیلیں نظر آ جاتیں تاکہ بے گھری اور بے امانی جھیل رہے کبوتروں کی آنکھوں میں خون نہیں اترتا، زمین پر فساد برپا نہیں ہوتا۔لیکن یہ کاش اُمید کا سمبل بن جاتا اور تب کہانی کی روح مجروح ہو جاتی، وہ اپنی راہ سے بھٹک جاتی۔

سوگواری کے مُوڈ میں شروع ہونے والی یہ کہانی اپنے اِس تاثر کو آخر تک برقرار رکھتی ہے۔ مرکزی کردار کے ذہنی انتشار کی حالت قابلِ رحم ہے۔ وہ اپنے آپ کو سانحہ کی یاد سے آزاد نہیں کر پاتا ہے۔ پڑوسی اُسے اس ماحول سے باہر نکالنے کا جتن کرتا ہے:

''ارے صاحب، کیوں سوگواری کا موڈ طاری کیے ہوئے ہیں۔ میں سمجھ سکتا ہوں آپ اپنی بالکنی میں بچوں کے اکٹّھا ہونے سے گھبرائے ہوئے ہیں۔ اپنے پودوں اور گملوں کے تحفظ کے لیے بے چین ہیں...... کچھ نہیں ہوگا۔ آپ کے سارے گملے خیریت سے رہیں گے۔ اب دوستوں سے ملنے چل رہے ہیں تو یوں اُداس نظر آنا چھوڑیے......

اِنجوائے کیجئے...... دیکھئے گول گول گنبدوں کی گولائی اور نوکیلے اُبھار......"

اِن باتوں سے لطف اندوز ہونے کے بجائے راوی کی بے قراری میں اضافہ ہوتا ہے:

"اُس کا دل دوسرے گنبدوں میں اُلجھا ہوا ہولناک کیفیات سے گزر رہا تھا، جبکہ سین دادا نرم و گداز جسمانی گنبدوں میں ٹامک ٹوئیاں مارتے ہوئے چٹخارے بھر رہے تھے۔"

غور و فکر کا یہ انداز اور ان سے پیدا ہونے والا تضاد دو رویوں کی نمائندگی کر رہا ہے۔ دونوں کرداروں کی سوچ الگ ہے، ذہنی کیفیت بھی الگ ہے۔ اسی لیے برتاؤ بھی الگ نظر آ رہا ہے۔ سین دادا اُس سے کہتے ہیں:

"ینگ مین، تم جوانی میں بوڑھا ہو گیا...... ذرا نظر تو اٹھاؤ...... آگے تین قیامتیں فاختاؤں کی چال چلتی ہوئی گپ شپ میں مصروف تھیں۔"

راوی جھنجھلاہٹ محسوس کرتے ہوئے کہتا ہے:

"سین دادا آپ اِن فاختاؤں میں اُلجھے ہوئے ہیں۔ ذرا اُوپر دیکھئے۔ بے ٹھکانا کبوتروں کا غول مستقل آسمان میں چکر کاٹ رہا ہے۔ اپنے مستقر کے بے دردی اور بربریت کے ساتھ مسمار کر کے غائب کر دیے جانے کے بعد کیسی بے گھری اور بے امانی جھیل رہا ہے۔"

افسانہ نگار نے تحیّر، خوف، رقّت اور اسرار کے لیے تضاد سے خوب کام لیا ہے۔ اُس نے نوجوان میں مایوسی اور بزرگ میں ترنگ کی کیفیت کو اُجاگر کیا ہے۔ مرکزی کردار کے لیے 'جوانی میں بوڑھا' اور بزرگ کے لیے 'ینگ مین آف سکسٹی ٹو' کا جملہ اس کی وضاحت کرتا ہے۔ دونوں کرداروں کے لیے ویسی ہی فضا تخلیق کر کے تضاد میں شدّت پیدا کی ہے۔ یہ تضاد کہیں کہیں اپنی شدّت اور تکرار کے باعث کھٹکتا بھی ہے مثلاً جب گُنبدوں کے لیے تقدّس کی فضا خلق کی گئی تو پھر اس کا لحاظ رکھتے ہوئے "نرم گداز جسمانی گنبدوں" کی رعایت استعمال نہیں کرنی چاہیے۔ اسی طرح لڑکی کو فاختہ کہنے کا رواج ہے مگر موجودہ سچویشن میں محض پُرکشش منظر سے جسم میں عجب ترنگ پیدا کرنے کے لیے یہ کہنا:

"تین قیامتیں فاختاؤں کی چال چلتی ہوئی گپ شپ میں مصروف تھیں۔"

کچھ مناسب نہیں ہے۔ ان کے مابین شوکت حیات صحیح تلازمہ نہیں لا پائے ہیں۔ تقدس اور شہوت کے جذبے کو ایک ساتھ لے کر چلنا مشکل امر ہے۔ اس سے جو عدم توازن پیدا ہوتا ہے وہ یہاں بھی نظر آتا ہے لیکن یہ شتُرگُربہ (Mismatch) ظاہری اور وقتی ہے۔ جلد ہی کہانی اپنے اصل مرکز کی طرف واپس آتی ہے اور قاری اس کی فضا میں محو ہو جاتا ہے۔

مذکورہ کہانی میں شوکت حیات گنبد اور کبوتر کے علاوہ پیپل، گلہری، بالکنی، گملا، گوریا، سانپ، لاٹھیاں جیسے نشانات (signs) کو بھی اُجاگر کرنے میں کامیاب رہے ہیں جس طرح گنبد مسلمانوں کا نشان بنا ہے اُسی طرح پیپل

ہندوؤں کا۔ اس درخت کی ایک شاخ راوی کی بالکنی تک آئی ہے جس کے توسط سے دوست اور دشمن دونوں ہی آسکتے ہیں یعنی گلہری بھی اور سانپ بھی۔ گلہری ضرر رساں نہیں مگر راستہ مُضر یا مخدوش ہے اور وسیلہ پیپل بن رہا ہے، دشمن کو راہ دکھانے کا۔ ان اشاروں کی آمیزش سے جو کولاژ بنتا ہے، اُس پر سیاہ بادل منڈلانے لگتے ہیں۔ اس کولاژ کو افسانہ نگار نے رنگ برنگ پھولوں والے گملوں سے بھی جوڑا ہے اور اہلِ خانہ سے بھی، سین دادا کی اصلیت (Reality) سے بھی اور خود اپنی حقیقت سے بھی۔ یہاں پر وہ ایک اہم سوال اُبھارتا ہے کہ کیا سارا خطرہ بالکنی پر ہے یا فلیٹ اور پُورا اپارٹمنٹ اس کی زد میں ہے۔ اس مقام پر سانپ بیرونی دشمن کے طور پر ابھرتا ہے۔ اِس مشترکہ خطرے میں سبھی (ہندو، مسلمان) ایک ہو کر موذی کا مقابلہ کرنے کا منصوبہ بناتے ہیں جیسا کہ اپارٹمنٹ میں سانپ کی اطلاع تمام چھوٹے بڑے فلیٹوں کے مکینوں کو الرٹ کر دیتی ہے اور وہ اس موذی کو ختم کرنے کے مشترکہ جتن کرتے ہیں، لاٹھیاں جمع کرتے ہیں مگر جب راوی انفرادی خطرہ محسوس کرتا ہے تو دوسرا اُتنی یکسوئی سے خطرے کو ختم کرنے کے لیے کمر بستہ نہیں ہوتا ہے بلکہ یہ مشورہ دیتا ہے:

> ”تم ینگ مین...... پازیٹو ہو کر سوچو ہر جگہ ٹھکانا ہی ٹھکانا ہے...... گنبد، پہاڑوں کی سفاک چوٹیاں، پتھریلے غار اور گھنے جنگل کے درختوں کی ڈالیاں...... موسموں کے سرد و گرم جھیلنے کے لیے تیار رہو...... یار، اپنی کھال تھوڑی کُھر کُھری بناؤ......!“

تاویلات کے اس انداز پر قاری بے ساختہ کہہ اٹھتا ہے

گھائل کی گت گھائل جانے اور نہ جانے کوئی

شوکت حیات کو بیان پر فنکارانہ دست رس حاصل ہے۔ اس لیے یہاں مکالموں کا تفاعل، واقعہ یا صورتِ حال کی تشریح کا نہیں بلکہ حسّیاتی اور جذباتی تاثر کی شدّت میں اضافہ کرنے کا ہے۔ Irony یہ ہے کہ مذہبی شدّت پسندی اور اُس کے نتائج سے دونوں فرقے نبرد آزما ہیں مگر تلقین اُسے کی جا رہی ہے جو زیادہ مظلوم ہے۔ اُسی سے کہا جا رہا ہے کہ سوچنے کا انداز بدلو قوتِ برداشت پیدا کرو، قناعت سے کام لو۔ اگر ایک ٹھکانا کھو گیا تو یہ نہ سمجھو کہ سب کچھ ختم ہو گیا۔ نصیحت آمیز کلمات میں کوئی تاثیر نہیں ہے شائد اسی وجہ سے کہ ہمدردی کا اظہار کرنے والا جذباتی طور پر گنبدوں کے مسمار ہونے سے متاثر نہیں ہے ورنہ وہ اتنی سنجیدہ صورتِ حال پر شہوانی اصطلاحوں کا استعمال نہیں کرتا۔

شوکت حیات کی اس تہہ دار کہانی میں تعبیر کے امکانات کے مختلف پہلو ہیں اور ہر پہلو اپنے تھیم سے جُڑا ہوا ہے۔ کہانی میں کسی بھی واقعہ کا ذکر ہو، مرکزی واقعہ کسی بدلی ہوئی شکل میں حاوی رہتا ہے۔ اس لیے یہ کہانی روایت کے مسمار ہونے کی طرف بھی اشارہ کرتی ہے۔ گنبد قدیم تہذیب کا استعارہ ہے اور اُس تہذیب کے مسمار ہونے سے جسے تکلیف پہنچتی ہے وہ کبوتر ہے۔ اُس سے اُس کی جائے پناہ چھن گئی ہے۔ وہ لاوارث ہو گیا ہے۔ وہ اپنے مسکن، اپنی تہذیب کی حفاظت نہیں کر سکا ہے جس کے تحفظ کی ذمہ داری اس پر تھی۔ اس تصور کی ہوئی عائد ذمہ داری

کی کشمکش کو افسانہ نگار نے Fore Shadowing کے سہارے اُجاگر کیا ہے۔ یہ عکس احساس دلاتے ہیں کہ ہم اپنے فلیٹوں کے کمروں میں بند ہو چکے ہیں جہاں روشنی کا گزر ہماری اپنی مرضی پر منحصر ہے۔ اسی لیے بجلی چلی جانے پر خوف محسوس کرتے ہیں، مصنوعی روشنی کا انتظام کرتے ہیں۔ فلیٹوں کی بالکنی نمائش کی شکل اختیار کر چکی ہے اور اس نمائشی زندگی نے اندر ہی اندر سب کچھ کھوکھلا کر دیا ہے۔ دیمک زدہ یہ دیواریں جب کسی دباؤ کے تحت گرتی ہیں تو تہذیب کا سائبان برقرار رہ پاتا ہے۔ اس ٹوٹنے اور بکھرنے کا احساس سب سے پہلے گنبد کے کبوتر کو ہوتا ہے۔

کبوتر کو ہم اگر خیال مان لیں تو خیالات یعنی گنبد کے کبوتر منتشر ہو گئے۔ مُنتشر خیالات راوی کو بے چین کرتے ہیں۔ اسے طرح طرح کے توہمات اور خدشات میں مبتلا کرتے ہیں۔ دوسرا خیال یا تصور سین دادا کی شکل میں انتشار سے مبرّا ہے۔ وہاں عدم دلچسپی ہے، لااُبالیت ہے۔ تھامسن کے گھر میں کبوتر منتشر خیال کی شکل میں پہنچتا ہے۔ یہاں مِس ریزہ ایک خیال کی شکل میں پہلے سے موجود ہے جو تھامسن کو بہت عزیز ہے۔ وہ اس میں کسی کو شریک کرنا نہیں چاہتا یعنی تبادلۂ خیال گوارا نہیں۔ مسٹر جان ایک اور خیال لے کر آتا ہے کہ میرا کبوتر آپ کے گھر میں آ گیا ہے۔ کلائمکس یہ بھی ہے جب ایک کے گھر کا انتشار دوسرے کے گھر سے متعلق ہو جاتا ہے۔ اس گھر میں ایک خیال شراب اور عورت کا ہے اور دوسرا خیال کبوتر اور انتشار کا ہے۔ سبب یہ بھی قرار پاتا ہے کہ جان اور تھامسن میں ہم خیالی اور قربت کا رشتہ ہے جسے تھامسن برقرار رکھنا چاہتا ہے لیکن جان تیسرے خیال کی مُداخلت کو برداشت نہیں کرتا ہے۔ قاری اس سبب کو تلاش کرتا ہے تو اُسے راوی اور سین دادا نظر آتے ہیں۔ راوی خود انتشار میں مبتلا ہے اس لیے وہ بے ضرر ہے۔ ایسی صورت میں جو اندیشہ ہو سکتا ہے وہ سین دادا سے ہو سکتا ہے کیونکہ وہ حد سے تجاوز کرتا ہے، ممنوعہ چیزوں میں مُداخلت کرتا ہے۔ اس لیے جان، تھامسن سے کہتا ہے کہ میرا ذہنی سکون آپ کے گھر میں ہے، اُسے واپس کر دیجئے۔ تھامسن امکانی کوشش کے باوجود اسے لوٹا نہیں پاتا ہے کیونکہ خیال اُڑ جاتا ہے۔

کہانی کا یہ رنگارنگ عکس سابقہ رنگوں سے کچھ زیادہ پُرکشش اور بامعنی ہے۔ اس میں دو متضاد خیال کے نمائندے حبس کے ماحول سے آزاد فضا میں نکلتے ہیں۔ کچھ اور دوستوں یعنی نئے خیالات سے ملتے ہیں۔ امکانات اور ناممکنات کی تکرار سے گزرتے ہوئے گھر واپس آتے ہیں۔ ایک کی کیفیت نیم بیہوشی کی ہے، دوسرا فکر اور خوف کے عالم میں ہے۔ خوفزدہ، شہوت زدہ خیال کو اُس کے کمرے میں بند کرتے ہوئے اپنے گھر میں قدم رکھتا ہے تو دیکھتا ہے کہ اُس کی دنیا برباد ہو چکی ہے۔ ایسا نہیں ہے کہ منفی خیال نے مثبت پہلو کو ترک کر دیا ہو کیونکہ بالکنی میں موجود کئی چیزوں کو مثبت خیالات سے جوڑا گیا ہے لیکن آخر میں خوش کن خیالات مسمار ہو چکے ہوتے ہیں اور انتشار کی کیفیت ایک المیاتی اختتامیہ (Tragic end) اختیار کر لیتی ہے جس کی وضاحت کہانی کے اِس آخری جملے سے ہوتی ہے:

''بیوی سے اُس کی نگاہیں ملیں تو اُسے اچانک احساس ہوا کہ گھر میں میّت پڑی ہے

اور باہر کرفیو میں اُس کی تدفین ایک سنگین مسئلہ ہے۔''

چُست دُرست کہانی کے لیے کہا جاتا ہے کہ بیانیہ قابل فہم اور خیال اعلیٰ ہو۔ اظہار کی سطح پر کم سے کم اُلجھن ہو۔ یہ خوبیاں مذکورہ کہانی میں موجود ہیں۔ تانے بانے نفاست سے بُنے گئے ہیں۔ طریقۂ کار گنجلک نہیں ہے۔ یہ معلوم ہوجاتا ہے کہ کہانی کا محرّک بابری مسجد ہے۔ پھر بھی ایک کھٹک باقی رہتی ہے کہ شائد ابھی کہانی پوری طرح کُھل نہیں پائی ہے۔ یہ کھٹک ہے تھامسن کا گھر اور جان کی شخصیت۔ وہ گھر جہاں چھوٹے بڑے تمام کردار جمع ہوتے ہیں۔ کہانی شدّت اختیار کرتی ہے۔ کلائمکس بڑھتا ہے۔ وہ گھر غیر اہم کیسے ہوسکتا ہے جہاں واضح اشارے ہیں کہ جان کی منشا کبوتر مارنا ہے۔ سبب خون کا حصول بنتا ہے جو مدران لا کے مفلوج عضو کو متحرّک کرسکتا ہے۔

مِس ریزہ جس کا جسم تھامسن کا غلام ہے مگر روح کبوتر کی مانند آزاد ہے۔ جان کبوتر کو گرفت میں لینا چاہتا ہے تو روح کچوکے لگاتی ہے اور مِس ریزہ کبوتر کو آزاد کردیتی ہے۔ چونکہ امکانات کے دائرے محدود نہیں ہوتے ہیں اِس لیے توجیہات کا سلسلہ بھی وسیع ہوتا چلا جاتا ہے اور جب ان کہی باتوں کو عالمی پس منظر سے منسلک کیا تو وہ گتھی جو کھٹک رہی تھی، سلجھنا شروع ہوئی۔ ابھی تک ہم نے ہندوستان کے کینوس میں کہانی کو دیکھا تھا کہ کالونی ملک، فلیٹ مختلف شہر اور بالکنی گھر کی علامتیں اختیار کرتے ہیں لیکن سانپ اندرون ملک سے بیرون ملک کی طرف ذہن کو منتقل کرتا ہے اور اس کا خوف غیر ملکی خوف کی شکل اختیار کرلیتا ہے۔ یہیں سے اِس زاویے کو تقویت ملتی ہے کہ کہیں جان غیر ملکی ہاتھ تو نہیں ہے جو امن کو درہم برہم کر رہا ہے۔ شک کی سوئی اس جانب گھومتی ہے جس کے ہاتھوں میں خون خرابے کی اصل لگام ہے۔ تھامسن کو امریکہ اور جان کو امریکہ کا ہم خیال ملک مان لیا جائے تو ریزہ فسلطین کی شکل اختیار کرلیتی ہے۔ وہ بے گھر ہوئی ہے۔ اُس کی جائے پناہ چھن گئی ہے۔ دونوں نے اس سے اپنا رشتہ جوڑ لیا ہے لیکن اُس کا اپنا وجود بکھر گیا ہے۔ یہ توجیہ ضمنی سہی لیکن اس سے کہانی کے بکھرے ہوئے تار جُڑتے ہیں اور مطلع صاف ہُوجاتا ہے بقول وزیرآغا

جاتے کہاں کہ رات کی باہیں تھیں مشتعل چھپتے کہاں کہ سارا جہاں اپنے گھر میں تھا

ان توجیہات کے توسط سے ہم کہہ سکتے ہیں کہ شوکت حیات کی یہ کہانی داخلی زندگی پر خارجی اثرات کی نمایاں مثال ہے۔ افسانہ نگار نے پورے اعتماد اور آگہی سے فرد اور معاشرے کے مظاہر کو خوبصورت اشاروں میں متشکل کیا ہے۔ اسی لیے اس کہانی میں استعاروں اور علامتوں کے ساتھ ساتھ ایمائیت اور منظری ربط بھی موجود ہے۔

◀◀ ● ▶▶

● ڈاکٹر سید اشہد کریم

شوکت حیات اور ''گنبد کے کبوتر''

شوکت حیات بھی وبا کے دنوں میں افسانے کی حقیقت ہو گئے۔ یعنی وہ ۲۱؍اپریل ۲۰۲۱ء کو اپنی رہائش گاہ پاٹلی پتر میں زندگی کی آخری سانس لے کر ۷۰ سالہ زندگی کو الوداع کہہ گئے۔

شوکت حیات کی تاریخ پیدائش یکم ؍دسمبر ۱۹۵۰ء ہے اور ان کا شمار ۱۹۷۰ء کی دہائی سے ابھرنے والے افسانہ نگاروں میں ہوتا ہے۔ اللہ نے انھیں بہترین تخلیقی ذہن سے نوازا تھا۔ اس لئے زورِ قلم کے ذریعہ بہت جلد ان کا شمار اپنے عہد کے نمائندہ افسانہ نگاروں میں ہونے لگا تھا۔ ''گنبد کے کبوتر'' ان کا اکلوتا شاہکار افسانوی مجموعہ ہے اور اس کا ٹائٹل افسانہ شوکت حیات کی افسانوی شناخت کا حصہ ہے۔ شوکت حیات نے اپنے افسانوں کے متعلق ایک نوٹ لگا کر اپنے اس مجموعہ میں پیش کیا ہے، جس کی عبارت یوں ہے:

> ''غیر روایتی، غیر ترقی پسند، غیر جدید، غیر مابعد جدید افسانے جنھوں نے 'انامیت، نامیاتیت، اور سارک رائٹرس کانفرنس ۲۰۰۵ء علی گڑھ کے موقع پر' امکانیت پسندی' کی تھیوریز دیتے ہوئے انام افسانے نامیاتی افسانے اور امکانی افسانوں کی بنیاد گزاری کی ہے۔ ان کے خدوخال کو متشکل کرتے ہوئے عصری و آفاقی افسانوں کی تخلیق کی ہے۔''

پتہ نہیں شوکت حیات کے افسانے ان تھیوریز کی کہاں تک نمائندگی کرتے ہیں لیکن ان افسانوں کے مطالعہ میں یہ بات دھیان رکھنے کے قابل ضرور ہے۔ شوکت حیات نے اپنی تحریر میں ان تھیوریز کی وضاحت بھی کی ہے۔ وہ ''گنبد کے کبوتر'' میں پیش لفظ کے تحت لکھتے ہیں:

> ''جب ہماری شناخت مستحکم ہو گئی تو میں نے ...... 'قوت نامیہ' پر زور دیا اور اس طرح امتداد وقت کے ساتھ اپنے عصری افسانوں کے لئے 'نامیاتیت' کی تھیوری پیش کی۔''

نامیاتی افسانے کا تعارف وتصور ان کی نظر میں یوں ہے کہ کسی بھی عہد کے افسانے ہوں لیکن ہر عہد میں ان کی فکر وفنی سطح پر Grow کرنے کی صلاحیتیں نئے عہد کے تقاضوں کے تحت متن کے نئے

معنیاتی نظام قائم رکھنے کی صلاحیتیں رکھتے ہیں۔ اس کے بعد انھوں نے ''امکانیت پسندی'' پر مبنی تھیوری کی بنیاد گزاری بھی کی جو ان کے مطابق افسانوں میں فنی وفکری، حرکی، ہیئتی، جدلیاتی، ریڈیکل اور امکانی اختصاص سے بھرا ہو۔ بلراج مینرا کی 'کمپوزیشن سیریز' کے برخلاف 'سچویشن سیریز' کی تھیوری کو بھی اپنایا اور 'کیفیت سیریز' کے بھی افسانے لکھے۔ شوکت حیات نے اپنے افسانوں کے متعلق یہ بھی لکھا ہے:

''میرے افسانے اس تناظر میں دیکھے جائیں کہ یہ وہ نئے جدید اور مابعد جدید افسانے میں جو دراصل نامیاتی اور امکانی انامیت اور نامیاتیت اور امکانیت پسندی کے سرمدی اوصاف سے مملو ہیں ان افسانوں میں آج کے عہد اور آج کے انسان اس کے مسائل کے نئے ڈھنگ، لہجے، تکنیک، ٹریٹ منٹ، موضوع، فکری بصیرت اور تیور کے ساتھ دریافت کرنے کی کوشش کی گئی ہے۔''

پتہ نہیں ترقی پسندی سے انھیں کیا بیر رہا کہ بات وہ جدیدیت، مابعد جدیدیت کی زیادہ کرتے ہیں لیکن ان کے افسانے دیکھا جائے تو احتجاجی مزاج لئے ترقی پسندی کی جڑروں سے ہی پھوٹ کر نکلے ہیں۔ ''بانگ'' شوکت حیات کا بالکل ترقی پسند افسانہ ہے۔ جدیدیت کی لہر نے بہتوں کو برباد کیا مگر شوکت حیات کے افسانے اس لئے نئی تازگی سے بھرے پڑے ہیں کہ انھوں نے ترقی پسندی کی سماجی ڈور کو اپنے افسانوں سے باندھے رکھا ہے۔

''گنبد کے کبوتر'' کا انتساب شوکت حیات نے چار حصوں میں تقسیم کیا ہے۔ جن میں اول کو چھوڑ کر بقیہ تین حصے ان کے ذاتی تعلق کی کڑی ہیں، والد سید محفوظ الحق، صرف اس لیے اہمیت نہیں رکھتے کہ وہ انھیں زندگی سے آشنا کرنے والے ہیں بلکہ انھوں نے مطالعے کے شوق کو مہمیز کیا اور ڈائری لکھنے کی ہدایت کی یہ تربیت شوکت حیات کی افسانہ نگاری میں بنیاد کا پتھر ہے۔ اسو پھوپھی (بلقیس بیگم) کی حوصلہ افزائی نے کتاب کی اشاعت کو آسان بنایا اور سہیل عظیم آبادی نے افسانے کی ڈگر پر چلنا سکھایا۔ مگر انتساب کا پہلا حصہ تخلیقی ارتقا سے جڑا ہے۔ دیکھئے عبارت کیا کہتی ہے:

''ان ہم عصروں کے نام جنھوں نے میری طرح قدیم وجدید ادبی قبر گاہوں سے بہت آگے اپنے.... سفر کی ابتدا کی ہے...... اور آنے والی نسلوں کے نام جو ذہنی کشادگی کے ساتھ آزادانہ طور پر اسی تسلسل اور تغیر وتبدل کا اہم حصہ بنیں گی۔''

شوکت حیات کے اندر بھی تخلیقی انا کی وہ آگ جو فن کی جلا کا حصہ تھی اور جمیل مظہری کے لفظوں میں وہ فریب پیہم ہی زندگی کا نام ہے۔

شوکت حیات نے کئی کہانیاں لکھیں مگر افسانوی مجموعہ صرف ایک ہی ''گنبد کے کبوتر'' کے نام سے ۲۰۱۰ء میں شائع ہوا۔ شاید ایک مجموعہ اور زیر اشاعت ہے۔ اب دیکھئے اس کا کیا ہوتا ہے۔ شوکت حیات کی پہلی کہانی 'بکسوں سے دبا آدمی' ہے جو 'کتاب' لکھنؤ میں شائع ہوئی۔ ''گنبد کے کبوتر'' میں کل ۱۲۵ افسانے ہیں۔ ہر افسانہ اپنے زبان و بیان، تکنیک اور ٹریٹ منٹ کے اعتبار سے چونکاتا ہے۔ 'بلی کا بچہ' ایک مشترکہ خاندان کے قدامت پسند خاتون کی کہانی ہے جہاں گھر چھوٹے چھوٹے بچوں سے بھرا ہوا ہے بچوں کی ضد نے 'بلی کا بچہ' پال لیا اب اس کی ستم ظریفی یہ ہے کہ خالی وقتوں میں تو وہ پڑا رہتا ہے لیکن جیسے بوڑھی بی یعنی دادی اماں نماز پڑھنا شروع کرتی ہیں یہ ان سے لپٹ کر کھیلنے لگتا ہے یہ شرارت ضعیف العمر دادی اماں کے مزاج پر بہت گراں گزرتی ہے۔ یہاں تک کہ مرحوم شوہر بھی دعائے آخرت کے خوبصورت کلمات سے نوازے جاتے ہیں۔ ساس بہو کے مزاج کا تضاد اور اس میں بلی کے بچے کی حرکات و سکنات نے افسانے کو پر لطف بنا دیا ہے۔

''کوبڑ'' ایک ایسے شخص کی کہانی ہے جس کی جانفشانی بے رنگ نظر آتی ہے اپنے لوگ ہی رشتوں کے توازن میں ڈنڈی مارتے ہیں کیونکہ ماں کا چھوٹا بیٹا امریکہ میں نوکری کرتا ہے وہ بھول جاتا ہے اسے یہاں تک پہنچانے میں اس کے بڑے بھائی کی قربانی رہی ہے۔ وہ جب چھوٹے بھائی کو رخصت کرنے دہلی جاتا ہے تو اس کی مشقت اور سفر کی صعوبت کی الگ کہانی ہے وہ جیسے تیسے جنرل ڈبے میں ٹرین کا سفر کرتا ہے اور واپسی کے وقت اس کے پاس کرایہ تک نہیں اس کی پیٹھ پر ایک ابھار ہے جس نے اسے 'کوبڑ' بنا دیا۔ یہ علامت خاندانی بوجھ کی ہے جس نے افسانے کو ناقابل فراموش بنا دیا ہے۔ خود غرضی کی یہ داستان 'اپنا گوشت'' کے اندر اور غضبناک ہو کر ملتی ہے لیکن موضوع ایک ہوتے ہوئے بھی ٹریٹ منٹ بالکل جدا ہے یہاں کے گھر کے تمام لوگ اس بڑے بھائی کو گھر سے ہی نکال دیتے ہیں اور وہ جب مرتا ہے تو اس کے جنازے تک میں شامل نہیں ہوتے۔ سب مقدس رشتے اپنی عیش و عشرت کی دنیا میں گم ہیں لیکن راوی جس کا تعلق اسی خاندان سے ہے اور وہ نئی نسل کا ہو کر بھی اس بے حسی کی شدت کو محسوس کر رہا ہے۔ افسانے کا خاتمہ بہت چونکاتا ہے:

> ''ڈائننگ ٹیبل پر کھاتے ہوئے مجھے ایسا لگ رہا تھا جیسے میں اپنا گوشت کھا رہا ہوں۔'' (اپنا گوشت)

وحدت تاثر افسانے کی جان ہوا کرتا ہے اور وہ یہاں پوری شدت کے ساتھ اپنی چھاپ چھوڑتا ہے۔ ''گھونسلا''، تقسیم کے بعد ہندوستان میں اپنے شہر واپس آنے والے ایک ایسے شخص کی کہانی ہے جو اپنا گھر اور گاؤں ڈھونڈ رہا ہے لیکن سارے چٹیل میدان ہو چکے ہیں۔ سرخ اپارٹمنٹ دو دوستوں کی کہانی ہے اصول اور بے اصول، ایمانداری اور بے ایمانی کا تضاد دکھلایا ہے جہاں کہ بے ایمان دولت کی ریل پیل

حاصل کر لیتے ہیں اور ایماندار آدمی اپنی ضرورت پوری کرنے کو بھی ترستا رہتا ہے۔ شوکت حیات کے افسانے اپنے موضوع تکنیک اور ٹریٹ منٹ کے اعتبار سے اپنے ہم عصروں میں انفرادیت رکھتے ہیں۔

''گنبد کے کبوتر'' میں شوکت حیات کی افسانہ نگاری کا جائزہ پیش کرتے ہوئے تین مضمون قلم بند کئے گئے ہیں (۱) شوکت حیات کی افسانہ نگاری، وارث علوی (۲) شوکت حیات کا فنی سفر، مہدی جعفری (۳) شوکت حیات کے افسانے، ڈاکٹر ابرار رحمانی۔ ان اصحاب قلم نے شوکت حیات کی افسانہ نگاری کا بھرپور تجزیہ کیا ہے ساتھ ہی ساتھ انھوں نے خود اپنی تھیوریز کے متعلق ''میری تھیوری سازی اور میرے افسانے کے عنوان سے اپنے تخلیقی تجزیئے سے روشناس کرایا ہے۔ اخیر میں اپنے مدح خواہوں کی رائے کو بھی شامل کیا ہے جن کی فہرست یوں بنتی ہے۔

> ''گوپی چند نارنگ، شمس الرحمٰن فاروقی، قمر رئیس، مہدی جعفری، وہاب اشرفی، نظام صدیقی، دیوندر اسر، ڈاکٹر نور الحسن نقوی، رام لعل، مظہر امام، حامد کاشمیری، وارث علوی، شہنشاہ مرزا، زبیر رضوی، ڈاکٹر سلیمان اطہر جاوید، ڈاکٹر نکہت ریحانہ، کمار باشی، طارق سعید، شاہد تسلیم، سید احمد قادری، ابرار رحمانی، نسیم احمد نسیم، قیصر علی، احتشام عادل، مجید رضوی، علی احمد فاطمی، مشتاق احمد نوری، عبدالرحمٰن، قاسم خورشید، مشرف عالم ذوقی، خورشید اکرم۔''

شوکت حیات کی افسانوی دنیا'' گنبد کے کبوتر'' سے روشن رہے گی۔ آیئے اس کے ٹائٹل افسانے کا جائزہ لیتے چلیں۔ اس افسانے کا ذکر اس افسانوی مجموعہ میں قلم بند کئے گئے تینوں مضامین کے اندر خصوصی طور پر ہوا ہے۔ وارث علوی نے'' گنبد کے کبوتر'' کو حقیقت نگاری کے اسلوب کا مظہر بتایا ہے۔ مگر یہی افسانہ گلے تک علامت کی پانیوں میں ڈوبا ہوا ہے۔ مہدی جعفر کو اس میں معلوم تمام (Omniscient) راوی کا دلچسپ برتاؤ ہے جس کی وجہ سے اس افسانے میں کہانی یا اینٹی اسٹوری سے باہر نکلنے کا عمل نظر آتا ہے۔ ابرار رحمانی کا ماننا ہے کہ سین دادا کا ذاتی کیریکٹر چاہئے جتنا کمزور ہے شوکت حیات نے اپنے زبان و بیان اور قلم کے زور سے ایک مضبوط اور یادگار کردار بنا دیا ہے۔

گنبد کے کبوتر ایک علامتی افسانہ ہے جو بابری مسجد کے انہدام پر لکھا گیا ہے۔ اس افسانہ کے اندر ایک شدید اضطرابی کیفیت ملتی ہے جیسا کہ عنوان ایک خاص فکر کو لے کر دو چیزوں کے باہمی رشتے اور تعلق کی بنیاد پر قائم کیا گیا ہے۔ ویسے ہندوستان کی آزادی اور تقسیم ملک کے بعد بابری مسجد کا انہدام بھی ایک اہم سیاسی و سماجی اور تاریخی و تہذیبی موضوع ہے جس کی بساط مذہب ہے۔ اس موضوع پر بہت سارے قلم کاروں نے زور

آزمائی کی ہے بہت کچھ لکھا گیا ہے ان میں ''گنبد کے کبوتر'' کے علاوہ دیگر قابل ذکر افسانوں میں ''دوسرا بن باس'' (سید محمد اشرف) باہم (سلام بن رزاق) اور نیو کی اینٹ (حسین الحق) فکری وفنی لحاظ سے بہت اہم ہیں۔سب کی طرز نگارش الگ الگ ہے۔فکروفن کی جہتیں بھی جدا ہیں۔صرف صنفی ہیئت ایک ہے۔

''گنبد'' کا رشتہ ہماری تاریخ اور تہذیب کے ساتھ ساتھ مذہبی شناخت کا بھی حصہ ہے۔اور ''کبوتر'' امن وآشتی کی علامت ہیں۔اس لئے گنبد کے ٹوٹنے سے ہماری تاریخی وتہذیبی خلا میں بے ضرر معصوم کبوتروں کے پروں کی پھڑ پھڑاہٹ شدت اضطراب کا اظہار لئے ہیں۔ وارث علوی کے مطابق ''کبوتر سے قطع نظر آدمی کا بے سہارا پن ایسے دور دراز اندیشوں کو جنم دیتا ہے کہ وقت کے بہاؤ میں اس شکستہ کشتی کو کوئی کنارہ مل سکے گا یا نہیں۔یا پھر ہولناک انجام کا آغاز ہے۔'' اس خدشہ کا احساس مہدی جعفر کو بھی ہے اور وہ اسے بے اماں صورت حال کا نقش مانتے ہیں۔

واحد متکلم کے ذریعہ بیانیہ کی تکنیک اپنائی گئی ہے اور سچویشن کی ہنرمندی کو بروئے کار لاتے ہوئے جگہ جگہ استعاراتی اسلوب میں برتا گیا ہے۔کہانی کا پلاٹ ایک فلیٹ میں رہنے والے انسان کا خوف اور اضطرابی کیفیت سے تیار کیا گیا ہے اس اضطرابی کیفیت اور خوف کی بنیاد مذہب ہے کیونکہ مسئلہ سیاسی و مذہبی جنون ہے جس کا رشتہ ایک نئے تخت وتاج کے فکری ونظریاتی قیام سے ہے۔اس فضا کی منظر کشی مصنف کے الفاظ میں افسانے کے اندر یوں پیش کی گئی ہے:

> ''ٹیلی ویژن آن تھا، پرائیوٹ چینل کے پروگرام چل رہے تھے۔دودھیا اسکرین پر تاریخ کی طویل صدیاں لمحوں کی نوک پر خود آخری ہچکی لے رہی تھیں۔''

واحد متکلم کے فلیٹ کے پڑوسی یعنی سین دادا ہیں جو اسے لیکر مسٹر تھامسن کے یہاں جاتے ہیں۔جہاں شراب کا دور چلتا ہے اور وہاں شراب کے بعد شباب لئے ایک نوجوان ملازمہ مس ریزہ بھی اپنی بے بسی کے جال میں ہے۔ بے کس عورت مرد کے جنسی تشدد کا شکار ہے۔کہانی میں سچویشن کے مطابق استعاراتی اسلوب تعمیری اکائیاں لئے ہوئے ہیں۔مہدی جعفر ان کی نشاندہی کرتے ہوئے لکھتے ہیں: ''بے ٹھکانہ کبوتر، گنبدوں کے مختلف زاویے، بالکنی میں آنے والے گلہریوں اور گوریوں کو متوحش کرتا ہے۔سین دادا کا چین وراحت سے انجوائے کرتا ہے۔گارڈ کا افواہ پھیلانا اور گھپلا کرنا، مس ریزہ اور کبوتر کی پُر وحشت مماثلت، بلی کی کبوتر سے دشمنی، مسٹر تھامسن اور مسٹر جان کی پرامان رہائش مدران لا کے لئے کبوتر کا سوپ تجویز کرنا یہ ساری چیزیں سچویشن کو جگہ جگہ نمایاں کرنے کے استعارے ہیں۔ایک بے توازن اور بے امان صورت حال نقش ہوتی ہے۔'' وارث علوی کے مطابق یہ خاکہ جبلتوں کا تراشیدہ ہے۔واحد متکلم کو نہ شراب

سے دلچسپی ہے نہ زندگی کی سطحی چھچھوری حرکتوں سے رغبت۔سین دادا اور مسٹر تھامسن کے لئے وقت میں بہاؤ نہیں ٹھہراؤ ہے۔ جمود ہے، ان کے کائی لگے ٹھہرے پانی میں اور مظلوم ملازمہ مس ریزہ کے ساتھ ان کے سلوک میں خارج کا کوئی بھی واقعہ ہلچل یا حرکت پیدا نہیں کر سکتے۔ایک کبوتر باروچی خانہ میں گھس آتا ہے جو کہ زخمی ہے لہولہان ہے۔ پڑوس کے ایک شخص فالج زدہ بڑھیا کے ہاتھ پر خون ملنے کے لئے چھری چلائی تھی مگر کبوتر خوف کے مارے ہاتھوں کی گرفت سے نکل آیا۔شاید یہ اس بات کا اشارہ کرتا ہے کہ(بقلم وارث علوی) قدیم بوسیدہ مفلوج عقائد توہمات اور رسم ورواج کو اسی طرح تازہ جوانیوں کا لہو پلا پلا کر زندہ رکھا جاتا ہے۔'' ایسا لگتا ہے کہ شوکت حیات نے اس افسانے میں جو اسلوب اختیار کیا ہے اس سے کئی نثری نظمیں اور افسانچے تیار کئے جا سکتے ہیں۔مثلاً نثری نظموں کے نمونے یوں پیش کئے جا سکتے ہیں:

(۱)

بے ٹھکانہ کبوتروں کا غول آسمان میں پرواز کر رہا تھا
متواتر اڑتا جا رہا تھا/اوپر سے نیچے آتا
بے تابی اور بے چینی سے اپنا آشیانہ ڈھونڈتا
اور پھر پرانے گنبد کو اپنی جگہ غائب دیکھ کر
مایوسی کے عالم میں اڑ جاتا
اڑتے اڑتے ان کے بازو شل ہو گئے
جسم کا سارا لہو آنکھوں میں سمٹ آیا۔

(۲)

دن بھر کا تھکا ماندہ ہانپتے کانپتے بغیر لفٹ کے
اپارٹمنٹ کی چوتھی منزل پر پہنچ کر
وہ اپنے فلیٹ کی کال بیل بجاتا
بدحواسی پورے وجود پر طاری ہوتی
بچے پیروں سے لپٹے کاندھوں پر چڑھنے کی کوشش کرتے
تم لوگ اب تک کلچرڈ نہیں ہو سکے
دوسرے بچوں کو دیکھو
سیکھو کچھ ان سے

کس طرح نہ ہونے کی طرح ہوتے ہیں
یہی تو ان کی شناخت ہے

(۳)

گوریوں کا جھنڈ چہچہاتا ہوا اپارٹمنٹ کی اس بالکنی میں
منڈلاتا رہتا اور زندگی کی خوبصورتی کے گیت گاتا
ایک نٹ کھٹ گلہری تیزی سے آئی
اور شرارت بھری آنکھوں سے اسے گھورتی ہوئی
پیپل کے درخت کی ٹہنی کے راستے پیڑ پر واپس چل دیتی
ہواؤں کی خنکی میں سورج کی سنہری کرنوں کی گرمی
من پسند دلربا اور سیم تن کی گرمی سے رذائقہ دار
ہم آمیزی کا لطف دیتی

افسانچے کے نمونے بھی ملاحظہ کریں:......

(۱)

ٹیلی ویژن آن تھا۔
پرائیوٹ چینل کے پروگرام چل رہے تھے
دودھیا اسکرین پر تاریخ کی طویل صدیاں لمحوں کی نوک پر
خود آخری ہچکی لے رہی تھیں!!!

(۲)

اس عمر میں دادا آپ......
اس نے جملہ ادھورا چھوڑ دیا
اس کا دل دوسرے گنبدوں میں الجھا ہوا ہولناک کیفیتوں سے گزر رہا تھا......
سین دادا نرم و گداز......جسمانی گنبدوں میں ٹامک ٹوئیاں مارتے ہوئے چٹخارے مار رہے تھے۔
اس کے مشفق باپ کی آنکھوں میں کیسے کیسے خواب تھے؟
وہ باپ سے لپٹ گئی......
ننھے پیروں سے اس کے کندھوں پر چڑھ گئی......

اس کے لئے کوئی اور راستہ بھی نہ تھا
کئی دروازے اس نے بدلے تھے
ہر دروازے پر زبانیں لپلپاتے سرخ آنکھوں والے
حیوان موجود تھے۔

اس افسانے میں اسلوب کی بنت ایسی ہے کہ ہر پیراگراف اپنے علامتی اظہار میں ایک اضطرابی کیفیت کی کہانی لئے ہوئے ہے۔ کہیں کہیں وہ خوشگوار مناظر بھی ملتے ہیں جو راوی کی زندگی میں اس کے ذوق وشوق کا حصہ ہے اس میں اس کے جینے کی خوش رنگ جھلک ملتی ہے۔

کردار نگاری کے لحاظ سے اس افسانہ میں سین دادا کا کردار اپنی تمام تر اخلاقی پستیوں کے باوجود نا قابل فراموش سا لگتا ہے۔ وہیں مس ریزہ کا کردار ایک بے کس و بے بس عورت کا ہے جو کبوتر بازوں کا حصہ ہے۔ مسٹر تھامسن نے اپنے فلیٹ کا دروازہ امن وامان کے لحاظ سے کھلا رکھا ہے مگر یہاں ان کی اپنی زندگی کی سرشاری ہے۔ اور پر تکلف دوستوں کا خیر مقدم ہے۔ مسٹر جان مسٹر تھامسن کے پڑوسی ہیں لیکن ان کا مزاج ان سے الگ ہے۔ راوی کا کردار اس افسانے میں ڈرے سہمے ایک خوفزدہ انسان کا ہے جس کے جینے کے سلیقے میں خوش مزاجی، انسان دوستی، پرندوں سے محبت، پھولوں سے رغبت ہے۔ ان سب کچھ کے باوجود حالات سے مقابلہ کرنے کی سکت نہیں ہے؟ ایسا لگتا ہے کہ سحر البیان کا بے نظیر ہے۔ مسٹر تھامسن کے یہاں کے خوشگوار ماحول نے بھی راوی کے دل کو اندر سے ہلائے رکھا۔

''لیکن یہ صاحب تو اتنے سوگوار ہیں کہ انھوں نے کوئی مزہ نہ لیا۔''
کیونکہ راوی کی باطنی دنیا ہلچل مچائے ہوئے تھی۔
''اب کیا ہوگا...... آئندہ کیا ہونے والا ہے......؟

وہ اب اوب گیا تھا۔ تھامسن کے ہاں اس نے بھی مئے نوشی کی۔ لیکن اسے نشہ آنا تو دور، ہلکا سرور بھی نہ ہوا۔ رہ رہ کر اسے اپنے گملے کے پودوں، بالکنی اور بچوں کے اجتماع کا خیال آ رہا تھا ایک عجیب تشویش میں وہ تمام وقت مبتلا رہا۔''

اور آخرش اس خدشے کا انجام بھی ویسا ہی ہوا جو اس طرح کے حالات پیدا کرتے ہیں جسے مصنف نے علامتی اظہار میں بیان کیا ہے۔ مرجھائے ہوئے پھول، مسلی کچلی ہوئی پنکھڑیاں، ٹوٹے پھوٹے گملے خوں ریزی کا منظر نامہ اور درد لئے ہوئے ہیں۔

اس افسانے کے آخر کے دو پیراگراف اضطراب کی لہر سے اٹھتا ہوا حقیقت کا ایسا جوار بھاٹا ہیں

جہاں زندگی ملیامیٹ ہوکر عبرت کا نشان چھوڑ جاتی ہے۔

''آسمان میں گنبد کے خون آلود کبوتروں کا غول مستقل جائے اماں کی تلاش اور کچھ کر گزرنے کے جنون میں چکر کاٹ رہا تھا۔''

''بیوی سے اس کی نگاہیں ملیں تو اسے اچانک احساس ہوا کہ گھر میں میت پڑی ہے باہر کرفیو میں اس کی تدفین ایک سنگین مسئلہ ہے۔''

عالمی وملکی سطح پر ابھرنے والی اضطراب کی کچھ ایسی حقیقتیں اس میں مذہبی جبر اور سیاسی رشتوں کی گہرائی بہت دور تک دکھائی دیتی ہے اور اس میں چند سوال افسانہ نگار نے ادھورے چھوڑ دیئے ہیں جن کا جواب فی الوقت بہت مشکل ہے۔

کیا ہماری زندگی تھامسن کے فلیٹ کی محتاج ہوگئی ہے؟ کیا لٹے پٹے قوم کی بیٹیوں کا مقدر مس ریزہ جیسا ہوگا؟ کیا حکمت اور ردانشوری سین دادا جیسے لوگوں کی سرشار وسرمست نگاہوں میں بھٹک کر رہ گئی ہے؟ کیا گھر کی نگہبانی ایک ایسے شرافت کے پیکر میں تبدیل ہوگئی ہے جو حالات کا سامنا نہیں اس کا ماتم کرنا چاہتا ہے؟ راوی کی پست ہمتی تقدیر کا المیہ ہے یا تدبیر کی موت؟ منشی پریم چند کا مشہور اور شاہکار افسانہ کفن کو شمس الرحمٰن فاروقی Black Humory اور گوپی چند نارنگ Irony بتاتے ہیں تو کیا ''گنبد کے کبوتر'' شعور کی غفلت نہیں ہے ایک باشعور آدمی جس طرح سے بیوی بال بچوں کو آتشیں حالات میں چھوڑ کر شراب کی محفل میں اپنے دکھ کا ماتم منا رہا ہو اور وہ گھر میں اس وقت پہنچتا ہے جب اس کے گھر کی زندگی کے تانے بانے ٹوٹ چکے ہیں۔ اور وہ گھر میت لئے قبرگاہ بن گیا ہو............؟

بیسویں صدی کا نصف آخر اور اکیسویں صدی کے ابتدائی حصے کی تاریخ کے دھندلے صفحات جب بھی صاف ہوں گے تو اخبار کے تراشے ٹی وی کے اسکرین شارٹ اور شوکت حیات کے افسانے اس 70 سالہ ہندوستان کو سمجھنے میں معاون ہوں گے۔

شوکت حیات اب ہمارے درمیان نہیں لیکن ان کے افسانے زندہ وتابندہ رہیں گے۔ کیوں کہ انھوں نے وقت کی دھڑکنوں کو اپنے افسانوں میں برتنے کی کامیاب کوشش کی ہے۔

◀◀ ● ▶▶

• تجزیہ

• مشتاق احمد نوری

''ذائقہ'' میں نئے ذائقے کی دریافت

'ذائقہ' شوکت حیات کی تازہ ترین کہانی ہے جو'ذہن جدید' کے شمارہ ۵۳/ میں شائع کی گئی ہے۔ عام قاری کا تاثر یہ ہے کہ 'ذائقہ' منہ کا ذائقہ بگاڑ دیتی ہے اور ہمارے تہذیب وتمدن کے ایوان میں زلزلہ پیدا کرنے کا باعث بنتی ہے۔ ممکن ہے کہ آپ بھی اِس خیال سے متفق ہوں یا پھر ایسا سوچنے کے لیے آپ کے پاس اپنا جواز بھی ہوگا۔ لیکن میں نے اس کہانی کو اپنے طور پر سمجھنے کی کوشش کی ہے۔ ضروری نہیں کہ ہر قاری مجھ سے اتفاق کرے وجہ یہ ہے کہ ادب میں کہا کا بھی 'فرمایا' ہوا حرف آخر نہیں ہوتا۔

اگر اِس کہانی کو جنس پر مبنی کہانی سمجھا جائے تو کہانی دوسرے باب میں ختم ہو جاتی ہے، لیکن شوکت حیات اس فن کار کا نام ہے جس کی بادشاہت کہانی کی سلطنت میں دہائیوں تک قائم رہی ہے۔ اِس سے ایسی لچر کہانی کی امّید کیسے کی جاسکتی ہے؟ شوکت حیات لومڑی ی طرح چالاک ہے اور اس کی نگاہیں عقاب جیسی تیز ہیں۔ وہ اگر چیتے کا جگر رکھتا ہے تو اس میں ہاتھی جیسی بردباری بھی موجود ہے۔ وہ تخلیقیت کے لمحے میں ہرن کی طرح چوکنا رہتا ہے تو پھر سے غلطی کے امکان کی توقع کیسے کی جاسکتی ہے۔ دراصل وہ اپنی زیادہ تر باتیں بین السطور میں کرتا ہے۔ اب قاری کا کام ہے کہ وہ ان باتوں کو بھی سمجھے جو بالواسطہ تحریر میں لائی گئی ہیں۔

میں اپنی بات کو یوں واضح کروں کہ رسائل یا اخبار میں بچوں کے لیے اکثر لفظوں کی بنیاد پر ایک پہیلی شائع کی جاتی ہے، جس میں پورے صفحے پر مختلف مقامات پر نقطے بنائے جاتے ہیں اور نقطوں کی نمبر ایک سے پچیس، پچاس، اسّی یا نوے کچھ بھی ہوسکتا ہے۔ ان نقطوں سے کوئی امکانی شکل نہیں جھانکتی اور پہیلی بنانے والا یہ ہدایت دیتا ہے کہ بچوں اپنی پنسل سے ایک نمبر سے لے کر سلسلے وار نمبروں تک لکیریں کھینچتے جاؤ پھر دیکھو کون سی شکل اُبھرتی ہے۔ بچے جب اِس ہدایت پر عمل کرتے ہیں تو انھیں پتا چلتا ہے کہ یہ چچا نہرو کی تصویر ہے یا گاندھی جی کی یا پھر بچوں کے کسی پسندیدہ جانور کی۔ لیکن اگر بچے نمبروں کی ترتیب بدل لیں تو پھر اصل چہرے کی شناخت نہیں رہتی۔

دراصل شوکت حیات وہ چالاک فن کار ہے کہ وہ جو کچھ کہنا چاہتا ہے اُسے سیدھے نہیں کہہ کر

پوری کہانی میں نقطوں کی شکل میں بکھیر دیتا ہے اور نمبروں کی کوئی ترتیب بھی نہیں بتاتا۔ اب قاری پر منحصر کرتا ہے کہ وہ نقطوں کو صحیح ترتیب سے ملالے تاکہ وہ امکانی شکل نظر آجائے جو لفظوں کے درمیان مخفی ہے۔ اگر قاری نقطوں کی ترتیب غلط کر دے تو پھر صحیح شکل سے آشنائی ممکن نہیں۔

سنہ سترّی کے افسانہ نگار جس کی امامت کا سہرا شوکت حیات کے سر رہا اور اس قافلے میں عبد الصمد، حسین الحق، شفق، سلام بن رزّاق، ساجد رشید، علی امام، شموئل احمد، حمید سہروردی، طارق چھتاری اور بہت سے ایسے فن کار شامل تھے۔ وہ لوگ اس زمانے میں بہت ہی مبہم اور علامتی کہانیاں لکھا کرتے تھے، کبھی کبھی تو کہانی کو سمجھنے کے لیے Key کی بھی اشاعت کی جاتی ہے۔ آپ اسے یوں سمجھیں کہ وہ سادہ کاغذ پر جہاں امکانی شکل کے لیے پچاس نقطے درکار ہوتے تھے، وہ صرف پانچ نقطے یاد کرتے تھے اور قاری سے توقع کرتے تھے کہ بقیہ نقطے بھی وہ خود ڈالیں اور نمبروں کی ترتیب بھی خود ہی طے کریں۔ اس طرح الگ الگ قاری اپنی پسند کی تصویر بنانے کے لیے اپنی طور سے آزاد تھا اور ایک ہی کہانی کی کئی امکانی شکلیں سامنے آتی تھیں۔ بعد میں جب روشن بیانیے کا دور آیا تو وہی سنہ سترّی افسانہ نگار یوٹرن لیتے ہوئے بیانیہ کی جانب پلٹ آئے اور ایسی کہانیاں لکھنی شروع کیں جو بہ ظاہر ایک سمتی نظر آتی ہیں لیکن جب آپ تھوڑی سی کاوش کرتے ہیں تو سمتوں کا پھیلاؤ اس طرح ہوتا ہے کہ آنکھیں خیرہ ہو جاتی ہیں۔

کہانی 'ذائقہ' کو میں نے الگ انداز سے دیکھنے کی کوشش کی ہے۔ عام طور پر اس نکتے پر بحث کی جاتی ہے کہ ایسا ہوا، ویسا ہوا جو ظاہری طور پر اچھا یا خراب، قابلِ مذمّت یا قابلِ ستائش ہو سکتا ہے۔ میں 'کہا ہوا' پر بحث نہیں کرنا چاہتا۔ کیوں کہ ہوا اس سے تو آپ واقف ہو ہی چکے ہیں۔ میرے ذہن میں نکتہ صرف یہ ہے کہ ایسا کیوں ہوا؟ کن حالات میں ہوا؟ اور ایسا ہونے کے لیے بنیادی وجوہات کیا کیا ہیں؟

کہانی مختصراً یوں شروع ہوتی ہے کہ ایک پُر فضا پہاڑی مقام پر ایک جدید ترین انجینئرنگ کالج ہے جہاں جدّت کی ساری سہولتیں موجود ہیں۔ وہ کسی ترقی یافتہ مغربی ملک کے انتہائی اونچے درجے کے عالیشان تعلیمی ادارے کی یاد دلاتا ہے۔ طالب علم جدید تہذیب کے پروردہ ہیں۔ اُن کی اپنی تہذیب، اپنا تمدن ہے جو پرکھوں کی تہذیب سے الگ ہے۔ رومانس ان کے لیے ویسا ہی جیسا پیاس بجھانے کے لیے ہم بلا جھجک ایک گلاس پانی اُٹھا کر پی لیتے ہیں۔ وہ ویک اینڈ پر جسمانی مکالمے کو زندگی کا عام حصّہ سمجھتے ہیں۔ سولہ سترہ سال کا سراج جب مایا کے ساتھ ویک اینڈ پر جسمانی مکالمے سے گزرتا ہو تو اسے کچھ نہ کچھ کمی اور ادھورے پن کا احساس ہوتا ہے۔ اس کے بعد اسے گھر کی یاد آتی ہے اور اس کی ماں شدت سے اس کے ذہن میں نمودار ہوتی ہے۔

اگر یہ کہانی جنس پر مبنی ہوتی تو اس کہانی کو اسی جگہ بھی ختم کیا جا سکتا تھا لیکن فن کار بہت چالاک ہے

اس لیے اس سے اس چھچھلے پن کی توقع نہیں کی جاسکتی۔ اس کے بعد سراج کی ماں رانی کا ذکر ہے جس کی شادی پندرھویں سال میں ہوئی اور سولہویں سال میں سراج پیدا ہو گیا۔ اب سراج سولہ سترہ سال کا ہے تو ظاہر سی بات ہے کہ بیٹے کی شکل میں کہیں نہ کہیں باپ کی شبیہ ابھرتی ہوگی۔ اسی لیے تو ''اس کا بیٹا سولہ سترہ سال کے سجیلے نوجوان کا روپ اختیار کر کے اس کی آنکھوں کو ٹھنڈک پہنچا رہا ہے۔'' اب یہاں کہانی میں ایک اور بات در آتی ہے۔ رانی تیس بتیس سال کی دہلیز پر پہنچ کر جب جوانی کا صحیح ڈھنگ سمجھنے لگی تو اس کی چنگاری کی آبیاری کرنے والا اس کا شوہر پردیس میں بچے کی اعلا تعلیم اور کشادہ گھر بنانے کا خواب دیکھ رہا ہے اور ادھر سراج جب گانو میں دوسری عورتوں کو کمر پر گاگر رکھ کر پنگھٹ پر جاتے ہوئے دیکھتا ہے تو اس کے اندر ایک عجیب سی خواہش کلبلانے لگتی ہے اور پنگھٹ کی گوری کی شکل میں اپنی ماں کو تصوراتی طور پر دیکھنے لگتا ہے۔ بہ قول شوکت حیات ''یہ تصوّر اس کے معصوم ذہن میں اچانک کونپل کی طرح پھوٹ کر دیکھتے دیکھتے تناور درخت کی صورت اختیار کر چکا تھا۔''

فن کار تو یہ بات صرف اطلاع کے لیے فراہم کرتا ہے لیکن ایسی خواہش کیوں اور کن حالات میں کلبلانے لگتی ہیں ان باتوں کی قاری پر چھوڑ دیتا ہے کہ وہ خود فیصلہ کریں کہ ایسا کیوں ہوا؟ دراصل کہانی کا بنیادی نکتہ یہی ہے۔ یہ الگ بات ہے کہ فرائڈ کی مشہور تھیوری ہے کہ ماں کا بیٹے کی طرف جھکاؤ اور باپ کا بیٹی سے لگاؤ بھی بنیادی طور پر جنس سے متحرک ہوتا ہے۔ اس معاملے میں آڈیپس کمپلکس کی تھیوری بھی پیش کی جاسکتی ہے۔ چلیے مان لیا۔ اب مسئلہ یہ ہے کہ ان محرکات کو دو آتشہ بنانے کے لیے کالج کی جدید تہذیب نے کتنا رول ادا کیا ہے۔ فن کار کہانی کے شروع میں بتاتا ہے کہ انجینئرنگ کے طالب علموں نے اپنے طور پر اپنی تہذیب بنائی ہے۔ ان کی زندگی میں پرانے اقدار کی کوئی گنجائش نہیں ہے۔ ان کے نزدیک نہ رشتوں کی کوئی پاکیزگی کوئی معنی رکھتی ہے اور ان کی تقدیس کا احترام ان پر واجب ہے۔ وہ تو خود اپنے آدم وحوا بنے ہوتے ہیں۔ پرانی تہذیب کی مقتل پر ان لوگوں نے اپنی جدید تہذیب کی عمارت کھڑی کی ہے اور ہر شئے کو دیکھنے کا ان کا اپنا اخذ کردہ نظریہ ہے۔

اب کہانی کے اس پیراگراف کو ایک بار پھر سے دیکھیں:

> ''اس رات رانی نقطۂ ابال کو پار کر رہی تھی، شوہر ایک مدّت سے نہیں آیا تھا، ہر سال نہ آ کر اپنے آنے جانے کا خرچ بچاتے ہوئے وہ بچے کی اعلا تعلیم اور ایک کشادہ گھر بنانے کا خواب دیکھ رہا تھا۔
>
> سراج کی آنکھیں کھلی ہوئی تھیں...... وہ رانی کے اضطراب کو دیکھ رہا تھا...... محسوس کر رہا تھا...... پنگھٹ پر پہنچی ہوئی عورت نے گھڑا ابھرنے کے بعد پانی ڈھالنا شروع کیا۔ سراج نے ہتھیلیوں کے کٹورے سے نکھرتے ہوئے صاف و

شفاف پانی کی دھار کو غٹا غٹ پینا شروع کر دیا۔ حلق تک اس کی پوری آنت جل تھل ہوگئی اسے ایک گونہ سکون حاصل ہوا۔''

یہ معاملہ جو اچانک ہو گیا کوئی ایک دن کا نہیں، فن کار کی اصطلاح کے مطابق:

''شعلے اٹھتے رہے اور موسلا دھار بارش میں بجھتے بھی رہے۔ عجیب و غریب دل فریب منظر، جیسے دھوپ اور بارش نے بہ یک وقت مصافحہ اور معانقہ کرنا شروع کر دیا ہو۔ دھوپ اور چھانو برسنے کا سلسلہ دراز ہوتا گیا۔''

دراصل یہ عبارت عام طور پر قاری ہضم نہیں کر پا رہا ہے اور اس کی بنیاد پر کہانی مذموم ثابت کرنے کی کوشش ہوسکتی ہے۔

کہانی یہاں پر بھی ختم ہوسکتی تھی کیوں کہ اس میں ذہن کا جھٹکا دینے والا کلائمکس موجود ہے۔ لیکن شوکت حیات یہاں پھنس جاتے ہیں اور اپنا بچاؤ نہیں کر پاتے۔ لیکن کہانی تو کچھ اور ہے۔

کہانی سراج کے گھر سے ہوسٹل کا رُخ کرتی ہے۔ ہوسٹل میں بھی سراج ماں کی تشویش بھری آنکھوں کی گہری اداسی محسوس کرتا ہے۔ ادھر رانی کا پریشان ہونا، ڈاکٹر کے یہاں چکر لگانا، ڈاکٹری نسخہ ڈکشنری میں اس جگہ رکھنا جہاں لفظ 'ایم' کے معنی کی شروعات ہوتی ہے۔ یہ اس بات کو بتاتا ہے کہ رانی اپنے حادثاتی عمل پر شرمندہ ہے، اس کا مینسس بھی رکا ہوا ہے۔ اس کی بوکھلاہٹ اور ڈکشنری میں نسخے کو رکھنا اس بات کا اعلامیہ بھی ہوسکتا ہے کہ جس طرح ڈکشنری میں ہزاروں الفاظ ہیں اسی طرح سماج کے ہزاروں لوگوں کے سامنے اسے شرمندہ ہونا پڑسکتا ہے۔ یا پھر یہ لفظ 'ایم' مین بھی ہوسکتا ہے جو اس بات کو بتاتا ہے کہ اس کا مرد اس سے کوسوں دور ہے اور اس کی کمی، اس کی خواہش کا ابال ہزاروں لوگوں کے سامنے اس کی رسوائی کا سبب بن گیا ہے۔

اب یہاں سے کہانی کار اس کہانی کو الگ سمت میں موڑ دیتا ہے اور ہوسٹل کے کھانے میں ذائقے کی کمی ہے اور سارے بچّوں کی زبان پر ماں کے کھانے کا ذائقہ ہے جو ہوسٹل کے کھانے میں مفقود ہے۔ پھر بچّے ڈائرکٹر کے پاس شکایت لے کر جاتے ہیں اور ہوسٹل کے کھانے کی بدمزگی کی شکایت کرتے ہوئے اس مسئلہ کا حل نکالنے کی گزارش کرتے ہیں لیکن ڈائرکٹر کا جواب سنیے:

''آج سے چالیس سال پہلے گاؤں چھوٹا، گھر چھوٹا، ماں چھوٹی، تب سے در بہ در بھٹکتا رہا ہوں۔ کہاں کہاں نہیں گیا۔ بیرونی ملکوں تک کا ایک سے ایک کھانا کھایا لیکن ماں کے ہاتھ کے ذائقے کے لیے ترستا رہ گیا۔''

پھر ڈائرکٹر پھوٹ پھوٹ کر رونے لگتا ہے اور گہری سانسوں کے درمیان یہ کہتا ہے:

"خدا کرے تم سب اونچے عہدے اور مرتبے حاصل کرو، اگر زندگی میں کسی مقام پر ماں کے کھانے کا ذائقہ تمھیں مل جائے تو مجھے مطلع کرنا۔ زندہ رہا تو اس مقام کی مٹی چومنے ضرور آؤں گا۔"

اس کا مطلب یہ ہوا کہ ڈائرکٹر بھی ماں کے ہاتھ کے کھانے کے ذائقے سے محروم ہو چکا ہے اور سارے زمانے میں اسے وہ شئے نہیں مل سکی۔ اسے یوں بھی کہہ سکتے ہیں کہ یہ جو نئی نسل کالج میں ہے اور ماں کے ہاتھ کا ذائقہ ہوسٹل کے بدمزہ کھانے میں تلاش کرنے میں ناکام ہے، اس سے پہلے کی نسل بھی ڈائرکٹر کی شکل میں اس ذائقے سے محروم رہی ہے۔ اس طرح یہ ایک نہیں دو نسلوں کی محرومی بن گئی ہے۔

کیا شوکت حیات جیسا فن کار ہوسٹل کے بدمزہ کھانے کے ذائقے پر کہانی لکھ کر قاری کا وقت برباد کرنا چاہتا ہے جو کہ ہر کالج کے ہوسٹل کی ایک تہذیب بن گئی ہے۔ اگر ایسا ہے تو پھر شوکت حیات کو کہانی لکھنا بند کر دینا چاہیے کیوں کہ اب اردو کہانی پر اتنا بُرا وقت نہیں آیا کہ ہوسٹل کے کھانے کے بدمزہ ذائقے کو کہانی کا موضوع بنایا جا سکے تو پھر شوکت حیات کی مراد اس ذائقے سے کیا ہے؟ وہ بار بار ماں کے ہاتھ کا ذائقہ کیوں یاد دلانا چاہتا ہے۔ دراصل کہانی کا نقطۂ عروج بھی ذائقہ ہے۔

اب میں آپ کو پھر کہانی کے پہلے باب کی طرف لے چلنا چاہتا ہوں جب وہ لڑکوں کی اپنی تہذیب کی بات کرتا ہے اور یہ کہتا ہے کہ وہ سب ایک نئی تہذیب کی پرورش، پرداخت کے آدم و حوا بنے ہوتے تھے۔ دراصل فن کار کی چھٹپٹاہٹ یہی تہذیب ہے۔ کوئی بھی انسان اپنی پہلی تہذیب ماں کی گود میں سیکھتا ہے اور تہذیب کا وہ ذائقہ جو وہ پہلی بار ماں کے دودھ کے ساتھ محسوس کرتا ہے، اسے زندگی کے ہر موڑ پر لاشعوری طور پر تلاش کرتا پھرتا ہے۔ یہاں فن کار تہذیب کے اسی ذائقے کی بات کرتا ہے جس سے آج کی نئی نسل مکمل طور سے بے بہرہ ہو چکی ہے اور اپنے لیے ایک نئی تہذیب کی عبارت لکھنے پر کمر بستہ ہے۔ اگر لاشعوری طور پر تہذیب کا وہ ذائقہ جو انھوں نے ماں کے زیرِ سایہ حاصل کیا تھا، اس کی محرومیت کا سایہ بھی انھیں جدید تہذیب کے درمیان ادھورے پن کا احساس دلاتا ہے۔

اب آپ اسے یوں دیکھیں کہ جب کالج کا لڑکا اور لڑکی جسمانی مکالمے سے دوچار ہوتے ہیں تو انھیں کہیں نہ کہیں ادھورے پن کا احساس ہوتا ہے لیکن جب یہی مکالمہ سراج اور رانی کے درمیان ہوتا ہے تو "حلق تک اس کی پوری آنت جل تھل ہوگئی، اسے یک گونہ سکون حاصل ہوا" آخر ان دونوں جسمانی مکالمے کے ذریعہ فن کار کس بات کی طرف اشارہ کرنا چاہتا ہے اور صحیح پوچھیے تو کہانی کا یہ ایک بہت ہی اہم نکتہ ہے۔ پہلا جسمانی مکالمہ ان دو نئی نسلوں کے درمیان ہے جو بالکل نئی تہذیب کے پروردہ ہیں۔ وہ تہذیب کے پرانے ذائقے سے محروم ہیں۔

دونوں طرف ناتجربہ کاری ہے اسی لیے انھیں اس کھُلے پن میں بھی ادھورے پن کا احساس ہوتا ہے جب

کہ دوسرے جسمانی مکالمے میں ایک طرف سولہ سال کی ناتجربہ کاری ہے تو دوسری طرف سولہ سال کا تجربہ ہے۔ سولہ سال کا تہذیبی تجربہ، ناتجربہ کاری کو سنبھال لیتا ہے۔ اسی لیے آسودگی کا احساس حلق تک ہوتا ہے۔ اس ذائقے کو جسے ماں کے دودھ کے ساتھ حاصل کیا جاتا ہے، اسی ذائقے کی محرومی کا نوحہ ہے۔ شوکت حیات کی کہانی 'ذائقہ'۔

یہاں یہ سوال پیدا ہونا لازمی ہے کہ رانی اور سراج کے بجائے کسی اور سے سراج کا جسمانی مکالمہ دکھایا جاسکتا تھا۔ لیکن سچائی تو یہ ہے کہ کہانی کار تہذیبی زوال کی انتہائی شدّت کے لیے ایسے حادثے کراتا ہے کیوں کہ تہذیبی زوال کی اس سے بدترین پستی کا تصوّر بھی نہیں کیا جاسکتا جہاں آدمی جانوروں کی طرح سارے رشتوں کا احترام بھول جاتا ہے۔ (ویسے آج کے دور میں رشتوں کی پاکیزگی اور اس کا احترام بے معنی ہوکر رہ گئی ہے۔)

اب آیئے کہانی کو ایک الگ نظریے سے دیکھنے کی کوشش کی جائے۔ رانی جسمانی طور پر کافی جل تھل ہے، اس کے حسن کا یہ عالم ہے کہ مرد تو مرد، عورتیں بھی اسے دیکھنے کی خواہش نہیں دبا پاتیں۔ جوانی جب انگارے کی دہلیز پر آئی تو شرارے دوآتشہ ہو جاتے ہیں اور دریا پایاب۔ اس کا شوہر بچّوں اور گھر کے مستقبل کو سنوارنے کے لیے بیوی بچّوں سے دور ہے اور برابر نہ آکر اپنے آنے جانے کا کرایا بھی بھیج دیتا ہے تاکہ مستقبل مزید روشن ہو۔ وہ یہ نہیں سمجھ پاتا کہ آسائشوں کی فراوانی جسم کی بھوک مٹاتی نہیں، بڑھا دیتی ہے۔ جب یہ بھوک شدّت اختیار کرتی ہے تو اس کا رُخ کس سمت ہوگا، اس کا فیصلہ فرد کے بجائے بھوک کرنے لگتی ہے۔ اسے یوں سمجھا جائے کہ پانی کے فطری بہاو کو اگر نہ روکا جائے تو وہ اپنا راستا آپ اختیار کرتے ہوئے اپنی منزل کی جانب رواں دواں رہتا ہے لیکن جب جب باندھ باندھ کر اس کے فطری بہاو کو روکنے کی کوشش کی جاتی ہے تو وہ تلملانے لگتا ہے اور اس کے غیض وغضب کی انتہا مضبوط سے مضبوط باندھ کے پشتے کو بھی توڑ کر سیلاب کی صورت تباہی کی وجہ بنتی ہے۔ اس وقت سیلاب کا شکار کچّا مکان ہو رہا ہے یا پختہ، مویشی مر رہے ہیں یا انسانی جانوں کا نقصان ہو رہا ہے یہ سیلاب کا پانی نہیں دیکھتا۔ غیض وغضب کے عالم میں نہ تو تہذیب نظر آتی ہے اور نہ ہی اس میں تمدّن کی تلاش ممکن رہ پاتی ہے۔ وہ تو اپنے غیض وغضب کے سامنے ہر شے کو خس وخاشاک میں تبدیل کر دینا چاہتا ہے اور بالواسطہ یہی پیغام دیتا ہے جب جب کسی کے فطری بہاو کو غیر فطری طریقے سے روکنے کی کوشش ہوگی، اس کا انجام ہر حال میں بُرا ہی ہوگا۔

یہاں بھی وہی معاملہ ہے، سماج کے اندر پیسے کی ہوڑ، آسائشوں کی فراوانی، سب سے آگے نکلنے کی للک، انسان کو اپنے تہذیبی اثاثے سے غیر فطری طور پر محروم کرتی جا رہی ہے۔ اسے بدیش کی دولت اور گھر کا تابناک مستقبل نظر آتا ہے۔ بیوی کی رنگین ساڑی اور کلائی کے سونے کے کنگن کی چمک بھی نظر آتی ہے لیکن اس چمک دمک کے اندر وہ اس بھوک سے بے خبر رہتا ہے جو جسم کی اس رنگینی کے اندر بے قابو

سیلاب کی طرح مضبوط سے مضبوط پشتہ توڑنے کے لیے بے قرار رہتی ہے۔

شوکت حیات کی ذہنی تربیت بائیں بازو کی تحریک نے کی ہے۔اس کا اشتراکی ذہن ہر طرح کے ظلم اور بھوک کے خلاف 'بانگ' دینے پر آمادہ ہے۔ وہ 'سانپ سے نہ ڈرنے والا بچّہ' بھی خلق کرتا ہے۔ ناانصافی کے خلاف وہ اپنے قلم کو تلوار بنالیتا ہے۔اس کے ذہن میں بائیں بازو کی تحریک کا جو ذائقہ ہے اسے وہ ہر نا آسودگی میں تلاش کرتا ہے اور در پردہ آسودہ حال لوگوں کو یہ انتباہ بھی کرتا ہے کہ نا آسودگی اور محرومی کا سیلاب جب جب آتا ہے تو اچھے اچھوں کی ہوا اکھڑ جاتی ہے اور ایک نئے نکسل واد کی تحریک کا آغاز ہوتا ہے۔ وہ یہ بھی بتانا چاہتا ہے کہ پیاس کی شدّت نہ منزل واٹر دیکھتی ہے اور نہ ہی نہر کا پانی، کیوں کہ شدّت سارے تمیز مٹا دیتی ہے۔

کہانی میں اس نے تیسہ ندی کا بھی ذکر کیا ہے جو پہاڑی ندی ہے۔ عام طور سے پہاڑی ندی کا پانی بہت صاف اور میٹھا ہوتا ہے لیکن تیسہ ندی کا پانی پہاڑوں میں بل کھاتے گھاٹ گھاٹ سے لپٹتے ہوئے کھارا ہو گیا ہے اور کھارا پانی زندگی کی علامت نہیں بن سکتا۔ دراصل کہانی کار اس ندی کے کھارے پن سے بھی ہماری تہذیب کے دیوالیہ پن کی طرف اشارہ کرتا ہے اور اس جانب بھی اشارہ کرتا ہے کہ میٹھی تہذیب ماں کے دودھ کے ساتھ جسم کے شریانوں میں اُترتی تھی وہ آج کی جدید ترین تہذیب سے آلودہ ہو کر کھارا ہو گئی ہے۔

شوکت حیات ایک عرصے تک علامتی کہانیاں لکھتا رہا ہے اس لیے وہ علامتوں سے اپنے آپ کو دور نہیں کر سکا ہے۔اب اس نے علامتوں کی دریافت اپنے طور پر کی ہے جس کا استعمال اپنی تخلیق میں کرنے لگا ہے۔اس کا بائیں بازو کی تحریک سے متاثر ہونا بھی اس کی کہانیوں کے بین السّطور میں دیکھا جا سکتا ہے۔

یہ کہانی ہمارے تہذیبی زوال کی کہانی ہے جہاں نہ تو شرافت ہے اور نہ اقدار کی پاس داری۔ رشتوں کی پاکیزگی اور ان کے تقدّس کا احترام بھی ملتا ہے۔ یہ کہانی یہ بھی بتاتی ہے کہ آج کے ہپوکریٹ دور میں ہم ہر طرح کی آلودگی سے متاثّر ہو کر اپنے تہذیبی تشخص سے محروم ہوتے جا رہے ہیں اور اپنے اقدار کی پاس داری جسے ہم پُرکھوں کی امانت سمجھ کر نئی نسل کو سونپنا چاہتے ہیں، اسے آج نسل نے سنبھالنے سے انکار کر دیا ہے کیوں کہ وہ اس تہذیبی ذائقے سے قطعی طور پر محروم ہو چکی ہے جو ماں کے دودھ کے ساتھ ہی انھوں نے حاصل کیا تھا۔

● تجزیہ

● غضنفر

شوکت حیات کا افسانہ ''بانگ''

بانگ کی بڑی اہمیت ہے خواہ وہ علامہ اقبال کی بانگ ہو یا شوکت حیات کی۔ خواہ کسی درند کی بانگ ہو یا پرند کی۔ بانگ نہ ہو تو صبح نہ ہو، دن نہ نکلے۔ حیات میں حرکت نہ ہو۔ معاملات میں برکت نہ ہو۔ کائنات بیدار نہ ہو۔ انسان برسرِ پیکار نہ ہو۔ کارِ کاروبار نہ ہو، حالات ساز گار نہ ہوں، شعور وادراک ہشیار نہ ہوں۔ بانگ وہ سُر ہے جس کے تال پر سیاہ افق سے سرخ شعاعیں پھوٹ پڑتی ہیں۔ پو پھٹ جاتی ہے۔ سورج نکل آتا ہے۔ جس کے شور سے زورِ جرّ ار تھرّ ا اٹھتا ہے۔ رعبِ زردار لرز اٹھتا ہے۔ کاخِ امرا کے در و دیوار ہل جاتے ہیں۔ اوقات اور حالات بدل جاتے ہیں۔

بانگ بند ہو جائے تو وقت کی رفتار رک جائے۔ کاروبارِ دنیا ٹھپ پڑ جائے۔ دماغ تشویش میں پڑ جائے۔ دل میں خدشات کا کانٹا گڑ جائے۔ ذہن کا توازن بگڑ جائے۔ پولٹری فارم کے مالک کی چھری اپنے ہی دربے کے مرغ کی گردن پر پہنچ جائے۔ اپنے ہم زاد کا خون ہوتا دیکھ کر دربوں کے باقی مرغوں کی آنکھوں میں لہو اتر آئے۔ ان کی چونچ دربوں کی جالیوں پر پہنچ جائے اور پھر ان سیاہ سفید اور چتکبرے مرغوں کے سینے میں ایک سرخ انقلاب برپا ہو جائے۔

یہی منظر شوکت حیات کی کہانی ''بانگ'' میں نظر آتا ہے۔ شوکت حیات اس منظر کو اتنے بڑے کینوس پر پھیلاتے ہیں کہ مرغ کے پروں کے رنگ طرح طرح کے رنگ دکھانے لگتے ہیں۔ ان رنگوں سے سیاہ، سفید، سرخ اور چتکبرے پیکر ابھرنے لگتے ہیں۔ ان رنگ برنگے پروں والے مرغوں کے پاس ان کی مرغیاں بھی سمٹ آتی ہیں اور اپنی باریک باریک خشک منقاروں سے اپنی زندگی کی لہو میں تر بتر کہانیاں سنانے لگتی ہیں۔ اپنے پیاروں سے الگ ہونے کا کرب، ان کی گھٹن، ان کی بھنچی بھنچی سی آواز سب کچھ ان کے سینے سے باہر آنے لگتا ہے۔ طرح طرح کی محرومیاں جھانکنے لگتی ہیں۔

ہم جنسوں کی گردنوں پر چلنے والی چھریاں، ان کے جسموں سے نچے جانے والے پر، ادھیڑی جانے والی کھال، جسم کی بننے والی بوٹیاں اور دہکتے ہوئے انگاروں پر ان کے گوشت اور گرم آگ پر سینکے جا رہے اس گوشت

سے نکلنے والے عرق کو دربوں کے مرغ دیکھتے ہیں تو ان کے اندر جل رہی انتقام کی آگ اور سلگ اٹھتی ہے۔ان کی چونچیں چاقوؤں میں تبدیل ہو جاتی ہیں اور وہ چاقو چیر نے پھاڑنے کے جذبے سے مغلوب ہو کر قفس نما دربوں کی مضبوط جالیوں سے بھڑ جاتے ہیں۔ مرغوں کے سینے میں انتقام کی آگ دہکتی رہتی ہے۔ احتجاج کے شعلے شر رفشاں ہونے کی تیاری کرتے رہتے ہیں۔ اپنی منقاروں میں طاقت بھرتے رہتے ہیں۔ اپنے ڈینے مضبوط کرتے رہتے ہیں۔ اپنے پنجوں کی چھرّیوں کو تیز کرتے رہتے ہیں اور ایک دن دربوں کی جالیاں توڑ کر باہر نکل آتے ہیں۔

الگ الگ گوشوں، الگ الگ دربوں، الگ الگ خانوں میں بٹنے اور دور دور رہنے والے سارے مرغ ایک جگہ جمع ہو جاتے ہیں۔ ان کی ایک منظّم فوج تیار ہو جاتی ہے۔ سر پر سرخ کلغیوں کے خود پہنے سپاہی اپنے پنجوں کے خنجر اور منقاروں کے تیر و تبر سے لیس ہو کر اجتماعی بانگ کے ساتھ دشمن پر ٹوٹ پڑتے ہیں۔ دشمن کے جسموں پر چونچ کی مار پڑنے لگتی ہیں۔ پنجوں کی چوٹ سے چمڑی ادھڑ نکلتی ہے۔ مرغ کے سوندھا سوندھا گوشت کھانے والے خود لہولہان ہونے لگتے ہیں اور مرغوں کے مسلسل یلغار، پنجوں کی مار اور منقاروں کے وار سے زخمی ہو کر بھاگ کھڑے ہوتے ہیں۔

دربے میں بند مرغوں نے کیسے باہر نکل کر مورچہ سنبھالا، سوئی ہوئی مرغیاں کس طرح تن کر راہ میں کھڑی ہو گئیں اور کس طرح ان کو ذبح کرنے والے ان کے حملوں سے زخمی ہوئے اور کیسے وہ اس مقام کو چھوڑنے پر مجبور ہوئے جہاں وہ ان کی گردنوں پر چھری پھیرا کرتے تھے، یہ منظر آپ خود شوکت حیات کے بنائے ہوئے پیکروں میں دیکھئے:

''یہ دیکھ کر اس کی حیرت اور خوف کا ٹھکانہ نہ رہا کہ ابھی ابھی جو مرغیاں جو باہر سو رہی تھیں، وہ ان کے راستے میں تن کر کھڑی ہیں۔ سب کے سب اچھل کر دروازے تک آ گئی۔ ابھی وہ مرغی خانے کا دروازہ بند کرنا ہی چاہ رہے تھے کہ چتکبرے چوزوں کی فوج ان پر حملہ آور ہو گئی اور وہ بے تحاشا بھاگے۔ چاروں طرف ہوا میں مرغوں کی کلغیاں۔ بجلیوں کی طرح کوندرہی تھیں اور زمین پر چوزوں کی فوج اپنے چھری نما پنجوں سے اچھل اچھل کر ان پر حملے کر رہی تھی۔''

''فضا کے چپّے چپّے میں جنگلی مرغوں کی پھڑ پھڑاہٹ تھی۔ اور اچھلتے ہوئے ان کے بجلی نما پنجے اور چونچ دیکھتے دیکھتے ان کے سفید کپڑے تار تار ہو گئے۔ اندر سے سیاہ بنیان اور لنگوٹ نظر آنے لگے۔ اندھا دھند وہ اس پولٹری فارم سے دور بھاگے جا رہے تھے جہاں آج تک ان گنت مرغوں کو بانگ اور ہتھیلی کی لکیروں کے غسلِ آفتاب کی آڑ میں وہ ذبح کر کے چٹخارے لے لے کے کھا چکے تھے اور رنگوں کی بنیاد پر ان کے جھنڈ کو ٹکڑے ٹکڑے کر چکے تھے۔''

● **تجزیہ**

● **پروفیسر اسلم جمشیدپوری**

شوکت حیات کے افسانے ''میت'' کا تجزیہ

بوجھل قدموں سے مولانا دھیرے دھیرے چلتے ہوئے آمر درّانی کے پاس آئے:
''جنازے کو رخصت کی اجازت دیجیے حضور...... ابھی کئی مراحل طے کرنے ہیں...... تاخیر ہوتی چلی جا رہی ہے......! آمر نے عجب بے چارگی سے ایک نظر مولانا اور ایک نظر اندر دالان میں رکھی ہوئی اپنی بیوی کی میّت کی طرف دیکھا۔ ایک لمبی ٹھنڈی سانس چھوڑی۔
''مولانا صاحب کچھ انتظام کرتا ہوں...... تھوڑا صبر سے کام لیں!''
میت تربت کی منتظر تھی۔
آمر کو جانے کن خاص لوگوں کا انتظار تھا۔''

جی ہاں! آپ ٹھیک سمجھے۔ اس اقتباس کے حوالے سے کہانی کے بارے میں کہا جا سکتا ہے کہ یہ کہانی میاں، بیوی کی ہے۔ زیادہ سے زیادہ شوہر کے مظالم کی کہانی ہو سکتی ہے کیونکہ میّت بیوی کی ہے۔ مرنے کا سبب کچھ بھی رہا ہو، مولانا کی شکل میں سماج موجود ہے، جو ایسے وقت میں بہت جلدی میں ہوتا ہے۔ اُسے صرف میّت کو قبر تک لے جانے کی جلدی نہیں ہوتی بلکہ وہ رشتے ناطوں کو بھی دفنا دینا چاہتا ہے۔ جس کے پاس روز کسی نہ کسی کو دفنانے کی ذمہ داری ہوتی ہے اور کبھی کبھی تو یہ تعداد بڑھ بھی جاتی ہے اور سماج جلدی جلدی اپنا کام پورا کرتا ہے۔ اس پورے اقتباس میں ایک خاص بات ہے اور وہ ہے انتظار۔ یہ کن لوگوں کا انتظار ہو رہا ہے؟ کون ہے جس کا انتظار، میّت کا شوہر، مسجد کے امام، سماج کے افراد...... سب کر رہے ہیں۔ یہ انتظار ہی ہے جو کہانی کی کلید ہے۔

بہت کم ہوتا ہے کہ شوکت حیات کی کہانی کی کلید آپ کے ہاتھ آ جائے۔ شوکت حیات گذشتہ پینتیس چالیس برسوں سے مستقل افسانے لکھ رہے ہیں۔ اب تک ایک بھی مجموعہ شائع نہ ہو سکنے کے باوجود،

اردو افسانے کی تنقیدی کتب، ان کے ذکر کے بغیر مکمل نہیں ہوتی۔ شوکت حیات کے افسانے تقریباً ہر انتخاب میں شامل ہوتے ہیں۔ ان کے افسانے ہماری روزمرہ کی زندگی کے چھوٹے چھوٹے اور معمولی واقعات کا تخلیقی اظہار ہوتے ہیں۔ تخلیقیت، تحلیل نفسی سے گذر کر واقعات کے رَگ و پے میں سرایت کر جاتی ہے اور جزئیات رَگ و ریشے کی طرح گتھم گتھا ہو کر کہانی کی بلند و بانگ عمارت کی تعمیر سازی کرتی ہیں اور ایک ایسی کہانی ہمارے سامنے ہوتی ہے جو مسائل کی طرف اشارہ بھی کرتی ہے اور انسانی دَرد و کرب کو بھی اپنے اندر سمیٹے ہوتی ہے۔ ''میّت'' کے قاری اور سامع خوش نصیب ہیں کہ انھوں نے ''میّت'' کی شکل میں زندگی کا تعارف حاصل کیا ہے، زندگی کو قریب سے نہ صرف دیکھا ہے بلکہ محسوس کیا ہے، نہیں یہ بھی نہیں بلکہ اس سے بھی آگے زندگی کو میّت کی شکل میں اپنے اندر اُتارا ہے اور جب کوئی کہانی، کہانی کار سے نکل کر قاری کے اندر اُتر جاتی ہے تو اپنے انجام کو حاصل کر لیتی ہے، معراج پا لیتی ہے۔

شوکت حیات نے ''میّت'' کی شکل میں جدید عہد کے آدمی کو پیش کیا ہے۔ جدید عہد کا آدمی کون ہے؟ کیسا ہے؟... وہ مادّہ پرست ہے۔ اس کا جسم ضرور گوشت پوست کا ہےلیکن جسم کے اندر کے اعضاء سنگ و آہن کے ہیں۔ اس کے ہر طرف شور ہے، دھکا مُکّی ہے، ایک دوسرے سے آگے نکلنے کی ریس ہے، خود آگے بڑھنے کے لیے، دوسروں کو کچلنا ہے۔ ایسا کرنا اب اس کی مجبوری بن گیا ہے۔ ورنہ وہ خود پیروں تلے روندا جائے گا۔ میّت کا ایک اقتباس ملاحظہ کریں:

> ''یہ الگ بات ہے کہ مصروفیت کی مار جھیلتا آدمی چند لمحے ٹکر ٹکر دیکھتے ہوئے نہ چاہتے ہوئے بھی سڑک کی ریل پیل میں آگے بڑھ جانے پر مجبور ہوتا ہے۔ نہ بڑھے تو گر پڑے اور کوئی ٹھیک نہیں کہ بھیڑ کے پیروں کے نیچے کچلتا چلا جائے۔''

کہانی میں شوہر کے دوست کی شکل میں مصنف خود موجود ہے۔ جو کبھی کیمرہ بن جاتا ہے اور کبھی کہانی میں نمودار ہو جاتا ہے۔ آمر دُرّانی اس کا جگری دوست ہے، جس کی بیوی، ذیابیطس کی شکار ہے اور ہارٹ اٹیک میں دنیا کو خیر باد کہہ چکی ہے۔ آمر کی خبر پر مصنف اس کے گھر پہنچتا ہے۔ راستے اور گھر پر جتنے منھ اتنی باتوں کے مصداق، کہیں سرگوشیاں، کہیں چہ مے گوئیاں جاری ہیں۔ مصنف کہانی کے اندر آ جاتا ہے۔ مرنے والی کو بھابھی کہتا ہے۔ اُسے بھابھی کی شرافت کے ساتھ ساتھ ماحول، مجبوری اور شوہر کی رضامندی کا خیال ہے:

> ''حد درجہ میک اپ اور شانوں پر کھلے لمبے گیسو سے دلی نفرت تھی، لیکن شوہر کی ضد کے آگے ان کی ایک نہ چلی۔ خاص خاص موقعوں پر اس کے کھلے ہوئے بالوں پر از حد اصرار کرتا۔''

اُسے احساس ہے کہ آمر درّانی، جو کہ سیاسی پارٹی کا مضبوط و مستحکم رکن ہے، بلندیوں کے لیے کسی بھی قسم کی سیڑھی کا استعمال کر سکتا ہے۔ اپنی قیمتی سے قیمتی چیز کو سیڑھی کا پائیدان بنا سکتا ہے۔ کیوں کہ ایسے لوگوں کی نظر میں شہرت، دولت، اقتدار اور اس کے بعد کے عیش و عشرت ہیں۔ اُن کی نظر میں سب کچھ دے کر بھی ان کا حصول، سستہ سودا ہے:

''جیسے جیسے وہ بولتا جا رہا تھا، خوبصورت بھابھی کہیں کھوتی جا رہی تھی...... اُس نے محسوس کیا کہ پگھلتی جا رہی تھیں...... کسی کھائی میں گرتی جا رہی تھیں...... سلیولیس بلاؤز میں چمکتے ہوئے بازو، دمکتا ہوا پورا جسم پسینے میں شرابور...... حواس باختہ...... ہانپتی ہوئی، بچنے کی کوشش میں ہراساں...... چاروں طرف سے جیسے کرگسوں نے گھیرے میں لے رکھا ہو...... اور وہ تنہا اپنے صندلی جسم کی حفاظت کے لیے ہاتھ پیر مار رہی ہو......''

کہانی یہاں ایک موڑ پر آجاتی ہے۔ قاری خود کو عقل مند سمجھتے ہوئے اعلان کر دیتا ہے کہ یہ کہانی ایک شوہر کے ذریعہ بیوی کو زینہ بنائے جانے کی المناک کہانی ہے۔ المناک اس لیے کہ بیوی کی مجبوری میں بھی صدائے احتجاج بُلند کرنے کی خواہش بالآخر تکمیل کو پہنچتی ہے۔ بیماری میں اچانک دل کا تیز دھڑک کر بند ہو جانا دراصل بیوی کا احتجاج ہی ہے۔ کہانی کو یہاں پورا ہو جانا چاہیے تھا۔ لیکن کیا یہ کسی عام افسانہ نگار کے قلم سے نکلا ہوا افسانہ ہے؟ نہیں، شوکت حیات اپنی کہانی کی ابتدا، وہاں سے کرتے ہیں جہاں بظاہر کہانی ختم ہو جاتی ہے، یا قاری کی نظر میں کہانی کو ختم ہو جانا چاہیے۔ میّت کا غسل اور تجہیز و تکفین کا عمل بند ہو گیا ہے، لوگوں کا آنا جاری ہے۔ آمر کا ایک جملہ دیکھیں کہانی کا سرا شاید آپ کے ہاتھ آجائے:

''شہر کی تمام معزز ہستیاں یہاں موجود ہیں۔ اتنی بھیڑ دیکھ کر میں تو محو حیرت ہوں کہ مجھے لوگ...... میرے غم میں اتنے سارے لوگ شامل ہیں۔ پچاس گاڑیاں آچکی ہیں۔ گن لو تم..... میں تو کئی بار...... فوٹو گرافروں کی تو ریل پیل ہے...... مختلف چینل والے...... اخبار کے رپورٹر...... کیا بتاؤں کیا اژدہام ہے......!''

جی ہاں! بالکل ایسا ہی دھکا مصنف کو بھی لگا تھا۔ وہ بھی حیران رہ گیا تھا کہ کیا ہمارے عہد نے ہمیں اس مقام پر لا کھڑا کیا ہے۔ جہاں ہم کسی بھی بات کا سودا کر سکتے ہیں، جہاں ہم اپنی زندگی کے کسی بھی لمحے کو کیش کر سکتے ہیں، جہاں ہم فلمی دنیا کی طرح، ہر کام کی ایکٹنگ کر رہے ہیں۔ کچھ بھی حقیقی نہیں۔ کوئی رشتہ سچا نہیں۔ کوئی جذبہ صحیح نہیں۔ بات صرف ایک فرد کی ہو تو وہ خراب ترین ہونے کے باوجود کنارہ کش کرنے لائق تو

ہوتی ہے لیکن جب کسی بات کا تعلق ایک فرد نہیں، افراد، بلکہ پورے سماج سے اور عالم انسانیت سے ہو تو پھر کیا ہو..... کہانی ایک گھر کی ہی نہیں ہے، کہانی میاں، بیوی اور اس کے دوست کی بھی نہیں ہے۔ کہانی وقت کی بھی ہے جو کبھی نہیں رُکتا...... کہانی پورے سماج کی ہے جو کبھی جمود پذیر نہیں ہوتا۔ کبھی کسی کا خاصی مدت تک انتظار نہیں کرتا لیکن وقت اور سماج، دونوں رُکے ہوئے ہیں۔ انتظار ہو رہا ہے...... ایک قافلے کا، ایک طویل قافلے کا جس کا ایک سرا، دوسرے کو نہ پا سکے۔ کیونکہ دِلاسہ، پُرسہ اور تعزیت والوں کی قطار لگی ہے۔

''آنے والوں کا تانتا لگا ہوا تھا۔

بیشتر لوگ گاڑیوں سے آ رہے تھے۔

آمر آگے لپکتا۔

آنے والا اُسے گلے لگا لیتا۔

''میں لٹ گیا...... میری ہنستی ہوئی زندگی کو منحوسوں کی نظر لگ گئی!''

لوگ اس کی پیٹھ تھپتھپاتے، زندگی کی بے ثباتی کی دہائی دیتے ہوئے

صبر کی تلقین کرتے اور...... آگے بڑھ جاتے...... عقب سے لائن

میں دیگر لوگوں کا دباؤ ہوتا...... سب کو موقع ملنا چاہیے۔''

صُبح سے شام کا وقت ہونے کو ہے۔ تعداد بڑھتے بڑھتے ہجوم کی شکل اختیار کر لیتی ہے۔ چمچماتی کاروں، موٹر سائیکلوں وغیرہ کی بھیڑ بھی بڑھ رہی ہے۔ سارے رشتہ دار آ چکے ہیں۔ لڑکی والے رشتہ دار بھی اور لڑکے والے بھی۔ عزیز و اقارب، پاس پڑوس...... انتظار پہلے ظہر کی نماز کے بعد کا.... پھر انتظار طویل ہو جاتا ہے۔ افسوس اور غم، اُکتاہٹ اور جھلاّہٹ میں تبدیل ہونے لگتا ہے۔ نئے لوگوں کے آنے کا سلسلہ جاری ہے لیکن اب کچھ لوگ انتظار کا کرب نہیں جھیل پا رہے ہیں اور اس سے نجات کا راستہ ڈھونڈ رہے ہیں۔ ہجوم کی بے چینی اور تعداد میں بتدریج آنے والی کمی کو دیکھتے ہوئے سکریٹری نے آمر درّانی کو حالات سے باخبر کیا تو آمر نے سکریٹری کو جھکنے کا اشارہ کیا:

''سکریٹری جھکا۔ اس نے منہ اس کے کان کے قریب کیا۔

''آ رہے ہیں وہ لوگ......؟''

''چانس نہیں سر!''

''ٹرائی کر کے دیکھو...... ریکویسٹ کرو......

فون کیا ہے تم نے...... انہیں بتاؤ کہ ان کا انتظار ہو رہا ہے۔''

آمر درّانی کو آخر، کس کا انتظار ہے۔ سیاسی اور غیر سیاسی، زیادہ تر اہم شخصیات آ چکی ہیں۔ اب قافلہ

اتنا لمبا ہو جائے گا جو دور دراز کے قبرستان تک نکلے گا تو اس کا دوسرا سرا دکھائی نہیں دے گا۔ سگے اور خونی رشتہ دار سبھی آ چکے ہیں۔ میّت کے ساتھ رہنے اور انتظار کرنے کی قوت بھی دم توڑ رہی ہے لیکن انتظار باقی ہے..... کس کا انتظار ہے، جس کے بغیر ''میّت'' کا آخری سفر، شروع نہیں ہو سکتا۔ کون ہے وہ؟ کیا کوئی سیاسی اہم ترین شخصیت؟ کیا کاروبار کا بہت بڑا حصہ دار؟ کیا گاڑیوں کی چمک یا تعداد ابھی کم ہے؟ گتھی الجھتی ہی جاتی ہے۔ سرے ایک دوسرے میں ایسے پیوست ہیں کہ کوئی سرا ہاتھ نہیں آ رہا ہے۔ ایسے میں آمر درّانی پھر آدھمکتے ہیں:

''آمر کی آنکھوں میں عجیب وغریب چمک عود کر آئی۔

''نام بتا دوں گا تو تم بگڑو گے......اتنا اہم آدمی ہے

کہ اس کی موجودگی سب کے لیے ایک بڑی سرپرائز ثابت ہوگی

اور میرے لیے......!''

آمر درّانی کے جملے نے کہانی کو بجائے سلجھانے اور حل کرنے کے مزید الجھا دیا ہے۔ سوال اب بھی برقرار ہے کہ آخر انتظار کیوں اور کس کا؟ پھر یہ کہ اس کی موجودگی سب کے لیے ایک سرپرائز ہوگی۔ کہیں ایسا تو نہیں کہ وہ اپنا ہی انتظار کر رہا ہو؟ وہ اچانک مودار ہو کر دنیا کو حیرت میں ڈالنا چاہتا ہو کہ وہ اب ایسا نہیں ہے۔؟ مگر ایسا کیسے ممکن ہے؟ جب تک وہ اِدھر ہے، اُدھر کیسے نظر آ سکتا ہے۔ انسان بیک وقت ایک جگہ ہی ہو سکتا ہے....تو پھر یہ کیا ہے؟ شوہر کے انتظار اور آنے والے کا معمہ حل کرنے کے لیے''میت'' کو بھی کروٹ لے کر بولنے پر مجبور ہونا پڑا۔

اُسے لگا کہ بھابھی نے کفن ہٹاتے ہوئے اپنا چہرہ باہر نکالا اور سرگوشی کے انداز میں بولی۔

''میں نہ کہتی تھی......!''

''میّت'' کی قوت گویائی نے بھی آپ کی کوئی مدد نہیں کی بلکہ مزید الجھنوں میں اضافہ ہو گیا۔ اس کا مطلب یہ ہوا کہ آنے والے کے بارے میں جہاں شوہر کو پتہ ہے وہیں بیوی کو بھی پتہ ہے لیکن وہ بھی لفظوں کی بھول بھلیوں میں بھٹکا کر چلی گئی۔

''میں نہ کہتی تھی'' کا مطلب یہ بھی ہو سکتا ہے کہ جس طرح پوری زندگی، بیوی کی مجبوری کا فائدہ اُٹھایا، اُسے نہ چاہتے ہوئے بھی خود کو بن سنور کے دوسروں کے سامنے پیش ہونا پڑا، ٹھیک اسی طرح، موت کے بعد بھی شوہر منتظر ہے کہ دیکھنے والے آ چکے ہیں، سماج اور زمانہ موجود ہے اور اب صرف تمہارا انتظار ہے تم ذرا اچھی طرح سج دھج کے آؤ تا کہ تمہاری زندگی کی طرح تمہاری موت بھی میرے کام آ سکے۔

''میں نہ کہتی تھی'' کا ایک مطلب یہ بھی ہو سکتا ہے کہ وہ شکایتاً اپنے دیور یعنی مصنف سے کہہ رہی ہے

کہ میں نہ کہتی تھی کہ یہ میری موت کا بھی تماشا بنائیں گے اور اسے بھی اپنے مفاد کے لیے استعمال کریں گے۔

کہانی کا ایک پہلو یہ بھی ہے کہ پوری کہانی مصنف کے نہ چاہتے ہوئے بھی، بھابھی کے اِرد گرد گھومتی ہے۔ شروع سے آخر تک بھابھی کہانی کا مرکزی کردار بن جاتی ہیں۔ بظاہر وہ "میت" میں تبدیل ہو چکی ہیں، لیکن پوری کہانی میں وہ زندوں سے زیادہ زندہ ہیں۔ وہ ظلم و زیادتی کے خلاف ہر لمحے اپنی آواز کسی نہ کسی طور بُلند کرتی رہتی ہیں اور جب اُسے نظر انداز کرنے کی بھی حد ہو جاتی ہے تو وہ کفن سے باہر آنے کی بھی ہمت کر لیتی ہیں کیوں کہ انہیں لگتا ہے سب کے سب میت میں تبدیل ہو چکے ہیں۔ سب کو آمر درّانی نامی جادوگر نے پتھر کا بُت بنا دیا ہے اور سب کچھ رُک گیا ہے..... اِنتظار ہے کسی نامعلوم شخص کا..... انتظار جان لیوا ثابت ہو رہا ہے۔ یہ انتظار تو میت کے لیے قبر کے انتظار پر بھی بھاری پڑ رہا ہے۔ ایسے میں وہ مصنف کو جھنجھوڑنے کے لیے کفن سے منہ نکال کر مخاطب ہوتی ہے۔

"میں نہ کہتی تھی۔"

لیکن آپ، میں اور ہم سب کچھ بھی سوچیں..... میت، قبر کے لیے ترس رہی ہے۔ انتظار جاری ہے۔ وقت، جس کے بارے میں کہا جاتا ہے کہ ہمیشہ سفر میں رہتا ہے، آیئے، دیکھ لیجیے، وقت رُک گیا ہے۔ کیوں کہ زندگی رُک گئی ہے۔ کائنات رُک گئی ہے۔ کیوں کہ رُکتا وہ ہے جو جمود کا حصہ بن جاتا ہے۔ میت جمود کی نشانی ہے لیکن اب وہ ایک جسم، ایک فرد، ایک جنازہ نہیں ہے بلکہ اس کا جسم پھیل چکا ہے۔ انتظار کرنے والے، اُکتانے والے، سوال کرنے والے۔ حتیٰ کہ کہانی لکھنے والا..... سب جمود کا شکار ہو چکے ہیں..... سب میّت میں تبدیل ہو چکے ہیں۔ میت میں بظاہر وقت رکا ہوا محسوس ہوتا ہے لیکن مصنف کا اشارہ کہ بیسویں صدی اپنی کینچلی بدل چکی تھی، سے صاف ہو جاتا ہے کہ قارئین کو بظاہر رکا اور ٹھہرا ہوا نظر آنے والا وقت، دراصل وقت نہیں ہے بلکہ اس کی کینچلی ہے، جو ہو بہو وقت ہے اور حقیقتاً وقت نما سانپ وہاں نہیں ہے۔ وہ تو اکیسویں صدی میں داخل ہو کر ہمیں دیکھ کر مسکرا رہا ہے۔ کہانی ختم ہو گئی ہے۔ لیکن اپنے تمام سوالوں کے ساتھ خصوصاً استعجاب کے ساتھ، انتظار کی حیرت کے ساتھ کہانی کا سفر قاری کے اندر شروع ہو جاتا ہے۔

شوکت حیات کی کہانی "میّت" عہدِ حاضر کی تلخ حقیقتوں کا تخلیقی اظہار ہے۔ انہوں نے کہانی کے تانے بانے، زبان و بیان، واقعات کی تفصیل، قصے کی مرکزیت وغیرہ سے ایک ایسا افسانوی ماحول تیار کیا ہے جسے black Satire کہا جائے تو غلط نہ ہوگا۔ یہ ایسے واقعات کا بیان ہوتا ہے جن میں انتہائی معیوب اور طنز و معنی بھری بات سے بھی استفادہ حاصل کرنے کی کوشش ہو۔ پریم چند کے "کفن" میں مادھو اور گھیسو کا عمل معیوب ہوتے ہوئے بھی ایک ایسا احساس ہمیں دے جاتا ہے کہ ہم اس میں بھی زندگی تلاش کرتے ہیں اور بالآخر ہم ان افراد سے نفرت کے بجائے ہمدردی کرتے ہیں۔ آمر درّانی کی کیفیت دیکھیں:

''اس کے دوست نے محسوس کیا کہ آمر کی نظروں میں بیوی کی میت
نہیں، کوئی بیش قیمت سامان، سفید کپڑے کے نیچے ڈھک کر رکھ دیا گیا تھا...... چیز
چلی گئی تو چانس ہاتھ سے نکل جائے گا۔''

جو آمر درّانی گوشت پوست کی اپنی بیوی کی میت کو، سفید کپڑے کے نیچے ڈھکا رکھا بیش قیمت سامان تصور کر رہا ہے کیا وہ نفرت کے لائق ہے۔ وہ قصوروار نہیں...... یہ تو زمانے کا چلن ہے، یہ تو عروج و بلندی کا سرور ہے۔ گھیسو اور مادھو، بھوکے تھے، ازل کے بھوکے اس لیے جب وہ کفن بیچ کر حلوا، پوری، جلیبی کھاتے ہیں تو ہمیں ان کی بھوک سے اور ان سے ہمدردی پیدا ہو جاتی ہے۔ آمر درّانی بھی تو بھوکا ہے۔ پھر ہم اس کی بھوک کو نفرت کی نظر سے کیسے دیکھ سکتے ہیں۔

کہانی موجودہ سماج کے مصنوعی جذبات کی بھی قلعی کھولتی ہے۔ آمر کا دوست کہتا ہے:

''تم خود راجدھانی کی ایک بہت اہم اور ناگزیر شخصیت ہو...... ایسے موقعوں پر
لوگ تمہارے جیسوں کی نظروں کے رجسٹر میں اپنا اندراج ضروری سمجھتے ہیں......!''

شوکت حیات کی کہانی میں زبان بھی معیاری ہوتی ہے لیکن شوکت حیات اپنے کسی نہ کسی کردار کی زبان میں خود آموجود ہوتے ہیں۔ یہ ان کا کہانی میں تحلیل ہو جانا ثابت کرتا ہے۔ کئی جملے اس کہانی میں بھی ایسے ہیں، جن کو سن کر لگتا ہے کہ ہم کچھ نہیں سن رہے ہیں بلکہ شوکت حیات سامنے ہیں۔ اور دوسروں سے والہانہ قربت کا جو احساس ان کی ذاتی زندگی سے لفظوں اور جملوں کی شکل پھوٹتا ہے، وہ کہانی میں بھی در آیا ہے۔

''یاروں نے اونچی اونچی عمارتیں تعمیر کر لی تھیں۔''

''بچپن کی کسی گلی کا بدصورت کتا بھی پیارا لگتا ہے۔''

''ارے رے آمرے...... ارے مری جانڑ...... میرے لائق (لائک)
بھی کوئی کام ہو تو بول...... چٹکی میں انجام دوں اور سالے تیری آنکھوں
کا تارہ بنوں......''

''میّت'' عصری حسیّت سے لبریز ایک عمدہ کہانی ہے جو اپنے سوالوں سمیت قاری کے اندر اتر جاتی ہے اور قاری پر اثر انداز ہوتی ہے۔ یہی اچھی کہانی کی پہچان ہے۔ شوکت حیات کو اس اچھی کہانی کے لیے مبارک باد۔

◄◄ ● ►►

● تجزیہ

● ڈاکٹر توصیف احمد ڈار

افسانہ ''کوبڑ'' اخلاقی وتہذیبی اقدار کی زوال پذیری کا اشاریہ

شوکت حیات معاصر اُردو افسانہ نگاری کی تاریخ میں ایک ناقابلِ فراموش نام ہیں۔ گزشتہ کئی ایک دہائیوں سے وہ اپنی معیاری تخلیقات سے اُردو فکشن کی زرخیز مٹی کو مزید زرخیزیت مہیا کرنے میں تن و من سے منہمک ہیں۔ ان کی فکشن تخلیقات کے بغور مطالعے سے یہ بات صاف ہوجاتی ہے کہ زندگی اور زمانے کی تلخ وشیریں کیفیتوں کا وہ بھرپور ادراک رکھتے ہیں۔ ان کیفیات کو انہوں نے فنی سانچے میں پرو کر جس اسلوب میں پیش کیا ہے وہ انہیں اپنے معاصر فکشن تخلیق کاروں میں اپنا الگ مقام متعین کرنے کا جواز فراہم کرتا ہے۔ اپنے تخلیقی سفر کے دوران ان کا سابقہ مختلف تحریکات ورجحانات سے رہا ہے۔ ان تحریکات و رجحانات کے ابلتے لاوے کو انہوں نے راکھ میں تبدیل ہوتے دیکھا ہے۔ ان کے غالب فکری وفنی رجحانات وکمالات پر وہ بھرپور نگاہ رکھتے ہیں۔ وہ ان سے متاثر ضرور ہوئے لیکن محض اُس حد تک جب تک ان میں باقاعدہ اعتدال وتوازن قائم رہا۔ وہ ادب میں وابستگی کے عنصر کے قائل یقیناً ہیں لیکن اسے کسی مخصوص ازم کی، کسی محدود فلسفے کی اور کسی ایک مقصد کی تشہیر وتبلیغ کا آلہ تصور کرنے سے گریز بھی کرتے ہیں۔ ان کی بیشتر تخلیقات اس نکتے پر دلالت کرتی ہیں کہ وہ اپنے تہذیبی وثقافتی روایات کی تعمیر وتشکیل اور ان کی سالمیت کے حوالے سے سنجیدہ ہیں۔ انہیں زمانے کی تبدیل ہوتی ہوئی پٹری اس حقیقت کا مشاہدہ بہم پہنچاتی ہے کہ عالمِ انسانیت جس اخلاقی وروحانی تنزلی اور عدمِ تحفظ کا شکار ہوتی جارہی ہے وہ انتہائی سنگین اور مایوس کن نتائج کا پیش خیمہ ثابت ہوسکتی ہے۔ ان کے بیشتر افسانے اسی سیاسی وسماجی، معاشی ومذہبی اور تہذیبی وثقافتی تعمیر وتخریب کا فنکارانہ اظہار ہیں۔

شوکت حیات کے اب تک کئی افسانے شائع ہوکر سنجیدہ ادبی حلقوں میں بحث ومباحثہ کا حصہ بن چکے ہیں۔ ''گنبد کے کبوتر'' ان کا مقبول عام افسانوی مجموعہ ہے۔ اس کا شمار نہ صرف شوکت حیات بلکہ اردو ادب کے معروف ترین افسانوی مجموعوں میں بھی ہوتا ہے۔ اس مجموعے میں شامل اوّلین افسانہ ''کوبڑ'' فن

کارانہ اسلوب کی عمدہ مثال پیش کرتا ہے۔ افسانہ نگار نے فنِ افسانہ نگاری کے تخلیقی رموز کا بھرپور لحاظ کرتے ہوئے اختصاراً ہی سہی لیکن کئی ایک غور طلب سماجی و اخلاقی تغیرات کی جانب اشارہ کیا ہے۔ ایک ہی ملک بلکہ ایک ہی خاندان اور ایک ہی والدین کی کوکھ سے جنمے دو افراد کس صورت متضاد اور مختلف خیالات رکھتے ہیں۔ بڑا بھائی گھریلو ذمہ داریوں کے بوجھ تلے یوں دبا ہوا ہے کہ نوجوانی کی رنگین بہاریں تو کجا مستقبل قریب و بعید کے لیے بھی اسے دور دور تک کسی راحت واطمینان کا اندیشہ نظر نہیں آتا ہے۔ زمانے کی ناچاقی کو بھانپ کر ہر وقت اور ہر لمحہ اپنے وجود کی نفی اور گھٹنے ٹیکنے کو وہ اپنا وتیرہ بناتا ہے:

''کوئی جواب دیئے بغیر امنڈتی ہوئی بھیڑ کے درمیان اس نے خود کو گٹھر میں تبدیل کر لیا۔ یہ ہنر اسے معلوم تھا کہ بچپن سے اب تک اکثر اوقات سنگین حالت کے سامنے گھٹنے ٹیکتے ہوئے اسے خود کو بے جان اشیاء میں تبدیل کر دینا پڑتا تھا۔ ورنہ اس کے جیسے آدمی کے لیے جینا آسان نہ تھا۔ اس کے کمزور جسم میں مزاحمت کرنے، حالات پر قابو پانے، اور رخ موڑ دینے کی طاقت نہیں رہی تھی۔''[۱]

(شوکت حیات۔ افسانہ ''کوبڑ'' مشمول ''گنبد کے کبوتر'' ایجوکیشنل پبلشنگ ہاؤس، نئی دہلی، ۲۰۱۰ء۔ ص۴۰)

مزاحمت کرنے، حالات پر قابو پانے اور رخ موڑ دینے کی طاقت نہ رہنے سے یہ عندیہ فراہم ہوتا ہے کہ ناسازگار اور نازیبا حالات کے خلاف آواز بلند کرنے اور ان کے سنگین نتائج سے سوسائٹی کو آگاہ کرنے کی صلاحیت اس میں یقیناً موجود تھی جواب کئی سارے وجوہات کی بنا پر باقی نہیں رہی، یا اگر باقی ہے بھی تو اس کا برملا مظاہرہ کرنے کو اپنی فلاح کے لیے کسی بھی صورت سودمند تصور نہیں کرتا ہے۔ گویا وہ اس بات کا بھرپور تجربہ رکھتا ہے کہ اس نوع کی سوچ وفکر اور طرزِ عمل اس سماج میں کارِ فضول ہے جس میں نیک نیتی اور صداقت پروری کو بے اعتنائی اور بے اسبابی سے تعبیر کیا جاتا ہے اور لوٹ کھسوٹ وظلم واستحصال کو قانونی روپ دے کر اخلاقی وروحانی اقدار کی پسپائی کی جاتی ہے۔ معاشرے کا کم وبیش ہر ایک طبقہ اس بے راہ روی کو مزید ہوا دے کر کس طرح ہماری قابلِ رشک تہذیب وتمدن کو حیوانی اور وحشی روپ عطا کرتا ہے اس کے نمایاں تخلیقی اشارے ذیل میں پیش کیے جاتے ہیں:

''ریزرویشن کے سات روپے لگتے ہیں پھر یہ پچاس کیوں؟''

اس نے ڈرتے ڈرتے کنڈیکٹر سے سوال کر دیا۔ کنڈیکٹر کے تیوریوں پر بل آئے۔ اس نے گھور کر دیکھتے ہوئے کہا۔

''اتنے سارے لوگ بیوقوف ہیں کیا......نہیں دے سکتے تو اگلے اسٹیشن پر اتر جانا۔ یہ تھری ٹائر ہے۔آپ کو جنرل بوگی میں جانا ہوگا......!

......تو لاؤ بیس ہی دے دو......تمہارے لیے مروّت کر رہا ہوں......!

ہنسوڑ قسم کا کنڈ یکٹر اس کی خستہ حیثیت بھانپتے ہوئے ''آپ'' سے ''تم'' پر اتر آیا۔

''بھیا سب میری جیب میں نہیں جائے گا......!''

سردار جی نے یہ بھی کہا۔

''لیکن سرداروں کی ٹیکسی کے میٹر کے چکر میں نہ پڑنا۔ بھاڑا طے کر لینا۔ دس سے پندرہ روپے کے بیچ تیار ہو جائے تو ٹھیک ہے۔ میٹر کا حساب کرو گے تو ایسا بھی ہوگا کہ وہ ادھر اُدھر گھما کر تم سے پچیس تیس اینٹھ لیں گے اور تم پالم سے اتنی ہی دور ہو گے جتنا کناٹ پلیس کے پاس تھے......!

اس نے سوچا ڈرائیور شریف آدمی ہے۔ ڈھائی سو کی گھڑی کا سو روپے دے ہی سکتا ہے۔ اس میں اس کی واپسی کا بندوبست بھی ہو جائے گا۔ اتنی دیر میں ڈرائیور نے تھری ویلر اسٹارٹ کر دیا تھا۔ اس نے گھڑی اس کے ہاتھ میں دیتے ہوئے کہا۔

''بھائی ایسا ہے کہ میری جیب کٹ گئی ......تم یہ میری گھڑی رکھ لو اور جتنے پیسے مناسب سمجھو مجھے دے دو۔''

شریف اور غیر سردار ڈرائیور نے گھڑی اپنی نحیف ہاتھوں میں لے لی۔ ایک نظر اسے گھور کر دیکھا اور پھر دیکھتے دیکھتے یہ جا وہ جا۔ ۳؎

(شوکت حیات: افسانہ ''کوبڑ''، مشمولہ ''گنبد کے کبوتر''۔ ایجوکیشنل پبلشنگ ہاؤس، نئی دہلی، ۲۰۱۰ء۔ص ۴۴۔۴۵)

یہ تینوں اقتباسات موضوع کی مناسب سے اہم اور غور طلب تناظرات کا حوالہ پیش کرتے ہیں۔ کنڈ یکٹر کا بے رحمانہ برتاؤ اور تلخ لہجہ اس امر کا بین ثبوت ہے کہ طاقت کے نشے میں چور افراد ہمدردانہ اور مخلصانہ جذبات سے عاری حیوانیت کا روپ دھار چکے ہیں۔ غریب و نادار لوگوں کی قدم قدم پر تذلیل کی جاتی ہے، ان کے جذبات و احساسات کو پاؤں تلے روندھا جاتا ہے، ان کی مجبوری و محکومی کا فائدہ اٹھا کر ان کے بچے کھچے مال و متاع کو ہڑپ لینے کی چالبازیاں اپنے عروج پر ہیں اور تو اور اس نازیبا صورت حال سے بھر پور شناسائی کے باوجود بھی مقتدر طبقہ اس کا کوئی سدباب نہیں کرتا ہے بلکہ (اتنے سارے لوگ بیوقوف

ہیں کیا) تمام خود غرض لوگ اپنے مفادات کے تئیں اس اخلاقی وروحانی گراوٹ میں بخوشی شامل ہو جاتے ہیں۔ یوں وہ تہذیب وثقافت اپنی اثر پذیری اور اصل شناخت سے کوسوں دور ہو جاتی ہے جو کبھی عدل و انصاف اور ہمدردی و بھائی چارے کی اعلیٰ مثال تصور کی جاتی تھی۔

ہمارے ثقافتی انسلاکات کا ایک اہم اور ہر دلعزیز عنصر حق گوئی رہا ہے۔ اس حق گوئی اور امانت داری کا ہی نتیجہ ہے کہ ان گنت طبقات و مذاہب اور ذات و تشخص کے افراد ہزار ہا سالوں سے یہاں اپنی زندگی کی دھوپ چھاؤں کا لطف لیتے آئے ہیں۔ اپنے تو اپنے، غیروں کو بھی ہمارے اس تہذیبی وصف کا اعتراف رہا ہے۔ لیکن زندگی اور زمانے کی بدلتی ترجیحات کے تحت انسان نے جہاں خارجی دنیا کی رونق کو قدرے دوبالا کیا ہے وہیں داخلی کائنات کی راست بازیوں کی تمام ترکیفیات سے دن بہ دن دور ہوتا جاتا ہے۔ سردار کا سکھ ڈرائیور کی چالاکیوں سے باخبر رہنے اور غیر سکھ ڈرائیور کا چکما دے کر گھڑی ہڑپ کرنے کے بظاہر معمولی واقعات اس تہذیبی و اخلاقی پستی کے غیر معمولی اشاریے ہیں۔ یہ افسانہ نگار کی تخلیقی بصیرت کا قابلِ داد پہلو ہے کہ اس قدر لوٹ کھسوٹ اور ظلم و جبر کا سامنا کرنے کے باوجود بھی مرکزی کردار کسی فوری تشدد یا ردّ عمل کا مظاہرہ نہیں کرتا ہے۔ وہ چیختے چلاتے اپنی مظلومیت کی ڈونڈی نہیں پیٹتا ہے بلکہ انتہائی دانش مندی کا مظاہرہ کرتے ہوئے محض قارئین کو سوسائٹی اور سوسائٹی کے ذمہ داران کی حقیقی سوچ و فہم کا آئینہ دکھاتا ہے۔ جب معاشرے کے ادنیٰ طبقات سے وابستہ افراد (ڈرائیور، کنڈیکٹر، وغیرہ) اس قدر دن دہاڑے اپنی وحشت و ہوس ناکی کا کھیل کھیلتے ہوں، وہ کسی خوف و ہراس کی پروا کیے بغیر اپنی من مانی پہ اتر آتے ہوں اور اجنبی اور مجبور لوگوں کی بگڑی کو مزید بگاڑ دیتے ہوں تو اُس معاشرے کی اخلاقیات، عقائد اور اقدار کی اہندامی کوئی امرِ تعجب نہیں ہے۔

افسانے کا دوسرا اہم کردار (چھوٹا بھائی) گھر بار اور رشتے ناطے پس پشت چھوڑ کر بیرون ممالک عیش و عشرت کی زندگی گزارنے میں محو ہے۔ کبھی اتفاقاً اپنے کسی نجی کام کی غرض سے دیس آنا بھی ہوتا ہے تو وہ چند لمحات بھی موج مستی اور سیر وشاپنگ کے نذر ہوتے ہیں:

''دونوں تمام دن کناٹ پیلس، قرول باغ، پالیکا بازار اور مینا بازار میں گھومتے رہے۔ لگ بھگ تین ہزار روپے کی خریداری کی گئی۔ کسی دوست کے لیے کولہاپوری چپل، کسی کے لیے پینٹ، کچھ امی ٹیشن...... وغیرہ وغیرہ، ہینڈلوم کے سوتی کپڑوں کا وہاں ایک خاص کریز تھا۔ جامع مسجد کے پاس فلورا ہوٹل میں کھانا کھایا گیا۔ پھر شاپنگ۔ یہاں تک کہ شام ہوگئی۔''

(شوکت حیات: افسانہ ''کوبڑ''، مشمولہ ''گنبد کے کبوتر''۔ایجوکیشنل
پبلشنگ ہاؤس، نئی دہلی، ۲۰۱۰ء۔ص ۴۸)

موجودہ وقت کے معاشرے میں والدین، بھائی بہن اور دوسرے خونی رشتوں کی معنویت رفتہ رفتہ مفقود ہوتی جاتی ہے۔ان بندھنوں کی دیکھ بال اور عزت وحفاظت کو آج کی نئی نسل وقتی ضیاع گردانتی ہے۔ برعکس اس کے دوستی کے نام پر نئے نئے رشتے استوار کیے جاتے ہیں جن کی خوشی اور مضبوطی و مستحکمی کی خاطر دل وجان اور پوری مال ومتاع صرف کرنے سے بھی گریز نہیں کیا جاتا ہے۔اس وبا کا شکار کوئی مخصوص خطہ یا علاقہ نہیں بلکہ کم وبیش پوری کائنات اس شکنجے میں آگئی ہے اور جس سے چھٹکارا حاصل کرنے کی دور دور تک کوئی صورت نظر نہیں آتی ہے۔ یہ افسانہ اگرچہ بظاہر ہمارے یہاں تہذیبی وثقافتی اور سماجی و معاشرتی سطح پر پھیلی ہوئی بداعتقادی اور بے راہ روی کا بیانیہ ہے لیکن بین السطور میں ان تمام منفی تصورات سے اپنی سوسائٹی کو پاک وصاف کرنے کا پیغام بھی اس میں بلاشبہ موجود ہے، ضرورت صرف اس بات کی ہے کہ ہم اپنی فہم وفراست اور مطالعے ومشاہدے کو محدود دائرے سے نکال کر وسیع کرنے کی سعی کریں۔

شوکت حیات زندگی اور زمانے کی بدلتی ترجیحات اور ان کے انسانی تہذیب، ثقافت، اخلاقیات، تفکرات، تصورات اور عقائد وغیرہ پر مرتب ہورہے منفی ومثبت اثرات کا فنی خاکہ پیش کرنے کو اپنا مطمح نظر گردانتے ہیں۔ان کے افسانوں کے کردار ہمارے درمیان زندگی گزارتے لوگ ہیں جن میں ظالم اور مظلوم اور حاکم و محکوم، مرد اور عورت وغیرہ سب مل جل کر زندگی کی اصل حقیقت سے ہمیں مزید روشناس کراتے ہیں۔ان کا اسلوب اور طرزِ بیان ان کے افسانوں کی فنی وقعت کو ملا جلا بخشنے میں نمایاں کردار ادا کرتا ہے۔ان کی بیشتر تخلیقات سادہ اسلوب لیے ہوئی ہیں لیکن بعض افسانے ایسے بھی ہیں جن میں علامتی، استعاراتی اور تمثیلی طرزِ اسلوب کا بھی سہارا لیا گیا ہے۔لیکن ایسا ہونے کے باوجود ان کے یہاں ترسیل وابلاغ کی ناکامی یا مشکل پسندی کا کوئی معاملہ درپیش نہیں رہتا ہے جس کی عمدہ مثال زیرِ تجزیہ افسانہ ''کوبڑ'' ہے۔

شوکت حیات پر مضامین کا پہلا مجموعہ

شوکت حیات: فن اور شخصیت - حصہ: ۱

مرتبہ : اقبال حسن آزاد

بین الاقوامی ایڈیشن جلد منظر عام پر آرہا ہے